지역과 문화유산

필자소개

홍순권 : 동아대학교 사학과 교수
이동주 : 동아대학교 고고미술사학과 교수
정규식 : 동아대학교 강사
한정호 : 동국대학교 경주캠퍼스 박물관 전임연구원
양흥숙 : 부산대학교 한국민족문화연구소 연구원
김정선 : 동아대학교 강사
장동철 : 문화재청 김해공항 문화재감정위원
허영란 : 울산대학교 역사문화학과 교수
장선화 : 동아대학교 강사
전성현 : 동아대학교 석당학술원 전임연구원
김기수 : 동아대학교 건축학과 교수
강영조 : 동아대학교 조경학과 교수
차철욱 : 부산대학교 한국민족문화연구소 HK교수
조갑상 : 경성대학교 국어국문학과 교수

지역과 문화유산 –부산지역 문화유산해설을 위한 시민강좌–

초판 1쇄 발행   2010년 9월 30일

엮은이 ㅣ 석당학술원 지역문화연구소
펴낸이 ㅣ 윤관백
펴낸곳 ㅣ 선인

편   집 ㅣ 이경남 · 김민희 · 하초롱 · 소성순
표   지 ㅣ 김현진
제   작 ㅣ 김지학
영   업 ㅣ 이주하

인   쇄 ㅣ 한성인쇄
제   본 ㅣ 광신제책

등록 ㅣ 제5－77호(1998.11.4)
주소 ㅣ 서울시 마포구 마포동 324－1 곳마루 B/D 1층
전화 ㅣ 02)718－6252 / 6257   팩스 ㅣ 02)718－6253
E-mail ㅣ sunin72@chol.com

정가   22,000원

ISBN   978-89-5933-216-8   94910(set)
ISBN   978-89-5933-383-7   94910

동아대학교 석당학술원 지역문화총서 003

지역과 문화유산

부산지역 문화유산해설을 위한 시민강좌

석당학술원 지역문화연구소 엮음

선인

〈지역문화총서〉를 간행하면서

이 책은 동아대학교 석당학술원 지역문화연구소가 부산지역 주민과 대학생을 대상으로 2008학년도 1학기와 2학기 연속으로 개설한 '부산지역 문화유산해설사 강좌' 중 14편의 강의 내용을 편집한 것이다. 이 강좌는 애초 홍보 단계부터 많은 사람들이 관심을 보여 예상했던 정원을 초과하여 수강 인원을 조정해야 했고, 강좌가 진행되면서 수강 열기가 날로 더해 갔다. 그만큼 주최 측으로서도 지역주민들의 지역문화유산에 대한 지적 갈증이 얼마나 컸는지를 실감할 수 있는 값진 경험이었다.

동아대학교 석당학술원 지역문화연구소에서는 미처 수강신청을 못한 주민과 학생을 위해서 이듬해에도 동일한 성격의 강좌를 개설하기로 약속했으나, 2009년 봄 생각하지 못했던 사정이 생겨 약속을 지킬 수 없었다. 다름 아니라 뜻밖에 부산광역시에서 우리 연구소에 문화관광해설사 재교육과정을 위탁해 온 것이다. 부산광역시의 이러한 결정은 아마 2008년에 우리 연구소가 자체적으로 실시한 문화유산해설사 강좌 프로그램에 대한 나름대로의 긍정적 평가가 있었기 때문인 것으로 보여 진다. 아무튼 부산광역시의 문화관광해설사 교육과정은 우리 연구소가 위탁을 맡아 금년에도 실시되었다.

이처럼 부산광역시로부터 문화관광해설사 교육과정의 위탁 교육을 맡다

보니, 일반 주민들을 대상으로 개방적으로 운영해보려던 우리 연구소의 강좌는 부득이 포기할 수밖에 없게 되었다. 그러나 2008년의 뜨거웠던 열기를 기억하고 있는 우리 연구소는 당시의 강좌 내용을 일회성으로 묻어버리기보다는 보다 많은 사람들이 그 내용을 함께 공유하는 것이 바람직하다는 판단이 들었다. 여기에는 부산지역을 중심으로 지역문화유산에 대한 대중적 관심을 일깨우고 싶은 기대도 들어 있다. 이것은 또 강좌 신청을 기다렸던 일반 주민과 학생들에 대한 작은 보답의 의미도 있고, 앞으로 지역문화유산의 발굴과 지역문화유산 해설사의 대중적 양성에 대한 희망도 곁들여 있다.

'문화유산해설사' 또는 '문화관광해설사'가 우리 귀에 익숙해진 것은 10년이 채 되지 않는 최근의 일이다. 1990년대 이후 정보통신기술의 발달, 경제적 성장 등과 함께 우리 사회는 큰 변화를 겪어왔다. 그리고 그 변화의 한가운데는 문화에 대한 대중적 욕구의 증대와 이른바 '문화산업'의 등장이 존재하고 있다. 문화산업은 앞으로 잠재적 성장 가능이 높은 새로운 산업 분야로 인식되어 지난 정부에서는 국가의 정책과제로까지 제시되었다. 그런데 문화산업은 아무리 인프라가 잘 구축되어도 그 내용을 채울 수 있는 다양한 문화콘텐츠의 지속적 개발 없이는 한계를 지닐 수밖에 없는 분야이다. 이러한 측면에서 보면 정부가 앞장서서 지원한 문화유산해설사의 양성은 최근 사회경제적 변화에 대한 능동적 정책 대응으로 평가할 수 있다.

그러나 문화유산해설사는 정부의 정책 결정 이전에 이미 우리에게 필요한 존재였다. 전 국토가 살아있는 박물관이라고 하는 말이 있듯이 오늘날 우리는 과거 선조들로부터 수많은 귀중한 문화유산을 물려받았다. 다만, 우리 주변에 있는 문화유산의 가치를 제대로 인식하지 못하여 그동안 관심을 두지 않고 방치했을 따름이다. 문화유산해설사는 바로 이러한 문화유산의 가치를 대중들에게 전파하고 가꾸는 전도사이며 자원봉사자라고 생각된다. 그러한 의미에서 문화유산해설사는 문화유산의 파수꾼이기도 한 것이다.

우리 연구소가 문화유산해설사 강좌를 기획했을 때는 자치단체 등이 주관하는 전업적인 문화유산해설사의 양성보다는 보다 많은 주민들이 지역활동가로서 또는 자원봉사자로서 지역문화유산의 해설사가 되어 우리 문화유산의 가치를 제대로 인식하고 전파하는 데 앞장서주기를 기대했던 것이다. 사실 이 책의 강좌 내용은 지금까지 역사, 민속, 고고학 전공자들이 현지를 답사하고 연구하면서 축적해온 부산지역 주변의 문화유산에 대한 지식과 정보를 정리해 담은 것이다. 이제 우리는 이러한 연구자들의 경험을 일반 시민들과 공유하고, 그것을 널리 확산하여 우리 지역문화유산의 보존과 문화콘텐츠의 개발에 일조를 하고 싶다.

애초에는 강좌가 끝난 직후 곧바로 강의 내용을 책으로 엮으려했지만, 앞서 언급한 저간의 사정으로 출판 계획이 다소 지연되었고, 또 저자들이 많다 보니 원고를 수합하는데도 시간이 걸렸다. 물론 책의 내용도 실제로 강의했던 내용을 100% 그대로 실은 것은 아니다. 사실 관계의 근거를 밝힌다든가, 책으로 내는 만큼 사료나 참고문헌의 인용도 보다 정확하게 보완할 필요가 생겼다. 그러저러한 이유로 수정과 보완 과정을 거치다보니 책의 출판이 자꾸만 지체되었다. 이 점에 대해서는 우리 연구소의 간행 계획을 미리 알고 책의 출판을 기다왔던 일부 독자들에게 미안한 말씀을 드리지 않을 수 없다.

끝으로, 2008년 문화유산해설사 강좌의 진행을 맡아 수고한 전성현 박사, 원고 수합과 편집으로 많은 애를 쓴 지역문화연구소의 양미숙 전임연구원, 출판을 허락해 주신 선인출판사의 윤관백 사장과 직원 여러분에게 감사의 말씀을 전하고자 한다.

2010년 9월

지은이들을 대신하여
동아대학교 석당학술원 지역문화연구소장 홍 순 권 씀

차 례

문화유산해설사의 역할과 기법

홍 순 권

Ⅰ. 문화, 문화유산이란 무엇인가?

1. 문화의 의미와 해석

'문화유산'이란 간단히 말해서 과거 인류가 남겨놓은 문화적 유산, 즉 과거 문화의 유산이란 의미로 풀이할 수 있다. 이러한 점에서 문화유산의 의미를 제대로 인식하려면 문화에 대한 깊은 이해가 전제되어야 한다. 그런데 문화에 대한 정의는 사회 각 영역의 관용이나 학문적 접근 방법에 따라서 저마다 정의하는 방식이 매우 다양하다. 넓은 의미에서 보면 인간이 하나의 공동체를 이루어 살아가는 삶을 총체적으로 일컬어 문화라고 할 수 있을 것이다. 인간의 생활과 행위, 그리고 그것의 표현 양식 또는 그와 관련된 인간 활동의 총체라고 표현해도 좋을 것이다. 그러나 실제 일상적으로는 쓰이는 문화라는 용어는 이처럼 광범위한 의미로 정의되기보다는 여러 가지 인간의 활동 중에서 정치와 경제 또는 일반사회 영역 이외에서 일어나는 특별한 영역의 인간 활동을 일컫는다. 흔히 신문의 문화면에서 다루는 내용들이 대개 그러하다고 할 수 있다. 즉, 일상적 생활 관습을 포함하여 문학, 예술, 오락, 기타 대중문화와 그와 관련된 인간 활동의 다양한 표현과 양식이 좁은 의미에서 문화의 중심 개념을 형성하고 있는 것이다.

좁은 의미로 문화의 개념을 국한하더라도, 문화는 표현 양식 그 자체만으로 이해될 수는 없는 것이다. 왜냐하면, 문화를 통해서 또는 그와 관련된 행위나 양식을 통해 우리가 표현하고자 하는 것은 인간 활동과 행동의 모든 영역, 즉 인간의 삶 전체를 그 대상으로 삼고 있기 때문이다. 따라서 다른 사회 영역과 마찬가지로 인간의 문화 활동은 정치, 경제 등 다른 사회 영역이나 각종 사회적 활동과의 연관 속에서만이 그것이 지닌 가치와 성격을 올바르게 이해할 수 있다. 우리가 인간의 활동 영역을 개념적으로 구분할 수는 있지만, 개인의 특정한 행동조차도 실제로는 다양한 영역의 동기를 내포하고 있거나 여러 사회 영역과 상호 연관되어 있다. 이웃은 물론 그가 속한 사회 전체와의 복잡한 연관을 이루고 있기 때문이다. 따라서 어느 사회의 문화를 이해한다는 것은 좁은 의미의 문화 그 자체뿐만 아니라 그 외연인 정치, 경제, 그리고 사회구조에 대한 체계적인 이해를 필요로 한다.

우리가 오늘날의 문화를 단순히 오늘날의 사회적 현상으로만 다루는 것은 문화를 총체적이면서 동시에 심층적으로 이해하는 충분한 방법이 되지 못한다. 문화는 사회적 현상이면서도 동시에 역사적 현상인 것이기 때문이다. 이는 문화란 고정불변의 것이 아님을 말함과 동시에 새로운 문화는 반드시 과거 문화의 기반 위에서 형성 발전한다는 것을 의미한다. 이 말은 문화를 크게 전통문화와 근대(현대)문화로 구분한다고 할 때, 이 양자 사이에는 단절과 연속성이 병존한다는 말로 대체할 수 있다. 이를테면, 전통문화의 어떤 부분은 근대에 들어와서 그 자체로서 단절되거나 사라지기도 하지만, 또 다른 부분은 다양한 형태의 변용을 거치면서 새로운 문화로 재창조되기도 하는 것이다. 물론 이러한 전통문화의 단절과 계승은 선택적이며, 그것은 인간의 의지 작용에 따라 매우 다양한 전개과정을 보여준다고 할 수 있다. 따라서 전통문화에 대한 이해 없이 근대문화와 현대문화를 이해한다는 것은 매우 공허한 일일 것이다. 게다가 이러한 전통문화의 배경을 이루는 역사에 대한 정확한 지식과 올바른 인식이 없이 문화—전통문화든 현대문화든—를 제대로 이해하고 향유하기는 어려운 일이다.

인간의 생활 및 행위 양식의 총체적 표현이라는 의미로 문화를 이해하기 위해서는 먼저 그 바탕을 이루는 인간의 활동 공간, 즉 사회적 공간에 대한 이해가 있어야 한다. 물론 이러한 공간의 개념은 단순한 자연지리적 환경만을 의미하는 것은 아니다. 거기에는 인간 활동의 사회적 생산양식과 사회적 의식(이데올로기)이라는 개념이 내포되어 있다. 즉, 농촌문화와 도시문화가 다르고, 유교문화권의 생활양식과 기독교문화권의 생활양식이 다른데, 그것은 문화가 사회적 공간과 유리된 채 존재할 수 없기 때문이다. 이처럼 문화를 이해하기 위해서 공간에 대한 이해가 필요한 것은 공간이 지니고 있는 특수한 지리적, 인문적 또는 사회적 환경이 그 지역[공간]의 문화적 특성을 창출해 내기 때문이다.[1] 따라서 문화는 반드시 공간적인 특수성을 지니기 마련이다. 물론 문화적 공간은 고정불변적인 것은 아니다. 오히려 문화가 시대에 따라 변화하듯 문화적 공간, 인문지리적 환경도 시대에 따라 변화하며 유동한다. 우리가 문화 현상을 관찰할 때 문화 공간의 역사성을 유념해야 하는 이유가 여기에 있으며, 바로 이러한 이유 때문에 문화는 항상 공간의 비교를 통해서 보다 깊이 있는 성찰이 가능하다. 즉, 지리적으로 한정된 문화 공간도 그 자체로서 고정된 것이 아니라 역사적 시간과 불가분하게 결합되어 있는 것이다. 바로 이러한 점에서 역사적 시간과 공간은 서로 날줄과 씨줄이 되어 문화라는 인간의 표현 양식을 만들어 낸다고 말할 수 있을 것이다.

역사를 보면 문화가 보인다. 그러나 그 역도 성립한다. 문화를 보면 역사가 보인다. 우리가 문화유산을 보존하려는 것은 문화유산 그 자체가 지닌 예술적/학술적 가치 때문만은 아니다. 거기에는 역사적 가치도 함께 보존하려는 의미가 있는 것이다. 따라서 아무리 예술적으로 뛰어난 문화유산도 그 예술적 가치만 인식하는 데 그친다면, 그것은 그 문화유산의 가치를 제대로 평가하고 이해하는 것이 못된다. 이를테면, '앙부일구'로 불리는 해시계는 조선왕조 세종 때 만들어졌다. 시계의 기능이 시간을 알리는 것임은 누구나 아는 일이지만, 하필이면 해시계가 왜 그때 만들어졌는가, 그 배경은 무엇인가라는 질문을 받으면 선뜻 대답을 하지 못하는 사람이 많다. 그것은 당시의 사회적 생산양식과 사회적 관습과 어떠한 관련이 있는가? 당시의 해시계는 하루의 시간을 재는 목적도 있었지만, 그 못지않게 1년의 시간을 재는 목적도 있었다. 그것은 '농업이 천하의 큰 근본(農者天下之大本)'이란 표현에서 알 수 있듯이 당시의 중심 산업인 농업의 생산과 밀접한 관

---

1) 이러한 인식 기반 위에서 문화를 연구하는 지리학을 문화지리학이라고 한다. 일반적으로 문화지리학은 문화의 포괄적인 개념을 인정하고 문화 집단의 공간적 차이를 연구하는 분야로, 특히 언어, 종교, 경제, 정치를 비롯한 문화 현상의 분포를 묘사하고 분석하는 학문으로 정의된다.

련이 있다. 즉, 농업 생산을 위해서는 정확한 양력의 사용이 필요했던 것이며, 앙부일구는 규표와 더불어 정확한 양력의 사용을 위해 만든 과학기구이기도 했던 것이다. 이처럼 하나의 문화유산을 제대로 이해하기 위해서는 그것이 만들어진 시대의 사회경제적 환경과 생활양식에 대한 정확한 지식과 이해가 있어야 한다. 또 박지원의 허생전을 읽다 보면 '사농공상'이라 하여 상업을 천시하던 조선시대에 상업에 종사는 양반의 모습을 보게 된다. 이것은 그 자체로만 보면 작가의 상상력에 의해 만들어진 허구임이 분명하지만, 그러한 상상력을 가능하게 한 것은 그 작품이 만들어지던 시대의 사회경제적 변화상이다.[2] 이 경우 우리는 허생전이라는 소설 작품을 통해 당시 사회에서 실제 일어나고 있었던 역동적 변화를 유추하거나 상상할 수 있다. 역으로 그러한 변화에 대한 역사적 통찰과 인식이 없이는 그 작품에서 전개되고 있는 이야기의 핵심 내용을 제대로 짚어낼 수가 없을 것이다. 같은 방식으로 우리는 현대 문화에 대해서도 이야기할 수 있다. 현대의 문학과 예술의 가치는 작가가 현실을 어떻게 인식하고 있느냐에 따라 크게 달라진다. 마찬가지로 작가가 역사적 문제를 소재로 다룰 때는 역사에 대한 작가의 인식 수준이 작품의 질적 수준을 결정하는 데 결정적인 구실을 한다. 독자나 감상자의 경우도 그러하다. 독자나 감상자의 역사 지식과 역사인식의 수준은 작품을 이해하는 능력과 밀접한 관련이 있기 때문이다.

2. 문화유산의 개념과 범주

흔히 유형 무형의 과거의 문화 가운데 공동체적 가치를 지닌 것을 문화재라고 일컫는다. 오늘날 문화유산이라는 말은 흔히 이 문화재라는 용어와 혼

---

2) 양반전에 나타나는 허생의 도고(매점매석) 행위는 조선후기의 새로운 경제적 변화의 하나인 자유상인, 즉 사상의 출현과 발달을 반영하고 있다. 18세기 사상의 성장은 시전상인의 일부 특권마저 부정하는 결과를 낳았으며 상품화폐경제의 발달을 촉진하였다.

용하여 동질적인 의미로 쓰이는 경우가 많다. 그러나 문화유산은 문화재에 비해 보다 포괄적인 개념이라고 할 수 있다. 문화적인 유산이라는 의미에서 문화유산은 문화재는 물론이고 그 문화재를 이루어낸 자연지리적 환경, 생물학적 환경, 역사문화적 환경, 기타 생활환경 등을 광범위하게 포괄한다.

문화재이든 문화유산이든 지금은 비록 실생활에서 향유되고 있지 않다 하더라도 어떠한 형태로든 과거로부터 전승되어 남아 있는 것으로 앞으로도 보존할 만한 가치를 지니고 있는 공동체적 자산이다. 물론 모든 문화유산의 가치가 동일한 것은 아니다. 예술적 가치나 학술적 가치 또는 그 양식이나 성격에 따라 국보와 보물 또는 사적 등으로 구분하기도 하고,[3] 민족적 차원을 넘어 세계사적 보편성을 지닌 것은 유네스코와 같은 국제기구가 특별히 세계문화유산으로 지정하여 관리하기도 한다. 오늘날 시행되고 있는 우리나라의 문화유산의 분류 방법은 대체로 다음과 같다.

① 유형문화재 : 건축, 서적, 고문서, 회화, 조각, 공예품 등 형태가 있는 문화적 산물로서 역사적으로 또는 예술적으로 가치가 큰 것과 이에 준하는 고고학적 자료.

② 무형문화재 : 연극(꼭두각시놀음, 가면극 등), 음악(종묘제례악, 판소리, 범패 등), 무용(처용무, 승무 등), 공예기술 등 형태가 없는 것으로 역사상, 예술상 가치가 큰 것이 이에 속한다. 특히 공예는 전통적인 공예품을 제작할 수 있는 기술을 가진 사람을 지정하여 흔히 '인간문화재'라고 부른다.

③ 사적(선사 유적, 고분, 절터, 성, 가마터, 향교 등)과 동식물 서식지, 기념물(동굴, 비석 등)

---

3) 최근 정부에서는 문화재 지정제도를 개선하기 위하여, 종전에 국보와 보물의 뒤에 붙던 일련번호를 없애기로 방침을 세웠다. 대안으로 하위분류번호인 사적 제○호, 건축문화재 제○호, 미술문화재 제○호, 기록문화재 제○호, 민속문화재 제○호 등의 관리번호가 붙게 된다. 이 관리번호는 관리의 편의상 붙이는 것일 뿐 그것이 문화재의 가치를 가늠하는 척도는 아니다.

④ 민속자료 : 우리 민족의 기본적 생활문화의 특색을 나타내는 것으로
전통적 생활양식, 관습, 지방 고유의 방언이나 구전 설화 및 노래 등
이 있다. 또 이 경우는 전통적 생활양식이 보존되고 있는 장소, 민속
행사가 행해지는 특정한 장소, 전통적인 민가가 집단을 이루거나 특
별한 역사성을 지닌 마을이 지정되기도 한다. 예컨대, 제주의 성읍마
을, 안동의 하회마을, 경주의 양동마을 등이 있다. 이러한 문화유산의
사회적 가치를 이해하기 위해서는 이에 대한 학문적 접근이 필요하
다. 문화유산 자체만을 떼어 놓고 보면, 이를 '문화사'라는 범주에서
파악할 수 있지만, 그러나 실제 개별적인 문화유산에 대한 연구는 다
양한 학문적 연관성을 지니고 있다. 역사학을 비롯하여, 고고학, 미술
사학, 민속학, 인류학 등이 바로 문화유산의 연구와 밀접히 연관된 분
야이다. 따라서 문화유산에 대한 올바른 이해를 위해서는 이러한 학
문분야에 대한 기본적인 소양과 어느 정도의 전문적인 식견이 필요하
다.

우리가 문화유산을 이해하는 데 있어서 특히 유의해야할 점은 어떠한 지
역의 문화 또는 문화유산이든 역사적으로 끊임없이 타 지역의 문화와 교류
하며 변화해 왔다는 사실이다. 그러면서도 동시에 각 지역이나 각 민족의
문화는 저마다의 특성과 고유성을 지닌다. 따라서 각 지역 또는 각 나라의
문화를 우열로 구분하는 것은 이른바 자기 문화 우월주의 또는 문화제국주
의의 오류에 빠질 수 있다. 이는 문화유산을 바라보는 옳은 태도가 결코 아
니다. 이러한 점에서 우리는 문화상대주의의 관점을 견지할 필요가 있다.
문화상대주의는 문화유산을 이해하는 데 다음과 같은 몇 가지 장점을 제공
해 준다.[4]

무엇보다 우리가 선호하고 정당하다고 믿고 있는 문화의 절대적 기준 그
자체를 회의하게 함으로써 열린 마음으로 문화를 볼 수 있게 한다. 둘째 우

---

4) 조수동 외, 『문화의 이해』, 이문출판사, 2003, 23~24쪽 참조.

리는 더 이상 다른 시대나 다른 사회의 문화양식이 우리 자신의 시대나 사회의 그것보다 더 열등하거나 더 우수하다고 볼 수 없게 된다. 결국 특정한 규범과 도덕적 가치를 기준으로 문화를 이해하는 것이 아니라, 열린 마음으로 상호 관용적 태도로 문화를 이해하고 바라보게 된다. 물론 문화적 상대주의를 모든 문화에 적용할 수는 없다. 각 민족이나 종족이 가지고 있는 독특한 문화현상 가운데는 인권이나 관용, 자비와 같은 인류의 보편적 가치 기준에 맞지 않는 '비가치적인' 것들도 존재할 수 있기 때문이다. 이것들은 문화상대주의의 이름으로도 옹호될 수 없는 것들이다. 그 이유는 우리가 보존하고 발전시켜야 할 문화는 인간이 부여하는 가치의 구현체로서 보편적 가치에 부응해야 하기 때문이다.

Ⅱ. 문화유산해설사의 조건과 역할

문화유산해설사는 문화유산 연구자로서의 전문적 식견을 바탕으로 현존하는 문화유산에 대하여 일반 대중에게 그 특징과 가치를 이해할 수 있도록 설명하고 안내하는 공익적 봉사활동가이다. 물론 보는 관점이나 그 맡은 바 영역의 특성에 따라 문화유산해설사, 문화해설사 등으로 불리기도 한다. 다만 이를 굳이 구분한다면, 문화유산해설사는 문화 중에서도 특히 전통문화, 그리고 관광이나 레저의 개념보다는 전통문화에 대한 가치와 인식에 보다 중점을 둔 개념이라고 할 수 있다. 또 2005년부터는 정부의 관광정책에 따라 일부 지자체를 중심으로 문화관광해설사 양성 제도가 시행되고 있다. 이 경우 문화관광해설사는 관광자원에 대한 안내 및 해설과 더불어 문화유산해설사의 역할을 겸하고 있는 것으로 이해할 수 있다.

오늘날 문화유산해설사의 역할은 직업적으로 전문화되어 정착된 영역은 아니다. 이러한 일에 전업적으로 종사하는 사람은 아직은 드문 것이 현실이며, 대부분의 경우에는 자원봉사활동의 수준에서 문화유산해설사로서의 활동이 이루어지고 있다. 또 문화유산해설사는 그 활동의 특성상 공간적 제약을 받게 마련이다. 따라서 오늘날 문화유산해설사의 활동을 보면, 넓게는 도별 단위로 활동하는 경우도 있지만, 시군별로 활동하는 경우가 많다. 문화유산해설사들이 이렇게 제한된 공간 내에서 활동하는 것은 그것이 자원봉사자들을 중심으로 이루어지고 있기 때문에 불가피한 측면이 있다. 그러나 달리 생각해 보면 지역활동가로서 문화유산해설사의 전문성을 강화시켜주는 장점도 있다.

물론 문화유산의 해설이 지역 중심으로 이루어질 때 전문성의 강화라는 장점도 있지만, 이것이 자칫 문화에 대한 이해와 인식의 폭을 협소하게 만들 수도 있다. 따라서 문화유산해설사에게는 이러한 한계를 극복하는 것이 매우 중요하다. 특히, 문화유산의 해설이 특정한 문화유산을 대상으로 실행되는 것임에도 불구하고 문화에 대한 보편적 가치를 담지하지 않으면 안 된다. 즉, 문화유산의 해설에는 해당 문화유산의 내력이나 개별적 성격뿐만 아니라, 해당 문화유산이 지닌 문화의 보편성, 국제성에 대해서도 깊은 이해가 있어야 한다. 이를 위해서는 문화유산해설사는 해설하고자 하는 문화유산에 대한 전문적 지식을 갖추는 데 그칠 것이 아니라 다른 지역의 문화유산과 비교하여 그 공통점과 차이점까지도 이해하고 설명할 수 있어야 할 것이다. 또 문화유산해설에서 간과해서는 안 될 사항은 이것이 강단에서의 학생을 대상으로 한 문화사 교육이 아니라 일반인들을 상대로 하는 문화유산에 관한 정보의 전달을 주요 활동 목적으로 한다는 점이다. 따라서 보다 유익하고 흥미 있는 문화유산의 해설이 되기 위해서는 문화유산에 대한 전문적인 지식이 이외에도, 그러한 지식을 보다 효과적으로 전달할 수 있는 설명 기법에 대한 학습과 훈련이 요구된다.

문화유산의 해설은 교실 안에서 이루어지는 이론 학습이 아니라, 일종의 체험학습과정의 성격을 지닌다. 때문에 해설 또한 현장의 분위기를 살려가면서 답사/탐사에 참여한 일행의 관심과 흥미를 유발할 수 있는 다양한 방법을 구사하여야 한다. 정확한 발음과 알아듣기 쉽고 의미 전달이 명확한 구어체의 사용은 필수적이다. 그러나 지나치게 사전적인 해석으로 설명이 지루해지는 것은 경계해야 한다. 이를 극복하기 위해서 경우에 따라서는 문화유산과 관련된 전설이나 설화, 역사적 일화 또는 문학적 또는 영화적 소재 등에 대한 해박한 지식이 요구되기도 한다. 이러한 의미에서도 문화유산해설사는 단순한 취미 이상의 전문성이 요구되는 미래형 직종이라고도 할 수 있다. 설명 과정 또한 개인의 재능에 따라서는 시낭송이나 노래 또는 몸짓 등 다양한 형태의 퍼포먼스가 수반될 수 있다면 더욱 더 바람직하다.

이러한 문화유산해설사의 가장 중요한 덕목 중 하나는 봉사정신이라고 할 수 있다. 문화유산이나 문화관광자원에 대한 깊은 애정과 관심이 없으면 훌륭한 문화유산해설사가 되는 것은 불가능하다. 따라서 문화유산해설사는 관람자나 피해설자의 우문에 대해서도 최대한 인내심을 갖고 성실하고 친절하게 답변할 수 있는 인격을 갖춰야 한다. 그리고 문화유산해설자의 문화유산에 대한 애정과 관심은 개인의 차원을 넘어 공동체의 차원으로 확산되어야 하며, 듣는 사람에게 그러한 울림이 가능하도록 노력해야 한다. 문화유산해설사에게 봉사정신이 요구되는 것은 바로 이 때문이다. 문화의 전파자라는 자부심과 해설사이자 안내자로서의 성실한 자세야말로 일반인들로 하여금 우리의 문화유산자원에 대한 존중심과 애정을 일깨우는 핵심적 덕목인 셈이다.

Ⅲ. 효과적인 문화유산 해설을 위한 사전 준비

1. 훌륭한 해설자가 되기 위한 준비

전문적인 문화유산해설사로서 훌륭하고 효과적인 해설을 하기 위해서는 어떠한 노력이 필요할까? 문화유산의 해설은 단순히 문화유산의 이해에 그치지 않고, 문화유산에 대한 지식과 정보를 다른 사람에게 효과적으로 전달하는 데 그 목적이 있다. 물론 이러한 지식과 정보의 전달은 상대방의 지적 수준이나 관심도에 따라서 다양한 방식이 활용될 수 있지만, 일반적으로 고려되어야 할 몇 가지 사항을 정리하면 다음과 같다.

첫째, 해설의 내용이 객관적이고 정확한 사실에 근거해야 한다. 해설은 역사적 사실로서 입증 가능한 내용을 우선적으로 다루어야 하며, 또 추정된 사실이라 하더라도 학계에서 객관적으로 검증되었거나 인정받는, 이른바 통설에 입각하여 설명하는 것이 필요하다. 바로 이 해설의 정확성이야말로 문화해설사로서의 전문성을 담보하는 것이기 때문에 무엇보다 중요하다.

둘째, 쉽고 재미있는 해설이 되어야 한다. 사실 아무리 훌륭하고 가치 있는 이야기를 준비하였더라도 듣는 이가 쉽게 이해하지 못하거나 흥미를 느끼지 못한다면, 이는 실패한 해설이라고 말할 수밖에 없다. 실제로 문화해설의 현장에서는 정확성과 전문성에 몰두한 나머지 해당 문화유산에 대하여 지나치게 세부적인 내용을 장황하게 늘어놓거나 일반인이 이해하기 힘든 전문적인 술어를 나열하여 지루함을 주는 경우가 적지 않다.

셋째, 균형적이고 종합적인 해설이어야 한다. 예컨대 문화유산으로서 특정한 건축물에 대한 해설을 할 경우, 건축물의 건립 과정, 역사성, 양식적 특징 등 기본적이고 필수적인 내용들이 적절하게 배분하여 설명해야 하며, 지나치게 한편으로 치우친 설명은 삼갈 필요가 있다. 물론 문화유산에 대한 이해를 돕고 관심을 유도하기 위해서 특별한 에피소드를 소개한다든 하는 것은 바람직한 일이지만, 이 경우에도 적절한 배경 설명이 뒷받침되어야 의미가 있다.

마지막으로 실제 현장에서 문화유산의 해설을 할 경우 반드시 고려해야 할 또 한 가지 중요한 사항은 바로 시간의 안배이다. 많은 경우 문화유산의 해설은 한 현장에서 다른 현장으로 장소를 옮겨 가며 제한된 시간 안에 이루어지기 때문에 적절한 시간 안배는 매우 중요하다.

　이상에서 훌륭한 해설이 되기 위해서 고려할만한 사항을 몇 가지 지적하였지만, 결론적으로 말해서 문화해설을 듣는 이가 새로운 이해와 함께 감동을 느끼도록 하는 것이 문화해설사로서의 궁극적인 목표이고 보람일 것이다. 이를 위해서는 해설에 앞서 시나리오를 스스로 작성하여 부단히 연습하는 과정이 필요하다. 정확하고 흥미있는 내용과 함께 정확한 발음과 자연스러운 몸짓, 적절한 유머 등이 어우러져 해설이 완숙한 경지에 이를 때, 문화유산해설사는 단순한 문화 지식의 전달자를 넘어서 새로운 문화콘텐츠의 생산자로서 거듭날 수 있을 것이다. 문화유산의 사전 답사는 이러한 목적을 달성하기 위해서 빼놓을 수 없는 또 하나의 필수적 과정이다.

2. 답사 및 조사

○ 사전 답사

　특정 지역의 문화유산을 답사하기 위해서는 먼저 그 지역에 현존하는 문화유적의 위치와 가능한 교통편을 확인한 다음 미리 답사 계획과 일정을 짜야 한다. 이를 위해서는 우선 답사할 장소와 문화유산과 관련된 여러 가지 지식과 정보를 수집해야 한다. 특히 답사 지역의 해당 문화유산에 대한 이력은 물론 현재의 보존 상태에 관한 자세한 정보도 미리 확보해야 한다. 구체적인 유물이 소실되어 현존하지 않는 경우는 사적지(historic sites)에 대한 정확한 위치 비정 등 관련 정보를 빠짐없이 탐색해야 한다.

　특정한 문화유산을 처음 답사할 경우에는 혼자 답사를 하는 것보다는 그 분야의 전문가를 동반하는 것이 좋다. 그러나 어떤 사정으로 부득이 그렇지 못 할 경우에는 유적 유물에 대한 설명이나 안내를 맡을 사람이 현지에 있는지 미리 확인할 필요도 있다. 이를 위해 현장 관리인과의 면담 일정을 미리 정해 놓는 것도 좋은 방법이다. 특히 근현대사 유적을 답사할 경우는 현장에서 일어난 역사적 사건의 체험자나 현장의 내력을 잘 아는 사람으로부터 직접 설명을 듣는 것이 여러모로 유익하다. 이밖에 답사를 위해 미리 유념해야 할 사항으로 다음과 같은 것들이 있다.

① 유적지가 관람 시설일 경우 또는 박물관이나 기념관을 둘러 볼 경우, 관람 가능 시간, 휴관일 등을 미리 확인한다.

② 2일 이상의 장기 여행일 경우는 교통편뿐만 아니라, 숙박소 음식점 등에 대한 상세한 정보를 미리 확보해 놓는다.

③ 동아리 단위의 단체 여행일 경우는 사전 답사를 해 두는 것이 필요하다.

④ 단체뿐만 아니라 개인 또는 2~3명의 소수가 가는 여행일지라도, 답사를 알차게 하기 위해서는 미리 자료집이나 포트폴리오를 준비해 가는 일이 중요하다.

⑤ 답사 출발 전에 미리 준비물을 반드시 챙긴다. 필수적인 준비물로는 메모장을 비롯한 필기구, 카메라, 줄자(실물 크기를 확인하는 데 필요함), 녹음기(인터뷰를 할 경우), 지도, 답사자료집 등이 있다.

○ 답사자료집 만들기

답사를 위한 자료집을 만드는 가장 중요한 이유는 미리 계획된 답사 일정에 맞춰 답사 기간 중 최대한의 현장학습 효과를 얻기 위함이다. 답사자료집은 여행 일정과 조사하고자 하는 문화유산에 대한 기존의 정보, 학술적 검증 결과 등에 관한 내용을 기본으로 하여 구성된다. 대체로 (1) 지도와 기행 일정, (2) 지역 개관, (3) 탐방 장소 및 유적지 또는 문화유산에 관한 사전적 설명, (4) 주요 참고 문헌의 관련 기록 등이 답사 자료집에 채워져야 할 기본 항목이라고 할 수 있다.

답사 여행 중의 교통편 이용과 현지로의 이동을 위해서는 최신의 교통지도가 필요하지만, 현지 조사에서는 이와 함께 고지도를 활용하는 것도 의미가 있다. 고지도를 이용할 경우 유적지나 문화유산의 역사적 가치를 상상적으로 재현하는 데 도움이 된다. 물론 조사 목적이나 조사 대상이 근대 도시나 근대 문화유산일 경우는 근대 지도를 활용하는 것이 유용하다.

답사 지역이나 그 지역의 문화유산에 대한 사전 지식을 습득하기 위해서는 그동안 학계의 연구 성과(논문 및 저서)와 주요 관련 문헌사료를 가능한 한 빠짐없이 조사해야 한다. 특히 역사기행으로서 답사는 일종의 지리 여행을 겸하는 것이기 때문에 역사지리적 지식을 최대한 수집하여 활용할 필요가 있다.

문화유산해설사로서 답사를 행하는 중요한 목적은 조사 대상인 문화유산을 현장에서 직접 확인함으로써 그 문화재에 대한 이해와 인식을 구체화·형상화하는 데 있다. 이러한 목적을 달성하기 위해서는 개별 문화재 자체에 대한 이해 못지않게 그 문화재의 특성을 비교적 관점에서 관찰하는 것이 필요하다. 즉, 문화재의 유형이나 그 역사적 변천 과정에 대한 사전 지식을 갖출 필요가 있다. 이를테면, 어느 사찰의 석탑을 답사하고 그에 대해 공부하려면, 우선 우리나라 석탑의 유형과 그 변천과정, 시대적 특성 등을 미리 연구해야 한다. 또 어느 서원을 답사하고자 한다면, 해당 서원 자체의 내력 이외에도 조선시대 서원의 유래와 조성 목적, 공간 배치 등 기본적인 문제에 대하여 연구해 두는 것이 필요하다.

유적지나 문화유산에 대한 1차 사료의 기록이 남아 있을 경우 이를 자료집에 정리하여 준비해 가면, 해당 문화유산의 역사적 의미는 물론 현장 자체에 대한 인문지리적 환경을 이해하는 데도 큰 도움이 될 수 있다. 또 유적지나 문화유산이 역사적으로 중요한 인물과 연관되어 있을 경우에는 그 인물에 대한 각종 정보를 수집하는 것이 필수적이다. 이처럼 인물에 대한 연구가 필요한 것은 어떤 문화재나 유물은 문화재 그 자체로서 가치를 지니기 보다는 특정한 인물과의 연관 때문에 더 큰 가치를 지니기 때문이다.

○ 현장조사와 촬영

현장조사는 문헌이나 사진 자료를 통해서만 알게 된 문화유산에 관한 지식을 현장에서 직접 확인하고, 문화유산이 지닌 예술적 가치나 학술적 가치를 몸으로 직접 체험하고 음미하면서 그러한 체험 과정을 기록으로 남기는 과정이다. 물론 이 과정은 본격적인 문화유산의 해설에 앞서 미리 행하는 필수 과정이기도 하다. 따라서 현장조사는 정확해야 할 뿐만 아니라, 세심하고 엄밀하게 이루어져야 한다. 이를 위해서는 먼저 조사 대상인 문화유산의 보존 장소, 지리적 위치에 관한 정보를 정확히 체크하고, 문화유산의 형태, 규모, 양식적 특징, 배치와 구조 등을 구체적으로 관찰하여 꼼꼼하게 메모해야 한다.

이 경우 특히 유의해야 할 것은 문화유산의 양식적 특징뿐만 아니라 보존 상태를 반드시 조사하고, 또 전시중인 문화재가 실물인지 여부 등도 확인하는 것이 좋다. 건축물인 경우는 원형에 변경이 가해졌다면, 언제 증축 또는 개축한 것인지 또는 복원한 것인지를 조사하고, 현재의 모습이 원형과는 어떠한 차이점이 있는지를 확인한다.

참고로 실측과 함께 문화재 촬영 시 필요한 몇 가지 유의점을 제사하면 다음과 같다.

① 유물의 크기는 실측하는 방법도 있으나, 사진으로 촬영할 경우 유물과 사람이 같이 있는 모습을 촬영하면, 실물의 크기를 추정하는 데 도움이 된다.

② 유물의 촬영은 가능한 전후좌우 등 여러 각도에서, 또 근접 촬영과 원거리 촬영을 모두 하는 것이 좋다.

③ 유물이나 건축물은 전신[전경] 촬영 외에, 그 대상의 특징적인 부분에 대해서는 부분 촬영을 하며, 가능한 많은 자료를 영상으로 남기는 것이 바람직하다.

④ 유물뿐만 아니라 유물의 안내판도 반드시 촬영하여 기록으로 남겨둔다.

⑤ 유물의 경우 그 유물의 정체성을 표시하거나 암시하는 부분은 반드시 초점 촬영한다. 예컨대, 금석문의 경우 유물의 표제, 주인공의 이름, 제작연대, 글쓴이 등에 관한 것을 필름에 담는다.

⑥ 일행이 있을 경우는 유물을 배경으로 단체 사진을 찍어두면, 그 자체가 하나의 이야기 그림을 구성할 수 있다. ex) '사진으로 본 답사기행'

도 이러한 방식으로 만들 수 있다.

⑦ 촬영 장소와 촬영 일시, 유물의 명칭 등을 빠짐없이 정확히 기록한다. 그래야만 사진(영상)은 문화유산 해설 자료로서 제 가치를 지니게 된다.

선사유적과 유물

신석기시대 부산지역을 중심으로

이 동 주

Ⅰ. 선사시대의 개관

선사시대란 역사시대의 상대개념으로 문자가 발생하기 이전 시기를 말한다. 우리나라의 경우 대체로 청동기시대 이전 단계를 선사시대라 부르고 있으며, 여기에는 구석기시대를 비롯하여 신석기시대와 청동기시대가 포함된다. 우리가 살고 있는 부산지역에 인류가 처음 정착하기 시작한 것은 후기구석기시대로 판단된다. 이 당시의 유적으로는 해운대 중동·좌동유적을 비롯해 청사포유적, 강서구의 지사동유적이 있다. 수백만 년 동안 이어져 오던 구석기문화는 이 단계에 이르면서 세석기라고 불리는 소형의 독특한 조합식 복합석기로 발달하게 되는데, 이러한 특징의 유물들이 부산에서도 확인되고 있다. 뿐만 아니라 일본열도를 포함하여 전세계적으로 확인되고 있기 때문에 후기 구석기인들의 동질성과 확산과정을 유추할 수 있다.

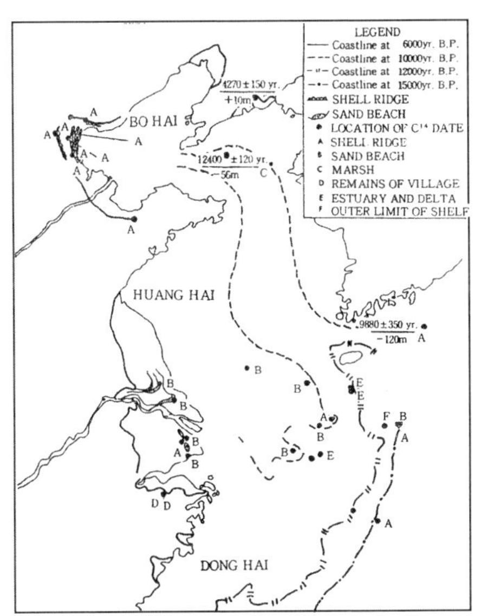

〈그림 1〉 15,000 B.P. 이후 동중국해의 해안선 변화 (Huang, 1984)

〈그림 2〉 최종 빙하기(W rm) 당시의 해안선 및 해류

　　다음 단계인 신석기시대는 토기의 발생을 시작으로 농경·수렵·벌채용의 도구로 간석기[磨製石器]가 사용되었던 시기이며, 빙하기가 극심하던 후기 구석기시대가 끝나면서 발생하게 된다. 지질학상으로는 갱신세(更新世: 洪績世)가 끝나면서 후빙기(後氷期)에 해당되는 완신세(完新世: 沖積世)로 접어드는 시기이며, 우리나라를 둘러싼 시베리아와 일본열도의 경우를 참고한다면 대략 12,000년 전을 전후한 시기에 발생하는 것으로 이해할 수 있다. 그리고 이어지는 청동기문화의 시작은 그 전환과정이 매우 애매한 상태이다. 최근 개정된 국정 교과서에서는 그 상한을 4,000년 전으로 올려보면서 다소간의 논란이 있는 편이다. 물론 학계의 논의가 충분히 반영된 것은 아니지만 이를 인정하더라도 신석기문화라는 시기는 대략 8,000여 년이라는 장구한 시간에 걸쳐 형성된 것으로 이해할 수 있다. 그러나 이 시기에 대하여 우리가 이해할 수 있는 내용은 단편적으로 매우 빈약한 편이라 할 수 있다. 우선 이 시대의 특징을 개괄적으로 검토한다면 생산경제의 발전과 기술의 진보, 그리고 이전의 보편적 문화양상에서 지역에 바탕을 둔 토착문화로의 이행 등을 들 수 있으며, 때문에 이 시기를 '인류의 위대한 생산혁명'이라고도 한다. 이 시대에는 식량을 채집하고 뗀석기[打製石器]를 사용하던 구석기문화 단계에서 벗어나 기술적 진보를 통하여 식량을 저장하거나 익혀 먹기 위한 용기로서 토기가 발명되었고, 수렵용구에 있어서는 석촉의 등장이 주목되는데, 이는 활이 발명되면서 이전과는 비교할 수 없는 사냥의 효용성이 갖추어지게 되었음을 짐작할 수 있다. 또한 이전의 타제석기들은 점차 돌도끼를 중심으로 마제석기로 발전하게 되었을 뿐만 아니라 안정적 식량 확보를 위한 농경문화로 진입하게 되면서 자연을 보다 적극적으로 이용 및 개발할 수 있는 단계로까지 발전하였다. 동시에 인류는 점차 정착생활이 가능해지면서, 결과적으로 문명형성의 기틀을 마련하게 되었다고 할 수 있다. 그런데 이 시기는 빙하기 이후 새로운 환경질서로 재편되는 과정에서 범세계적으로 극심한 환경의 변화를 겪었던 시기이며, 이 난관을 극복하는 과정에서 인류문화의 비약적 발전 또한 나타날 수 있었다. 또한 기후환경의 변화에 따라 해수면도 시기에 따라 심한 변화과정을 겪었기 때문에 당시의 지형은 우리가 생각하는 것과는 매우 달랐음을 주목할 수 있다.

이번 강연에서 부여받은 주제가 선사유적과 유물이지만, 부산에 가장 주목되는 시기와 유적이 신석기시대이므로 이를 중심으로 당시의 환경변동과 우리나라 신석기문화의 원류와 편년, 그리고 정착과 식량생산의 혁명이라 할 수 있는 우리나라 신석기시대의 농경문제와 당시의 정신세계를 이해할 수 있는 묘제, 장신구 등을 중심으로 간략히 살펴보고자 한다.

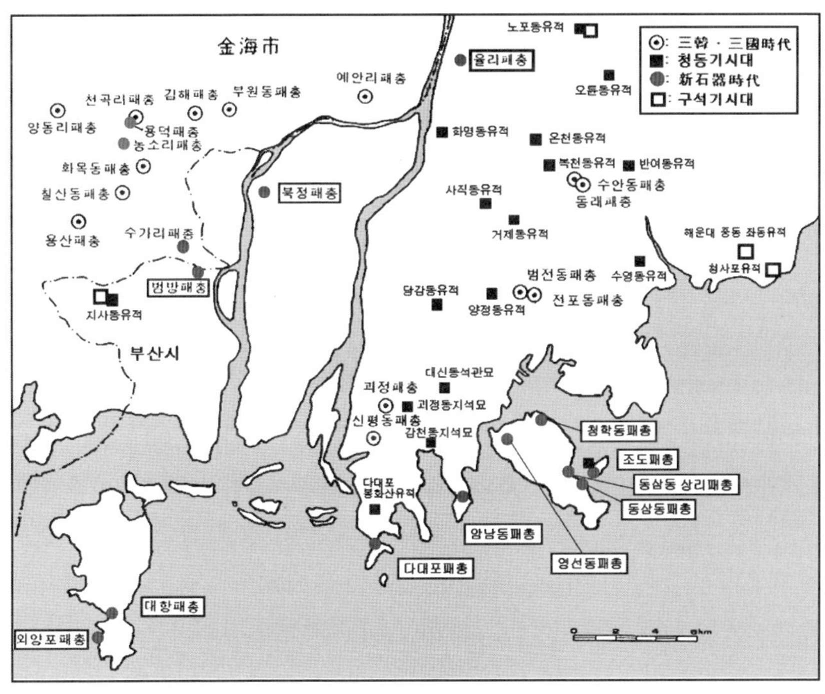

〈그림 3〉 부산의 선사유적 분포도

Ⅱ. 구석기시대

지금까지 확인된 부산지역의 구석기시대유적은 〈그림 3〉에 나타나는 바와 같이 해운대의 좌동·중동유적과 청사포유적, 강서구 지사동유적과 노포동유적 4개소가 알려져 있다. 이 중에서 정식으로 조사가 이루어졌던 곳은 좌동·중동유적과 강서구 지사동유적을 들 수 있으며, 나머지는 모두 수습되거나 지표조사과정에서 확인된 것들이다. 이 중 강서구 지사동유적은 아직 보고서가 간행되지 않아 자세한 성격은 확인할 수 없지만, 성격적으로 보아 해운대 좌동유적이나 청사포유적, 노포동유적과 같은 성격으로 후기 구석기시대에 속하는 것들이다.

부산지역에서 확인된 구석기유물들은 모두 석인(돌날)기법을 이용해 만든 것들로, 이 시기 석기들은 석핵과 박편석기(石刃), 이를 제작하기 위한 도구로서 망치돌과 모루돌의 구성요소를 기본으로 한다. 이러한 석인기법의 석기가 사용된 시기는 약 35,000년 전으로부터 10,000년 전까지이며, 마지막 빙하기인 뷔름빙기에 해당한다. 특히 20,000~18,000 B.P. 사이는 최대 빙하 극성기(LGM)로 해수면은 최대 120~150m까지 하강하였던 것으로 알려지고 있다. 이 중 해운대 중동유적의 경우에는 석인의 크기가 매우 작기 때문에 자체적으로 사용할 수 없고, 다른 도구에 조합하여 사용해야만 하는 세석인석기(micro core와 micro blade)가 나타나고 있다(〈그림 4, 8〉). 이러한 세석인기법을 바탕으로 하는 유물들을 〈그림 9〉에 나타나는 바와 같이 골각기와 목기 등의 도구에 작은 날을 끼워 넣어 칼과 같은 도구로 만들어 사용하는 것이다. 이는 석인기법 중에서도 가장 고난도의 기술이며, 구석기문화 중 가장 발달된 기법으로 후기 구석기문화 단계에 처음 등장하여 신석기시대에 이르기까지 사용되었던 특징적인 유물이라 할 수 있다. 약 20,000년 전후하여 우리나라를 포함하는 동북아시아지역에 출현하는 것으로 알려져 있지만, 내몽고 살리우수유적의 경우에는 35,000 B.P.로 나타나고 있고, 바이칼 동쪽지역이 경우 30,000~35,000년 전의 유적에서도 세석핵

제작수법이 확인되고 있다.

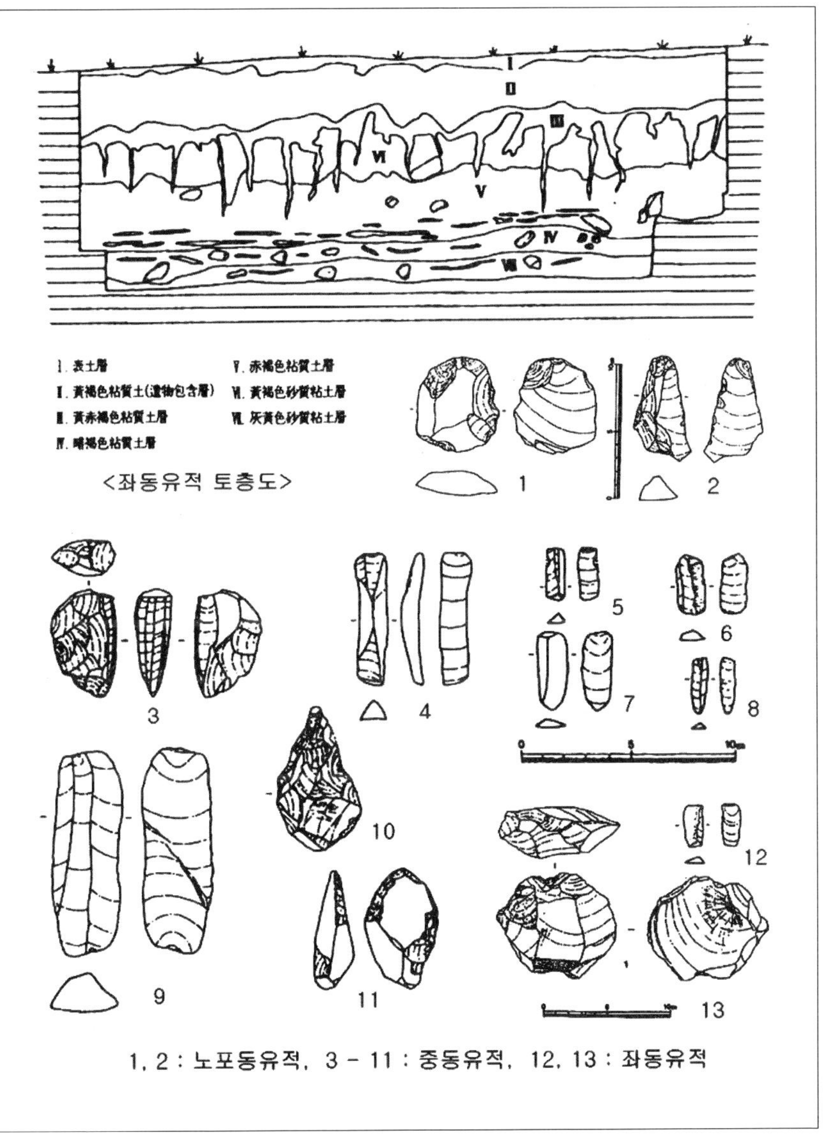

1, 2 : 노포동유적, 3 – 11 : 중동유적, 12, 13 : 좌동유적

〈그림 4〉 노포동유적과 중동 · 좌동유적 출토 구석기유물

〈그림 5〉 강서구 지사동유적 출토 구석기유물

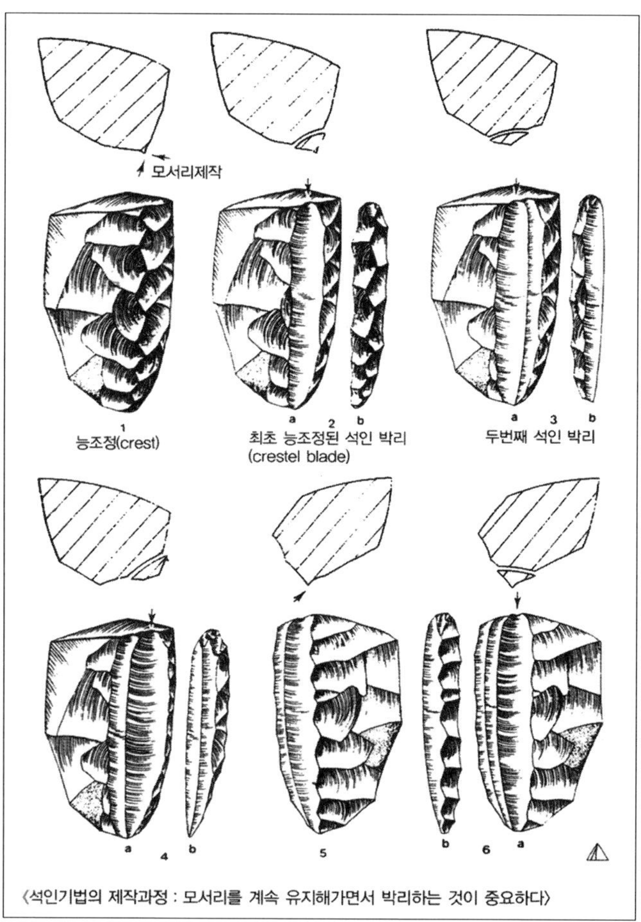

〈그림 6〉 크레스트기법에 의한 석인제작 기법 (대구국박, 2005)

　　석핵과 석인의 재료는 주로 입자가 치밀한 니암혼펠스를 사용하고 있다. 우리나라의 석인기법의 경우 〈그림 6〉에 나타나는 바와 같이 능조정(crest) 기법을 활용하는 것과 그렇지 않고 원석의 모서리를 그대로 활용하는 非크레스트기법으로 나눌 수 있다. 전자는 석인을 떼기 위하여 능선을 지그재그모양으로 제작하는 것으로 밀양 고례리·진안 진그늘·단양 수양개유적 등지에서 확인된다.

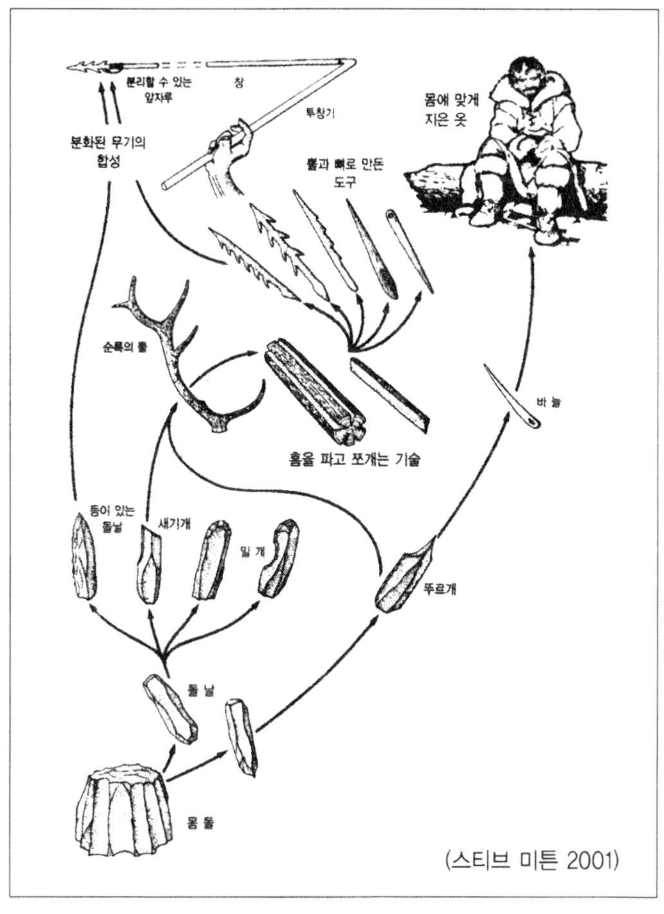

〈그림 7〉 돌날을 이용하는 방법

〈그림 8〉 해운대 중동유적 출토 세석기

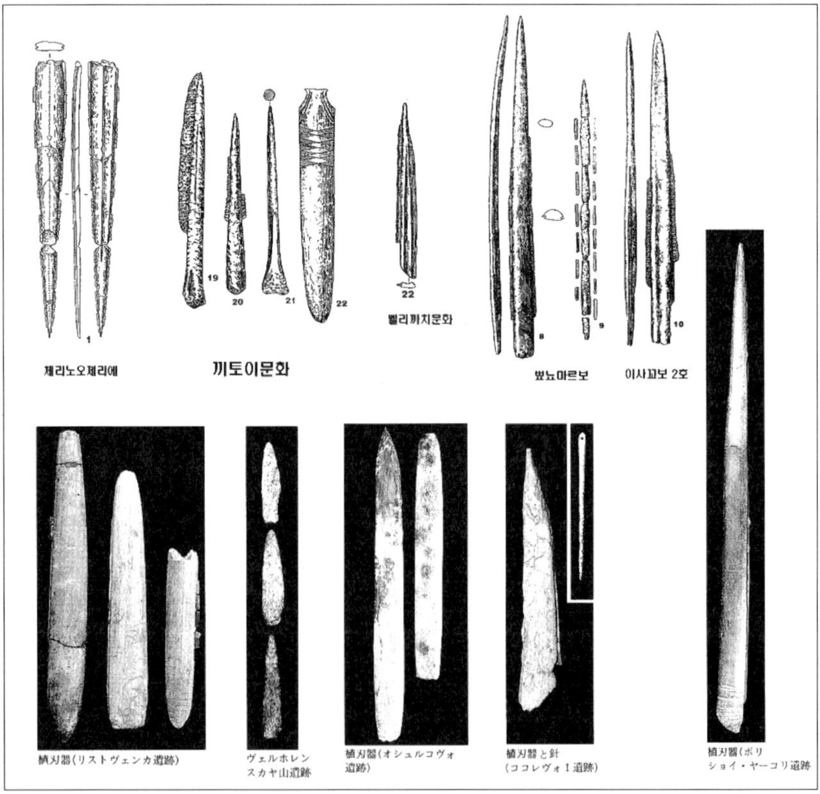

〈그림 9〉 시베리아지역의 세석인 장착 식인기

Ⅲ. 신석기시대

1. 신석기시대의 환경 변동

12,000년 전 후기구석기시대의 뷔름(Würm)빙하기(35,000~12,000 B.P.)가 끝나고, 지구상의 기후는 점차 현재와 같은 자연환경으로 변하였다. 그로 인해 과거 구석기시대의 대형동물들은 적응하지 못하고 서서히 전멸해 가는 대신 플랑크톤의 대량 서식으로 해산물이 풍부해졌다. 대략 6,000년 직전의 어느 단계에선가 해수면은 현재높이까지 상승한 것으로 추정되며, 이때부터 인간에 의해 해안가에서 흔히 볼 수 있는 조개더미가 만들어졌다.

〈그림 10〉에서 나타나는 바와 같이 그 이후에도 상승과 하강을 반복하는 부분적 해수면의 변동은 계속되었으며, 최근 동삼동유적의 조사에서 4,000년경 즈음한 시기에 현재보다 해수면이 상당히 높았던 흔적이 확인되기도

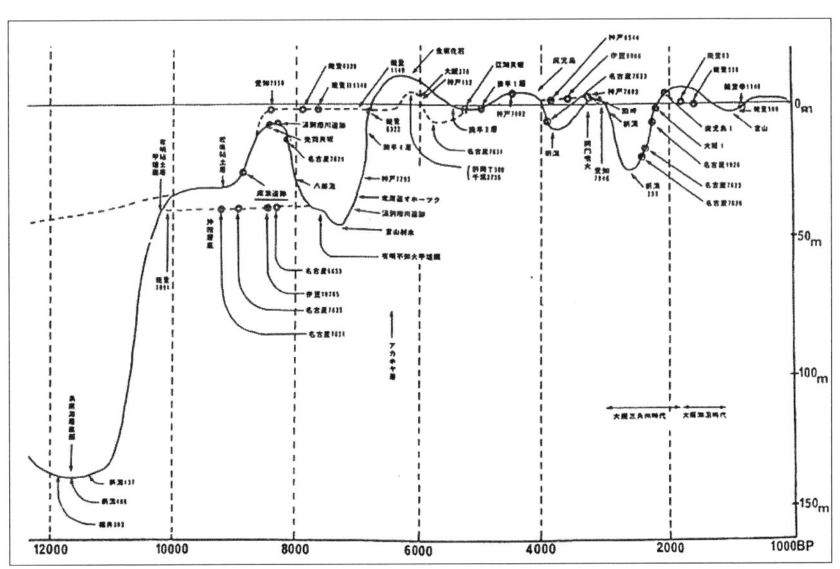

〈그림 10〉 과거 12,000년간의 해수면 변동곡선 (三本愛三, 1993에서 전재)

하였다. 또한 지형과 해안선도 신석기에 들어와 삼면이 바다로 둘러싸이면서 현재와 같은 모습을 이루게 되었는데, 특히 우리나라의 내륙지방에는 무수한 산맥이 분포하고 있어 문화적으로 단절된 지역상이 나타나기도 하지만, 반면 큰 강과 해안선을 따라 통합의 양상이 나타나 안정된 생활기반을 바탕으로 문화의 전파와 확산이 이루어진 배경이 되었던 것으로 판단된다. 산맥과 강에 의한 단절과 통합으로 나타나는 이러한 자연환경은 신석기시대의 문화형성에 결정적인 요인으로 작용해 우리나라 신석기시대의 문화가 서로 다른 문화를 바탕으로 하는 여러 개의 소문화영역으로 구분되는 배경이 되었던 것으로 판단된다.

2. 우리나라 신석기문화의 원류와 주변지역과의 관계

우리나라 신석기문화의 전체적인 시기구분은 지역에 따라 문화양상의 차이가 있을 뿐만 아니라 문화원류에 대한 관점의 차이 때문에 학자들 간의 차별성이 나타나고 있다. 그런 점에서 신석기 초기 단계로부터 계통성을 찾기 위해서는 동북아시아 전반적인 관점에서 검토할 필요가 있다. 최근까지 확인된 내용을 종합한다면 동북아시아 초기 신석기문화는 시베리아 지역의 경우 아무르강유역을 중심으로 대략 13,000 B.P.~10,000 B.P.경으로 나타나고 있으며, 이는 과거부터 가장 많은 조사 사례를 가진 일본열도의 경우에도 마찬가지이다. 이 당시의 문화내용은 크게 2가지 계통으로 대별할 수 있다. 토기 표면에 점토띠를 붙여 문양을 시문한 융기문토기와 문양이 없이 조성 흔적만 남기는 조흔문토기 계통이다.

융기문토기는 시베리아 아무르강 중류역을 중심으로 하는 노보페트로프카(Novopetrovka)문화이며, 아무르강(黑龍江) 중류역을 중심으로 한반도를 거쳐 일본열도로 이어지고 있다. 또 다른 하나는 조흔문 바탕에 무문양을 특징으로 하는 오시포프카(Osipovka)문화이며, 아무르강 하류역을 중심으로 일본열도 동쪽의 아오모리지역과 혼슈(本州)지역에 걸쳐 널리 분포하고 있다. 우리나라의 이 시기 유적은 제주도 고산리유적이 있으며, 절대연대는 10,180±65 B.P.로 확인된 바 있다. 이와 함께 후기구석기시대 말기의 특징인 비정형화된 세석핵과 세석인과 함께 고산리식토기로 불리는 오시포프카문화 계통의 무문양토기를 중심으로 융기문토기 일부가 확인되고 있지만 양자의 공존여부는 아직 불명확하다. 그러나 일본 죠몽(繩文)문화 초창기의 카시하라(栢原)유적이나 진(壬)유적에서도 고산리유적과 동일한 시문기법의 문양과 융기문토기가 같이 출토되고 있는 것으로 보아 2개의 문화가 서로 공존할 가능성도 높다. 또한 후기 구석기시대 말기~초기 신석기문화 단계의 동해는 〈그림 10〉에 나타나는 바와 같이 해수면이 100m 이상 낮아 마치 호수와 비슷한 상태로 존재하였던 것으로 판단된다(〈그림 2〉). 때문에 환동해지역을 따라 초기 신석기인들이 이동하였던 것으로 판단되며, 따라서 우리나라 초기 신석기문화도 이와 같은 맥락 속에서 형성되었을 것으로 추정할 수 있다.

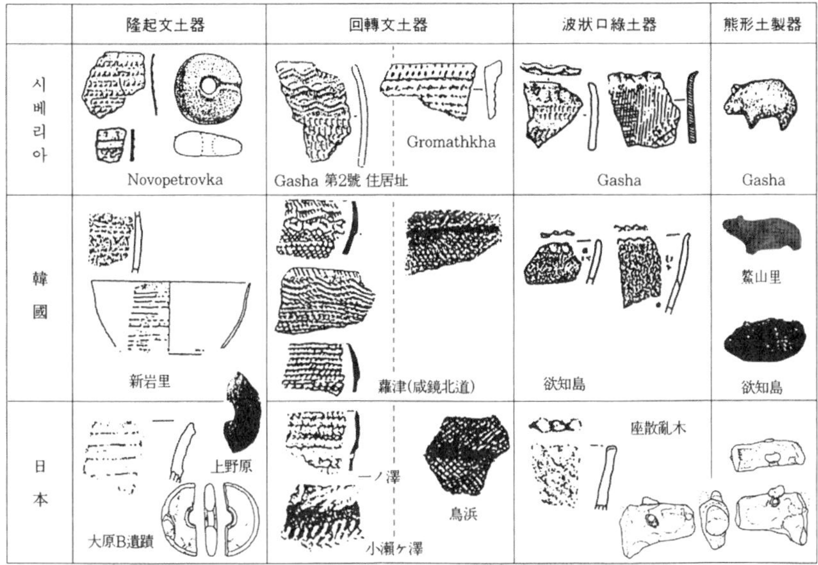

〈그림 11〉 한반도 주변지역의 초기 신석기 관련유물

3. 편년과 문화내용

그런데 우리나라의 경우 융기문토기는 동해안과 남해안지역에서만 확인될 뿐만 아니라, 아직 시베리아나 일본열도와 같이 이른 시기의 절대연대가 확인된 바가 없다. 다만 전체적인 맥락에서 초기 신석기문화의 확산과정에서 융기문토기문화와 조흔문토기문화가 형성되었음을 짐작할 수 있을 뿐이다. 신석기문화 전시기에 대한 시기구분도 남해안지역의 패총유적을 중심으로 구체화되어 있을 뿐 나머지 지역은 아직 불확실한 면이 없지 않다. 때문에 남해안지역을 중심으로 지금까지 확인된 토기문화의 상태편년을 통하여 개략적으로 살펴보면 다음과 같다.

조기단계는 B.C. 6,000~B.C. 5,000 사이로 융기문토기를 중심으로 조흔문토기, 구순각목 무문양토기들이 주로 사용하던 시기이다. 당시 해수면은 일본 아이치현(愛知縣) 사키가리(先刈)패총의 사례를 통해 볼 때 지금보다 -9m~-11m 정도 낮았던 것으로 판단된다. 주로 타제박편석기류가 중심이며, 결합식조침이나 타제석촉, 석시(石匙) 갈돌 등이 나타난다. 주로 흑요석 원석 등을 비롯한 흑요석제 석기류가 많으며, 당시 일본 구주지역의 신석기인(죠몽인)과 교류가 빈번히 이루어 졌던 것으로 판단된다.

전기 단계는 대략 B.C. 5,000~B.C. 4,000경으로 부산의 영선동패총 문화를 특징으로 하던 시기이며, 가덕도 외양포패총이 이 시기의 단독유적으로 알려져 있다. 반구형의 기형과 호형토기류가 급증하며, 문양 시문기법은 이전의 융기문과는 달리 압인어골문을 중심으로 다양한 새김무늬와 구순각목문토기가 중심이다. 해수면은 상승하면서 거의 현 수준에 도달했거나 일시적으로 조금 더 높았던 것으로 판단되며, 영선동식 압인문토기는 일본의 소바다식(曾畑式)토기문화의 성립에 많은 영향을 주기도 했다.

중기 단계는 B.C. 4,000~B.C. 3,000경으로 태선침선문토기를 중심으로 가장 다양한 문양요소가 새겨진 빗살무늬토기문화가 남부지방의 해안지대에 널리 유행하던 시기이다. 문양 구성에 있어서 단사집선문양과 삼각집선문

<표 1> 부산지역 신석기유적 조사현황

유적명	조사 년도	성격	시기	출토유물	비고
암남동패총	1923	패총	말기	이중구연토기, 단사선문토기	지표조사
동삼동패총	1930~ 2005	패총, 주거지 분묘, 포함층	조기~말기	즐문토기, 골각기, 석기, 일본 조 몽토기, 흑요석, 패천 등	발굴조사
영선동패총	1933	패총	조기~ 전기말기	융기문토기, 자돌압인문토기, 석 기, 골각기 등	시굴
다대포패총	1934~ 1966	패총	조기~중기	융기문토기, 태선침선문토기, 흑 요석 등	발굴조사
청학동패총	1930			즐문토기, 골각기	지표
구평동패총	1965	패총	?	즐문토기	지표
율리패총	1972	암음, 패총	후기~말기	이중구연토기, 석기	발굴
조도패총	1970 1973	패총	조기~중기	융기문토기, 자돌압인문토기, 태 선침선문토기, 석기, 골각기 등	발굴
용호동유적	1976	포함층	전기?	인부마연석부, 석착, 지석	
동삼동 상리패총	1982	패총, 포함층	말기	이중구연토기	지표조사
다대포 봉화산유적	1982	포함층	전기	인부마연석부, 석착, 찰절석기, 지석	지표조사
범방패총	1991	패총, 분묘	조기~말기	즐문토기, 석기, 골각기, 패천, 장 신구 등	발굴
세산유적	1991	포함층	조기?	석부	지표조사
북정패총	1992	패총	조기~중기	융기무토기, 자돌압인문토기 등	발굴
대항패총	1992	패총	조기~중기	융기문토기, 태선침선문토기, 흑 요석, 패천	지표조사
외양포패총	1992	패총	전기	자돌압인문토기	지표조사
시랑리 공수유적	1996	포함층	조기	파상구연 즐문토기, 지석, 흑요석 박편, 박편석기 등	지표조사
범방유적	2001	야외생활지	조기~말기	즐문토기, 미제석부, 타제석부, 흑 요석석기 등	발굴
이길봉수대	2001	포함층	전기(?)	지석, 편평편인석부	발굴
태종대진입 도로확장부 지유적	2004	포함층, 적석유구, 구	조기~말기	융기문토기, 결합식조침, 석촉, 지 석, 고석, 토제품 등	발굴

양이 중심을 이루며, 보습(따비)류의 농경구가 등장하고 동삼동 1호 주거지에서는 탄화된 조와 기장이 출토되었다(4590±100 B.P. : B.C. 3360). 대형토기류와 구연부가 매우 넓은 심발형토기, 파수부가 달린 호형토기나 단도토기(丹塗土器), 그리고 석촉이나 석창, 석부 등 주요 석기류는 대부분 마제석기로 발전한다. 신석기문화 중 가장 번성했던 시기로 볼 수 있다.

신석기시대 후기는 B.C. 3,000~B.C. 2,500경으로 내륙지역 봉계리식토기문화가 확산되는 시기이다. 동삼동유적이나 김해 수가리패총, 통영 상노대도패총 등에서 해수면 상승현상이 확인되며, 그 높이는 지금보다 무려 7m~10m가량 높았던 것으로 나타나고 있기 때문에, 지금 매스컴에서도 떠들고 있는 온난화 현상이 매우 극심하였던 시기였다고 할 수 있다. 중기 단계의 다양한 문양요소는 대체로 유지하지만, 구연부에 시문되었던 단사집선문양은 사라지고, 그 자리에 격자문양이 중심을 이루면서 새로운 요소들이 가미되고 있다. 문양의 시문 부위에 있어 토기 전면(全面)에 시문되던 문양이 구연부 주변으로 축소되는 특징이 나타나는데, 내륙지역의 경우 농경구가 급증하는 반면, 주요 수렵용구인 석촉은 거의 사라진다.

만기 단계는 B.C. 2,500~B.C. 1,500경으로 신석기시대의 문양요소가 거의 쇠퇴하여 단사선문을 중심으로 간략화되면서 이중구연토기가 유행하는 시기이다. 이 문화 초기 단계에는 해수면이 후기보다 더욱 상승하였던 것으로 나타나지만, 김해 농소리패총 단계인 B.C. 1,700년경에는 현재의 높이로 하강하는 것으로 나타나고 있다. 이와 함께 토기에 있어서도 무문양토기의 비율이 늘어나는 현상이 나타나며, 아울러 금곡동 율리유적이나 동삼동유적 등지의 석기류에서 청동기문화의 요소들도 나타나고 있다. 이러한 점에서 신석기시대 만기인들은 청동기시대 문화와 접촉하였음을 확인할 수 있으며, 향후 청동기문화의 성립과 관련하여 주목되는 사실이라 할 수 있다.

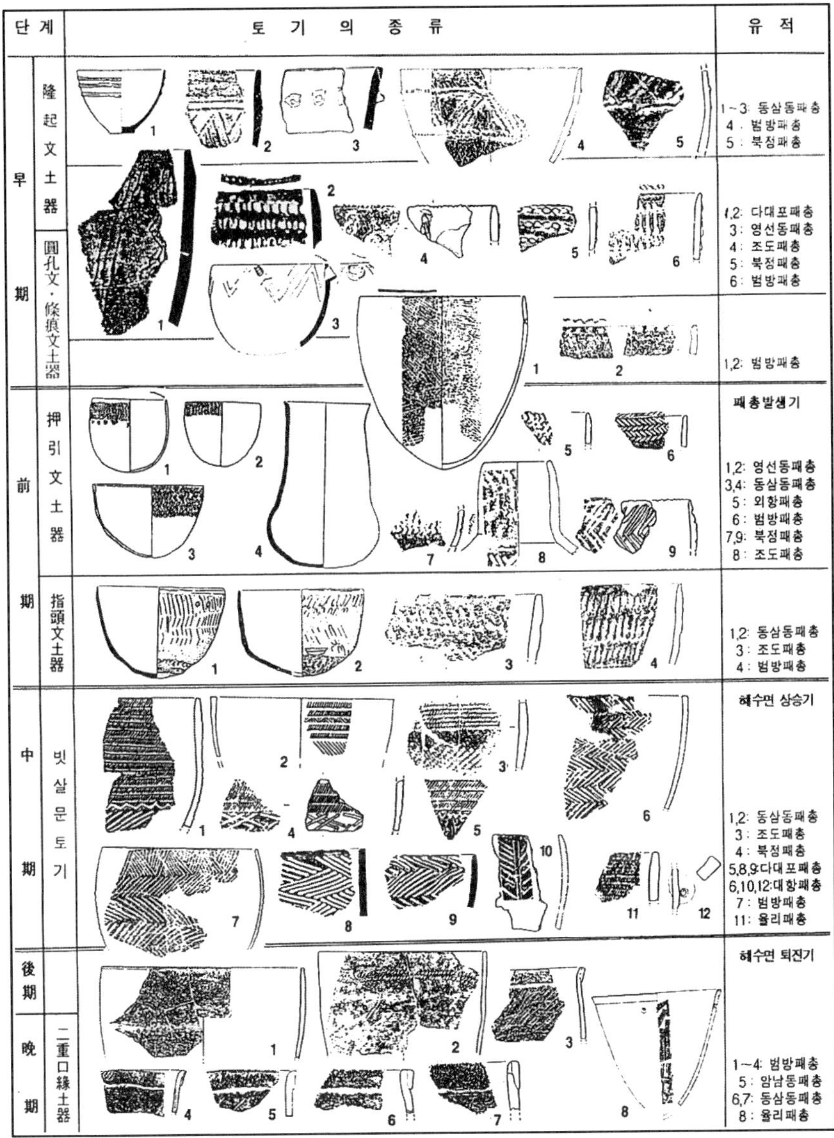

〈그림 12〉 부산지역 신석기시대 토기의 편년

4. 주거지

신석기 시대의 주거지는 대부분이 움집으로, 여러 모양(평면 : 원형, 타원형, 말각방형, 장방형)의 구덩이를 판 후 그 중앙부에 돌 또는 진흙으로 테를 둘러 화덕을 만들고 그 주변에 기둥을 세우고 지붕을 덮은 형태이다. 조기에 해당하는 융기문토기 단계의 주거지는 남부지역의 경우 확인된 바 없지만, 최근 동해안지역의 오산리유적에서 확인되었는데, 중앙부에 돌로 노지를 갖춘 말각방형 구조를 이루고 있다, 전기 압인문토기 단계의 경우 역시 남부지역의 경우 아직 뚜렷한 예가 없지만, 동해안지역의 경우를 참고할 수 있다. 오산리유적을 조사 사례를 통하여 살펴보면 가운데 석재로 둘러싼 노지를 갖춘 말각방형 혹은 원형구조를 이루고 있다. 중기 단계의 경우에는 남부지역에서는 진주 상촌리유적이나 금릉 송죽리유적에서 확인되었으며, 비교적 규모가 큰 장방형 구조를 이루고 있다. 이 시기 서해안지역의 경우에는 과거 암사동유적의 조사나 최근 서해안 건설사업과 관련하여 유구들이 확인되었는데, 가운데 노지를 갖춘 원형이나 말각방형 구조로 네 모서리에 기둥을 배치하고 있다.

후기 단계에는 남부지역의 경우 역시 진주 상촌리유적에서 비교적 정확한 유구가 확인되었는데, 중기 단계와 동일한 장방형구조이지만 규모가 중기 단계에 비하여 적어지는 특징이 나타나고 있다. 중부지역의 경우 옥천 대천리유적에는 8주식의 장방형 수혈주거지가 확인되었으며, 중기 단계와 같이 말각방형의 동일한 구조로 판단된다. 그리고 이중구연토기를 중심으로 하는 만기 단계는 확인된 유적의 극히 드물지만, 〈그림 13〉에 나타나는 바와 같이 대구 서변동유적의 경우를 참고하면 후기 단계와 같은 장방형구조를 나타내고 있음을 짐작할 수 있다. 이와 함께 청동기시대 초기 단계의 경우를 고려한다면 방형주거지의 존재 가능성도 예상할 수 있다. 또한 이런 수혈주거 외에도 부산 금곡동 율리유적과 같이 자연적으로 형성된 동굴이나 바위그늘을 생활공간으로 사용한 것으로 알려져 있다. 또한, 유적이

강이나 바닷가에 면해 있어 당시 사람들이 농경 외에 수렵이나 어로, 해산
물 채집 등에 의존성이 컸음을 알 수 있다.

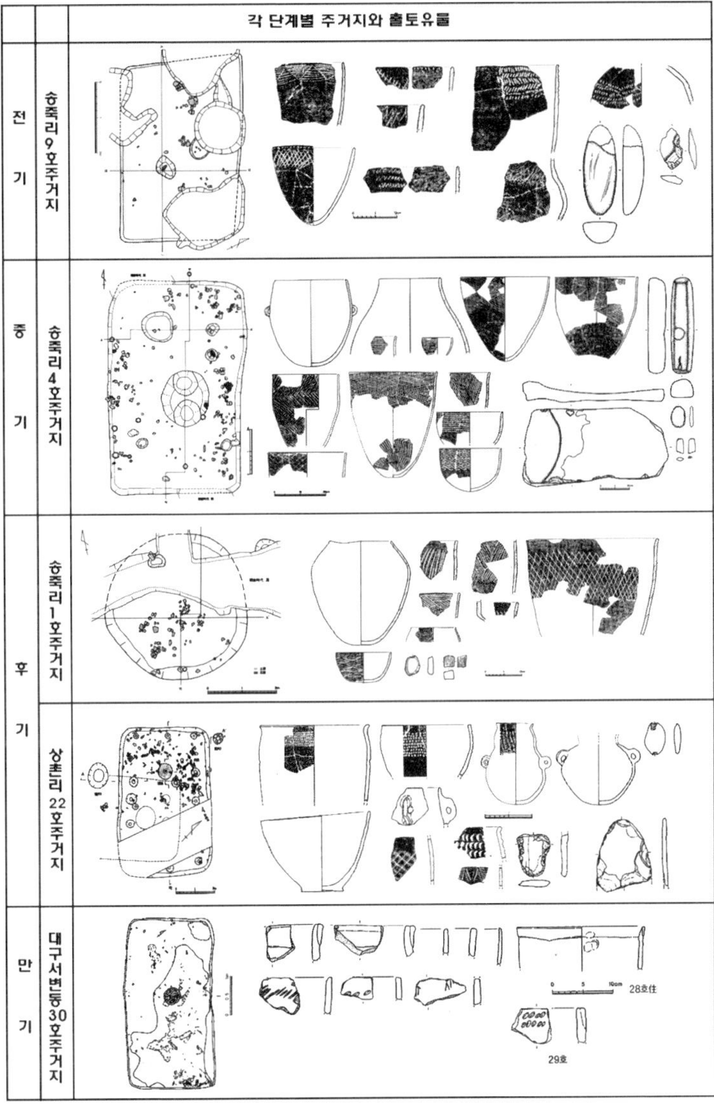

〈그림 13〉 신석기시대 각 시기별 주거지와 출토유물

5. 매장(埋葬)문제

신석기시대의 무덤으로는 4가지 유형 정도의 구체적인 사례가 있다(〈그림 14〉).

첫째 유형은 최초로 보고되어진 춘천 교동의 동굴묘이다. 이 동굴은 자연동굴이 아니라 주거를 위하여 인공으로 파들어 간 것이며, 평면은 직경 4m 정도의 원형구조로 되어 있다. 내부에서는 발을 서로 맞댄 상태로 동, 서, 남의 세 방향으로 안치되어 있었다고 한다. 내부에서 입구쪽으로 노지를 두었는데, 생활유물들이 출토되는 것으로 보아 원래 생활용으로 사용하다 어떠한 이유로 폐기되면서 마지막에 무덤으로 사용하였던 것으로 판단된다. 확인 예가 유일한 것이어서 문화 성격을 논하기에는 다소 무리가 따른다.

둘째 유형은 울진 후포리에서 조사된 세골장 유구로 인골과 잘 만들어진 마제석기들이 마치 아파트와 같이 층위를 이루면서 중첩되게 포개진 상태로 출토되었다. 석기 내용으로 보아 신석기시대로 추정되지만 토기가 출토되지 않았기 때문에 시기문제에 다소 불분명한 점이 있다.

세 번째 유형으로는 통영 연대도패총과 상노대도 산등패총, 그리고 부산 강서구 범방유적에서 확인된 토광묘로 추정되는 사례이며, 주로 남해안지역의 패총유적을 중심으로 확인되고 있다. 연대도패총에서는 조개더미의 단애부에 노출된 무덤유구의 흔적으로 볼 때 시신의 주변에만 돌로 둘렀을 가능성도 보인다. 시기적으로 차이가 있지만 삼한시대 사천 늑도패총의 경우에도 이와 유사한 양상으로 나타나고 있기 때문에 오랜 시기에 걸쳐 이어져온 해안지역 묘제의 특징일 가능성도 예상된다.

그리고 네 번째 유형은 진주 상촌리유적에서 확인된 화장묘(火葬墓)이다. 진주 상촌리유적의 조사과정에서 주거지 내부와 외부의 수혈에 매납된 빗살문토기 내부에서 뼈가 확인되어 일본 구주대학에서 분석한 결과 화장(火葬)한 인골이었음이 확인되었다. 뿐만 아니라 인근지점에서 장방형의 적석

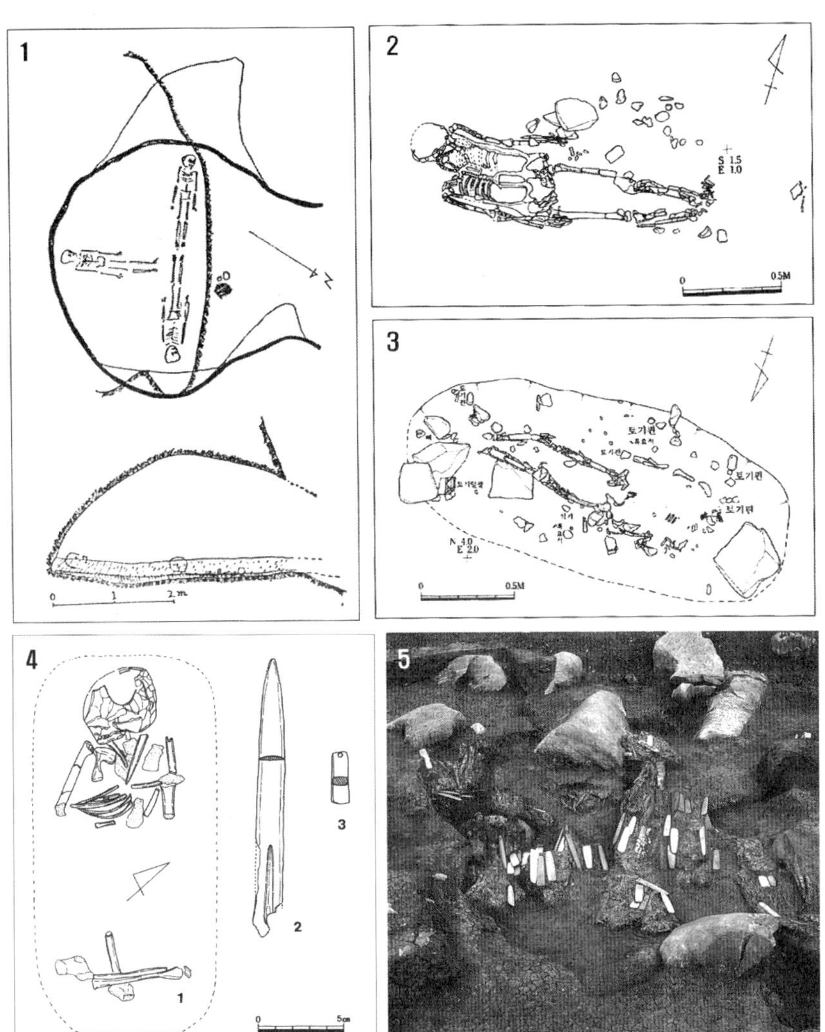

〈그림 14〉 신석기시대 매장유구 사례

(1 : 춘천 교동 동굴묘, 2-3 : 연대도 패총, 4 : 범방패총, 5 : 후포리)

시설이 확인되었는데, 조사결과 많은 유물과 함께 바닥에서는 강한 열을 받았던 소성(燒成)흔적과 함께 불에 타서 가루가 된 뼈의 흔적이 확인되었다. 또한 그 외곽에는 도랑(溝狀遺構)을 만들었고, 그 내부에서 동시기의 많은 유물들이 출토되었기 때문에 화장(火葬) 당시 제사와 같은 의례행위를 하였던 것으로 추정된다. 과거 북한 대동강변의 지탑리유적에서도 토기 내부에 뼈가 출토되었다는 보고가 있고, 남부지역 금릉 송죽리유적의 경우에도 유사한 시설이 확인되어 빗살문토기 단계 묘제(墓制)의 특징일 가능성도 예상된다. 특히 청동기시대에도 옹관묘가 지속적으로 등장하기 때문에 어쩌면 이러한 전통이 지석묘사회까지 이어질 가능성도 무시할 수 없을 것이다.

〈그림 15〉 진주 상촌리유적의 화장(火葬)시설과 옹관 및 출토 인골편

6. 농경문제

우리나라 신석기시대의 농경은 신석기문화 중기에 해당하는 빗살문토기 단계부터 시작되었던 것으로 알려지고 있다. 그 이전까지는 주로 도토리와 가래(Juglans sp.)로 추정되는 견과류들이 중심을 이루고 있으며, 채집과 수렵이 중심의 이동생활을 영위하였던 것으로 판단된다. 그런데 농경은 상시 집단적 노동력의 투입을 필요로 하기 때문에 이동생활에서 정주(定住)생활을 추정할 수 있는 중요한 지표가 되고 있다. 때문에 신석기문화 중기 단계인 빗살문토기 단계부터 원시적이나마 농경이 시작되었음을 알 수 있다. 지금까지 구체적인 곡물이 출토된 예는 신석기문화 중기 단계인 대동강유역의 지탑리 2호 주거지의 바닥에서는 조 또는 피로 추정되는 탄화곡물이 3홉 가량 토기에 담겨 있는 채로 출토되었고, 마제석겸(돌낫)과 함께 이 단계 거의 대부분 유적에서 보습으로 불리는 굴지구들이 다량 출토되고 있다. 때문에 빗살문토기 단계는 조나 피, 기장과 같은 잡곡농경을 기반으로 어느 정도 정주(定住)가 정착되는 단계였음을 확인할 수 있다.

그리고 후기 단계의 북한 평양 일대의 남경유적 31호 주거지에서는 탄화된 좁쌀 1되가 출토되었다. 또한 부산시립박물관에서 조사한 동삼동패총 1호 주거지(중기)에서는 조와 함께 기장이 출토된 바 있으며(3,360 B.C.), 야생종인 명아주도 식용했던 것으로 알려지고 있다. 그리고 진주 상촌리유적의 후기 단계의 수혈에서 탄화조와 기장이 출토되어 연대 측정한 결과 2615, 2575 B.C.로 확인되었다. 이와 함께 신석기 후기 단계에 해당하는 서해 도서(島嶼)의 우도패총에서는 신석기토기 저부에 볍씨의 흔적이 찍힌 채 확인된 사례가 있고, 나주 가흥리(佳興里) 영산강 유역 저습지에서 벼의 화분이 검출된 바가 있으며, 김해 농소리패총 출토 신석기토기의 태토에서 벼의 식물 규산체가 확인되는 점, 경기도 김포군 통진면 가현리(佳峴里)의 토탄층(4,020±25 B.P.)에서 조와 함께 탄화미가 출토되어 벼농사의 시작이 지금까지 일반적으로 알려진 청동기시대가 아니라 신석기시대 후기 단계까지 소급될 가능성도 예상된다. 더욱이 최근 옥천 대천리유적에서는 신석기 후기 단계의 주거지에서 벼를 비롯하여 보리, 밀, 조와 같은 곡물과 함께 도토리와 삼씨 등이 확인된 바 있다(〈그림 17〉).

또한 남강댐 수몰지역 어은1지구의 각목돌대문토기가 출토되는 청동기시대 주거지에서 채집된 탄화미의 AMS연대 중 하나는 보정 중심연대가 2005, 1970, 1950 B.C.로 나타났는데, 이 시기는 신석기 후기 단계에 해당한다. 이 주거지 내부에서도 신석기시대 후만기의 토기편들도 함께 채집되었기 때문에 앞으로 한반도 벼농사의 시작 시기가 보다 이른 단계로 소급될 가능성은 높다고 할 수 있다.

〈그림 16〉 옥천 대천리유적 출토 탄화곡물

7. 신앙과 장신구

우리나라 신석기시대 신앙의 한 측면을 엿볼 수 있는 것으로서는 풍요와 다산을 기원하는 몇 가지 유물이 있다.

첫째, 신암리유적 출토 여인상의 토우

둘째, 동삼동유적과 연대도유적, 오산리유적 출토 곰토우

셋째, 동삼동유적과 오산리유적 출토 인면상

넷째, 서포항유적 개, 뱀, 망아지 형태의 장신구

다섯째, 농포동유적의 개 조각품

신석기시대 사람들은 자연을 사람의 생활과 깊은 관계가 있는 것으로 생각했다. 산·바다·나무와 같은 자연물을 포함한 우주 만물에 영혼이 있다고 믿는 정령신앙(Animism)을 가지고 있었다. 그들은 자연환경의 변화에 쉽

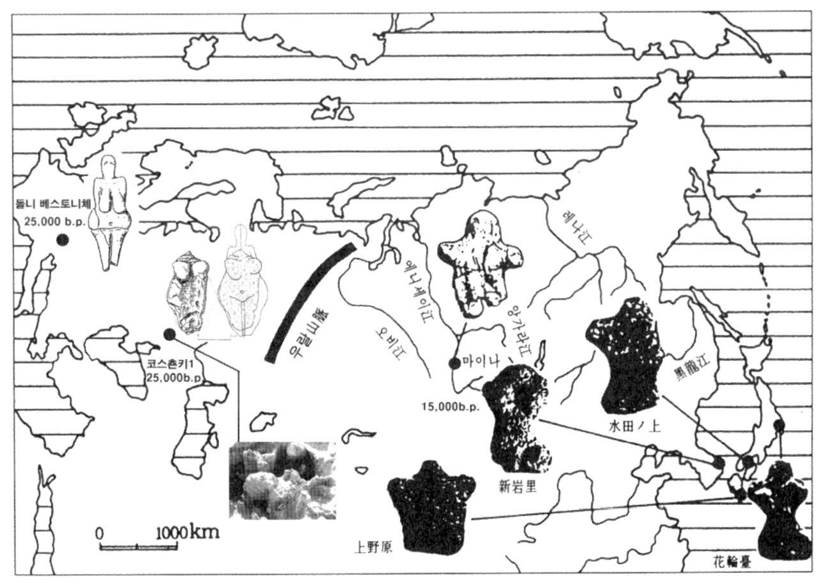

〈그림 17〉 후기 구석기시대~초기 신석기시대의 토우

게 좌우될 수밖에 없는 상황에 처해 있었기 때문에 자연물 각자에 의지를 부여하고 그들을 숭배함으로써 재난을 피하려 하거나 풍요를 기원하기 위한 목적으로 다양한 예술품들을 제작하였던 것으로 판단된다. 또한 이와 함께 어떤 특정한 동물을 자기 씨족의 시조나 수호신으로 생각하고 이로써 다른 집단과 스스로를 구분 짓는 토테미즘(Totemism)을 가지고 있었던 것으로 보여진다.

현재까지 이러한 인간이 신앙을 가졌을 것으로 확인할 수 있는 가장 이른 시기의 토우는 〈그림 17〉에 나타나는 바와 같이 후기 구석기시대에 처음으로 나타났던 여인의 형상을 나타낸 '비너스'이다. 이것이 토제로 바뀌면서 바이칼 호수를 건너 우리나라와 일본열도로 전래되었던 것으로 판단된다. 이러한 토우는 일종의 호신부로서 모계중심 사회에 생명을 잉태하는 대지를 동일시하였던 지모신 사상을 반영하는 것으로 판단된다. 이 토우는 이동해왔던 느낌이 강한 반면, 〈그림 11〉에 나타났던 곰모양 토우는 이 지역 본래의 토템이었던 것으로 판단되며, 주로 신석기시대 이른 단계의 유적에서만 확인되고 있다.

이 이후 단계에 해당하는 것으로 부산 동삼동 패총에서는 가리비조개 위에 두 눈과 입을 파서 사람 얼굴모습을 나타낸 것이 출토되어 이채롭다. 조개 위에 이런 방식으로 얼굴모습을 나타낸 것은 현해탄을 마주보고 있는 일본 신석기 유적에서도 보이는데, 얼굴만이 강조된 일종의 신상으로 여겨진다. 이 유물이 발견된 이후, 이보다 더 구체적으로 얼굴을 조각한 곳이 강원도 오산리 유적에서 발견되었다. 〈그림 18-⑨〉에 나타나는 바와 같이 이 오산리 유물은 토기를 만드는데 쓰는 점토덩어리를 길이 5.1cm 크기로 납작하게 눌러 얼굴 형태로 만든 다음, 두 눈과 입은 손가락으로 깊게 눌러 표현하고 있다. 이것은 당시 사회의 안녕과 풍요를 기원하는 우리나라 원시신앙 중 동삼동패총 출토 패면보다 오래된 것으로서 그 가치가 높이 평가된다.

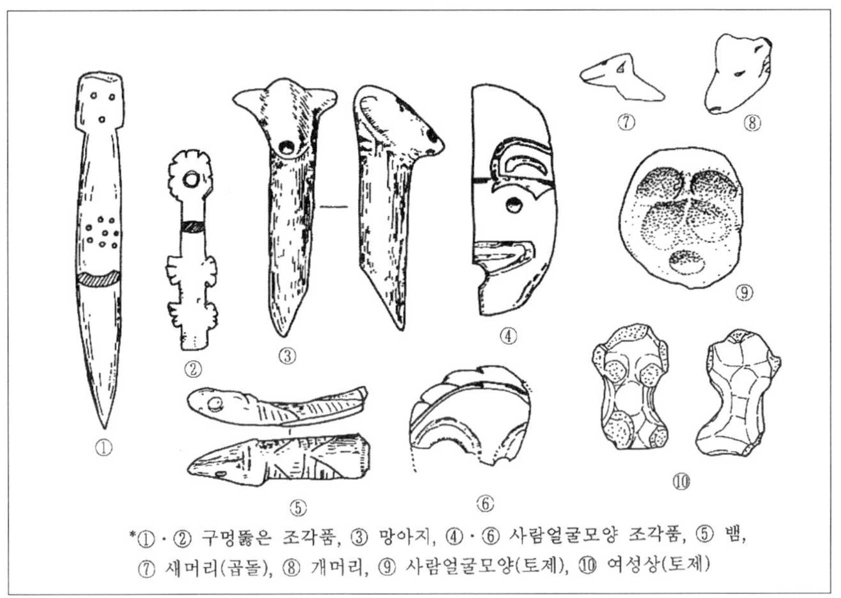

〈그림 18〉 신석기시대의 각종 예술품

Ⅳ. 청동기시대

　부산에 있어서 청동기시대의 경우는 다른 지역과는 달리 아직 취락유적 전반에 대한 조사 예가 없고 시가지 확장과정에서 유실된 것들이 많아 사실상 자료와 내용은 매우 빈약한 편이다. 지금까지 확인된 자료와 발굴자료는 〈표 2〉와 〈표 3〉에 나타나고 있는 바와 같으며, 내용으로 보아 청동기시대에 많은 유적들이 시가지 내에 분포하고 있었음을 짐작할 수 있다.

　발굴조사된 유적 또한 패총유적에 포함된 유물과 고분군 발굴과정에서 일부 확인된 주기유적이 전부라 할 수 있다. 그러나 간헐적으로 채집된 유물의 내용을 통하여 편년적 서열관계를 살펴본 것이 〈그림 19〉이다.

〈표 2〉 부산지역 청동기시대유적 지표조사 현황 (하인수, 2007)

유적	보고	입지	성격	유물	시기
대신동	1959	평지	판석조 석관묘	2단병유구식석검	하b : 後期 후반
동래	1959		채집	일단병식석검	하b : 後期 후반
사직동A	1965	구릉	판석조 석관묘	短斜線文外反口綠壺, 1단병식석검	서 : 後期 전반
사직동?	1965		支石墓	2단병유구식석검	
槐亭1洞			불명	직립장경호	하b, 서 : 後期 후반
槐亭2洞	1972	구릉	할석조 석관묘	단도마연직립장경호, 1단병식석검, 첨근1段莖式石鏃	하b 서 : 後期 후반
槐亭洞	1977~ 2001	구릉	패총	단도마연外反口綠파수보호삼각형 石刀, 주상합인石斧	하b 서 : 後期 후반
온천동A	1989		채집	유경식석검	
반송동	1997		채집	일단병식석검	하b : 後期
온천2동	1997		채집	1단병식석검	
당감동	1997		채집	석착	하b : 後期
양정동	1997		채집	주상합인石斧	하b : 前期
임량리	1998		채집	편평합인石斧	서 : 前期
老圃洞 대룡	1998	구릉	판석죠 석관묘	(묘 1기) 無文土器편	서 : 後期
복천동	1996	구릉	채집	有溝石斧, 편평편인石斧	하b : 後期
길천리	2001		채집	단주형·단어형 石刀	서 : 後期
온천동B	2001		채집	(支石墓?) 석겸	서 : 後期

서 : 서영남 2001, 하a : 河仁秀 1988, 하b : 釜山黃域市立博物館 福泉分館 1997

<표 3> 부산지역 청동기시대 발굴조사 현황 (하인수, 2007)

유적	보고	입지	성격	유물	시기
조도	1976	평지	패총 Ⅲ층	孔列文직립장경호, 孔列文深鉢, 1단병식석검	하b : 前期·後期
율리암음	1980	산지	패총 Ⅱ, Ⅲ층	평균1段莖式石鏃, 석착, 환상石斧, 지석	하b : 前期 서 : 前期(후반)
老圃洞	1988	구릉	1호 住.	직립장경호	하a : 前期 후엽 하b : 前期 서 : 前期
			2호 주거지	口脣劾刻目文深鉢, 첨근1莖式石鏃, 주형석기	
			채집	단주형石刀, 첨근1段莖式石鏃	
오륜동	1991 1999	구릉	채집	有溝石斧, 합인石斧, 토제방추차, 갈돌, 지석	하b : 前期 서 : 前期~後期 전반
감천동	1966 1992	평지?	1호 支石墓	(활석조석관) 1단병식석검	하b : 前期 전반(5호), 후반(1호) 서 : 後期 안 : 後期 후반(유구石斧)
			5호묘	2단병식석검	
			채집	有溝石斧, 편평편인石斧	
청강리	1998	구릉	채집	단도마연호	하b : 前期
盤如洞	2005	구릉	1호 주거지	돌류문·短斜線文, 深鉢, 만입무경식石鏃, 석착, 합인石斧, 토제방추차	임 : 前期(1호주) 하b : 前期 서 : 後期 先松菊里類型
			2호 주거지	직립장경호, 2단병유구식석검, 석창	
			채집	蛤刃石斧	
온천동	2005	구릉	溝	파수부발	

임 : 임효택·곽동철 2005, 서 : 서영남 2001, 하a : 河仁秀 1988, 하b : 釜山廣廣域市立博物館 福泉分館 1997, 안 : 安在晧, 1992

이 중 청동기시대 조기 단계의 문화내용으로 신석기시대 패총유적에서 출토된 것들이 포함될 수 있다는 점은 주목할 수 있다. 후기 단계가 끝날 무렵 남한지역에서는 매우 주목되는 현상이 발견된다. 동삼동을 비롯한 해안지역에서는 이중구연토기를 특징으로 하는 만기 단계로 이어지지만, 중서부내륙지역에서는 현재까지 만기 단계에 해당하는 유적이 확인되지 않기 때문이다. 새로운 청동기문화와의 사이에 공백기가 생기는데 그 시간차는 무려 1,000년 가까운 기간에 해당한다.

또한 새로운 무문토기인들이 한반도 북부지방에서 남하한 것으로 알려지고 있지만, 토기와 석기, 묘제 등 청동기문화 각 요소에 나타나는 복합성을 감안한다면 그 역시 뚜렷한 기원지를 확인할 수 없다. 이러한 점에서 부산을 비롯한 남해안지역 신석기시대 패총유적에서 확인되는 청동기문화의 공존여부는 신석기시대와 새로이 등장하는 청동기문화와의 연결고리가 되고 있다는 점에서 주목할 수 있다. 최근 학계에서는 청동기시대 조기 단계를 설정하면서 그 시기의 유물로 돌대문토기를 들고 있다. 동삼동패총에서는 〈그림 19〉에 나타나는 바와 같이 절상각목돌대문토기로 추정되는 유물이 출토되었으며, 이와 유사한 것이 사천 본촌리 청동기시대 주거지에서도 출토된 바 있다. 때문에 향후 청동기문화의 성립과정을 구체적으로 밝힐 수 있는 자료로 활용될 수 있을 것이다. 또한 이 편년표를 참고할 때 부산지역의 경우 청동기문화 조기 단계로부터 농경문화가 전개되었음을 확인할 수 있다. 청동기시대 농경문화의 특징은 벼농사를 중심으로 도작농경이 시작되고, 무문토기, 마제석기 등의 각종 도구와 지석묘 석관묘와 같은 새로운 묘제의 등장, 청동기의 사용 등을 들 수 있다. 부산지방의 경우에도 이 같은 문화요소를 뒷받침해 주는 유구와 유물이 여러 지역에서 분포하고 있었음이 확인되고 있으며, 감천동이나 사직동과 같은 지석묘, 노포동 대룡 석관묘 등의 요소들은 부산지역에도 대규모 취락유적들이 분포하고 있었음을 보여준다.

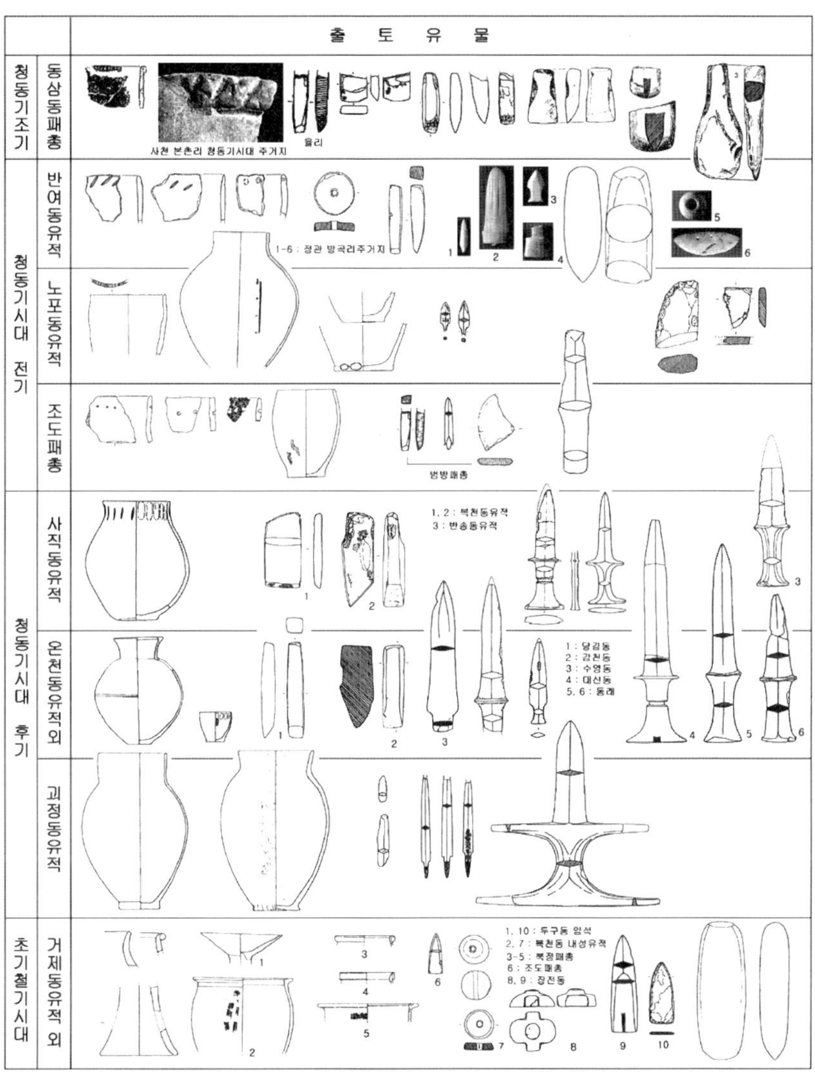

〈그림 19〉 부산지역 내 출토 청동기시대 유물 편년표

부산의 무형문화재

수영야류

정 규 식

Ⅰ. 가면극이란 무엇인가?

부산의 무형문화재는 중요무형문화재와 시지정무형문화재로 구분된다. 전자는 국가에서 지정한 것이며 후자는 자치단체에서 지정한 것이다. 부산의 경우, 중요무형문화재가 다섯, 시지정무형문화재가 열 넷이 있다. 부산시 홈페이지에 게시된 무형문화재의 현황을 살피면 아래와 같다.

〈중요무형문화재〉

명칭	종별	지정년월일	분야	보 존 회
동래야류	제18호	1967. 12. 21	민속극	부산민속예술보존협회
수영야류	제43호	1971. 02. 24	민속극	수영고적민속예술보존협회
대금산조	제45호	1971. 03. 16	기악	
좌수영어방놀이	제62호	1978. 04. 01	민속놀이(어로요)	수영고적민속예술보존협회
동해안별신굿	제82의 가	1978. 02. 01	무속	동해안별신굿보존회

〈시지정무형문화재〉

명칭	종별	지정년월일	분야	보 존 회
수영농청농요	제2호	1972. 02. 18	민속놀이(농요)	수영고적민속보존협회
동래학춤	제3호	1972. 09. 19	민속무용	부산민속예술보존협회
동래지신밟기	제4호	1977. 11. 13	민속놀이	부산민속예술보존협회
충렬사제향	제5호	1979. 02. 02	제향	
부산농악	제6호	1980. 02. 22	농악	구덕민속보존협회
다대포후리소리	제7호	1987. 07. 02	민속놀이(어로요)	다대포후리소리보존회
가야금산조	제8호	1989. 07. 06	기악	강태홍류가야금산조보존회
부산영산재	제9호[1]	1993. 04. 20	불교의식	부산영산재보존회
동래고무	제10호	1993. 12. 28	교방무용	부산민속예술보존협회
구덕망깨터다지기	제11호	2001. 10. 25	민속놀이(노동요)	구덕민속보존협회
주성장	제12호	2004. 10. 04	금속범종제작	
사기장	제13호	2005. 03. 03	백자제작	
동래한량춤	제14호	2005. 12. 27	민속무용	부산민속예술보존협회
불화장	제15호	2008. 12. 16	전통불화제작	

---

1) 원래 부산시의 시지정무형문화재 제1호는 금정산 국청사 주지스님의 범패인 '범

이 가운데 이 글에서 다룰 수영야류는 부산의 중요무형문화재로 지정되어 있는 가면극(假面劇)의 일종이다. 가면극이라 하면, 연희자들이 가면(탈)을 쓰고 연극을 하는 것을 말한다. 이는 '탈놀이' 혹은 '탈춤'이라는 용어로 불리기도 한다. 가면극의 발생과 기원에 관한 견해는 여러 가지가 있다. 산대희(山臺戲) 기원설, 기악(伎樂) 기원설, 무당굿 기원설, 풍농굿 기원설, 통합적 기원설 등이 그것이다.[2]

산대희 기원설은 일종의 가설무대인 산대(山臺) 위에서 베풀어진 놀이, 즉 산대희에서 산대극이 생겨났고, 후에 산대극의 공연이 폐지됨에 따라 산대극의 연기자가 지방으로 흩어져 각 지방의 가면극을 형성하는 계기가 되었다는 견해이다.

기악 기원설은 백제인 미마지가 중국 남조(南朝) 오(吳)에서 배워 612년에 일본에 전했다는 기악을 우리나라 가면극의 기원으로 보는 견해이다. 이 기원설은 현전 가면극을 기악이 민속화된 것으로 보는 관점인데, 우리의 산대도감계통 가면극인 양주별산대놀이나 봉산탈춤을 일본의 기가꾸(伎樂)와 비교했을 때, 가면의 형태와 색깔, 소도구, 무용극적 요소, 인물의 역할, 주제에서 서로 유사하다는 점을 근거로 제시하고 있다.

무당굿 기원설은 연극의 제의(祭儀) 기원설을 수용한 것으로, 고대의 제천의식(祭天儀式)에서 베풀어졌던 무당의 굿에 가면극의 발생 기원을 두고자 하는 입장이다. 이 주장은, 처음에는 단순했던 무당의 의식이 점차 복잡한 가무로 발달하게 되었는데, 가면극도 여기서 발생되었다고 보는 견해이다. 이를 추정할 수 있는 예로 산대극의 첫 과장에 고사 장면이 있는 점, 미얄할미의 죽음 후에 하는 진오귀굿 등 여러 부분에서 무속과 관련된 부분이 많다는 것을 들게 된다.

음범패'였는데 1973년 스님이 입적하시게 되어 문화재 지정이 해제되었다. 이후 스님의 제자들에 의해 복원되어 1993년 '부산영산재(제9호)'로 다시 지정되었다. 그러므로 현재 부산시의 시지정무형문화재는 '제1호'가 없는 상태이다.

2) 박경수, 「민속극론」, 김승찬 외, 『한국구비문학론』, 새문사, 2003, 241~245쪽.

 풍농굿 기원설은 무당굿 기원설과 마찬가지로 연극 발생의 일반론이라 할 수 있는 제의기원설에 토대를 두고 있다. 다만 무당굿 기원설이 벽사의 례(辟邪儀禮)로서의 무속제의에 중점을 두는 것이라면, 이 풍농굿 기원설은 마을굿의 형태로 진행된 풍농굿의 농경의례에 기원을 두고 있다.

 통합적 기원설은 가면극의 기원을 단일한 관점에서 보고자 하는 것이 아니라, 이미 제시된 여러 기원론 중에서 타당성이 있다고 생각하는 주장을 통합하면서 한층 발전적으로 가면극의 기원을 파악하고자 하는 것이다. 현재까지 제시된 통합적 기원설은 크게 두 가지로 구분할 수 있다. 한 가지는 무당굿 기원설과 풍농굿 기원설을 통합하고 있는 경우이고, 다른 한 가지는 산대희 기원설과 풍농굿 기원설을 통합하고 있는 경우이다.

Ⅱ. 수영야류는 어떠한 가면극인가?

 가면극은 어떻게 구분될까? 우리나라 가면극의 분포에 관한 체계적인 논의는 정상박에 의해 본격화되었다. 그에 의하면, 가면극은 극 속에 혼효되어 있는 제의성과 연극성을 중심으로 어느 것이 강한가에 따라 굿탈놀음[祭儀的假面劇]과 극탈놀음[演劇的假面劇]로 나뉜다고 한다. 제의성이 강한 것을 굿탈놀음, 연극성이 강한 것을 극탈놀음이라 할 수 있다. 또한 굿탈놀음은 제의가 행해지는 층위에 따라 나라굿탈놀음[國祭假面劇], 고을굿탈놀음[邑祭假面劇], 마을굿탈놀음[洞祭假面劇] 등으로 구분할 수 있다. 극탈놀음은 놀이 주체가 유랑하는 전문적인 예인집단이면서 여러 지역을 돌아다니며 공연하는가, 아니면 그 지역의 토착주민들이 세시 행사의 하나로 자신들이 마을에서만 공연하는가에 따라 떠돌이극탈놀음과 토박이극탈놀음으로 나눌 수 있다. 이러한 기준에 따라 가면극을 구분해 보면 다음과 같이 지역적으로 분포되어 있음을 알 수 있다.

1) 굿탈놀음

① 마을굿탈놀음: 안동의 하회, 안동의 병산, 영양의 주곡 등지의 별신굿
  탈놀음, 북청사자놀음.
② 고을굿탈놀음: 강릉단오굿관노탈놀음.

2) 극탈놀음

① 떠돌이탈놀음
  * 경상도- 합천 율지와 의령 신반의 대광대패 오광대, 진주 솟대쟁이
      패 오광대, 남해 화방사의 중매구패 탈놀음, 하동의 목골
      사당패 탈놀음.
  * 서울 및 경기도- 남사당패 덧뵈기, 녹번, 아현, 노량진, 퇴계원, 사
      직골 등지의 산대패 혹은 딱딱이의 본산대놀이.
② 토박이탈놀음
  * 들놀음: 경상좌도- 수영, 동래, 부산진 등지의 들놀음(야류).
  * 오광대: 경상우도- 진주, 진주 도동, 사천 가산, 사천 서구, 사천
      남구, 의령, 산청, 창원, 창원 진동, 통영, 고성, 김해 가락,
      거제.
  * 산대놀이: 서울 및 경기도- 양주별산대놀이, 송파산대놀이.
  * 해서탈춤: 황해도- 봉산, 서흥, 기린, 평산, 황주, 안악, 재령, 신천,
      송화, 장연, 해주, 은율, 옹진, 강령, 연백, 송림, 추화, 금산
      등지의 탈춤.3)

위에서 제시된 가면극의 분포를 참조한다면, 수영야류는 굿탈놀음이 아
닌 극탈놀음 가운데 토박이탈놀음이며 그 중에서도 들놀음에 속하는 가면
극임을 알 수 있다. 따라서 연희자는 전문적 예인 집단이 아니라 그 지역에

---

3) 정상박, 중요무형문화재 제43호 『수영야류』, 화산문화, 2001, 14~16쪽.

거주하는 마을 주민들이며 낙동강의 왼쪽 편(서울을 기점으로 할 때)에 속하는 경상좌도 지역에 전승되고 있는 가면극이다.

그렇다면 수영야류의 내용은 어떠할까? 수영야류에 대해 보다 구체적으로 살피기 위해, 현재 연희되고 있는 수영야류의 대본을 보자.

수양반: 이놈 막득아. 과거 때는 임박한데 너는 너대로 가고 나는 나대로 가야 옳단 말이냐!

말뚝이: 왜 그러하오리까. 서방님 찾으려고 아니 간 데 없사옵니다.

수양반: 이놈 어디 어디를 갔단 말이냐?

말뚝이: 서방님이 소년시절에 호협하신지라 팔선녀집을 찾았습니다.

수양반: 그래서?

말뚝이: 난양공주, 영양공주, 진채봉, 백능파, 계섬월, 적경홍, 가춘운의 집을 찾아도 서방님은커니와 아무 개아들놈도 없습디다.

차양반: 이놈 개아들이라니?

말뚝이: 개개(箇箇)히 찾았단 말이오.

수양반: 그러면 그렇지! 그만만 찾았단 말이냐!

말뚝이: 장안 종로를 찾았사옵니다.

수양반: 그래서?

말뚝이: 일관암, 이목골, 삼청동, 사직골, 오궁토, 육조앞, 칠관암, 팔각재, 구리개, 십자골, 두루시 다 찾아도 서방님은 커녕 새아들놈도 없습디다.

셋째양반: 이놈 새아들놈이라니!

말뚝이: 세세(細細)히 찾았단 말이오.

수양반: 그래서, 그만만 찾았단 말이냐?

말뚝이: 팔도도방을 찾았습니다.

수양반: 그래서?

말뚝이: 일 원산 이 강경 삼 파주 오 삼랑 육 물금 칠 남창 팔 부산 두루시 찾아도 아무 내아들놈도 없습디다.

넷째양반: 내아들이라니 이놈?

말뚝이: 내내히 찾았단 말이오.

수양반: 그래 이놈 그만만 찾았단 말이야?

말뚝이: 서방님댁을 찾았사옵니다.

수양반: 그래서?

말뚝이: 댁을 썩 들어가니 칠패팔패 장에 가고, 종년 세탁 가고, 도령님 책 끼고 학당에 가고, 머슴 논 갈러 가고, 집안이 교교한데 대부인 마누라 오르랍디다.

차양반: 이놈 오르다니?

말뚝이: 축담에 오르답디다.

수양반: 그래서?

말뚝이: 방문을 썩 열고 보니 청능화 도벽에 황능화 띠띠고, 황능화 도벽에 청능화 띠띠어, 꿩새끼 기린 방에 매새끼 날아들고, 매새끼 기린 방에 꿩새끼 날아들 데…(중략)…동래전복 소전복과 울산 전복 대전복을 은장도 드는 칼로 맹사군의 눕썹채로 어석버석 삐저 내어 통영소반 안성유기 보기 좋게 차려 놓고, 노자작 앵무배에 소인 막득이도 한잔 먹고 대부인마누라도 한잔 먹어 일배 일배 부일배에 취흥이 도도하여 대부인 마누라도 청춘이오 소인 막득이도 청춘이라, 양청춘 마두쳐서 동방화촉이 밝더이다.

일　동: 망했네 망했네 양반의 집이 망했네.[4]

　　인용된 부분은 수영야류의 제1과장인 양반과장의 한 부분이다. 수영야류는 제1과장인 양반과장, 제2과장인 영노과장, 제3과장인 영감·할미과장, 제4과장인 사자무과장으로 구분된다. 그 가운데 가면극으로서의 특징을 가장 선명히 나타나는 부분이 바로 제1과장인 양반과장이다.

　　이 과장에는 말뚝이를 비롯하여 수양반, 차양반, 셋째양반, 넷째양반, 종가도령 등이 등장하는데, 이는 피지배층(말뚝이)과 지배층(양반)을 상징하는 인물들이다. 이들은 서로 대립적 구도로 등장하지만, 현실 세계와는 달리 피지배층인 말뚝이가 지배층인 양반들을 조롱하고 풍자하는 형국으로 전개된다.

---

4) 위의 책, 201~207쪽.

이러한 대립적 구도는 수영야류를 비롯한 대부분의 민속극에서 나타나는 양반과장의 특징이다. 이를 구체적으로 나타내면 다음과 같다.[5]

1. 양반의 위엄: 양반과 하인 말뚝이의 정상적인 관계
2. 말뚝이의 항거: 말뚝이의 도전과 양반의 위엄 추락
3. 양반의 호령: 말뚝이의 항거에 대한 억압
4. 말뚝이의 변명: 양반의 억압에 대한 변명
5. 양반의 안심: 말뚝이의 변명에 대한 안심

극의 구조가 말뚝이의 변명과 양반의 안심으로 귀결되기 때문에 표면적으로는 양반이 승리한 것처럼 보이지만 이면적 결과는 전혀 다르다. 네 번째로 제시되어 있는 말뚝이의 변명은 기실, 자신의 항거에 대한 양반의 호통을 반격하여 그것을 무마하기 위한 언어유희적인 성격을 지니고 있는데도 양반은 그것에 만족해하며 안심하도록 하는 기능으로 작용한다. 그러므로 궁극적 승리자는 양반이 아니라 말뚝이다.

이러한 구조는 지배층인 양반과 피지배층인 말뚝이의 현실적 싸움을 희극적으로 집약한 것이다. 양반은 신분적 특권으로 민중을 억누르려 하고 민중은 억압에서 벗어나려 한다. 하지만 양반의 특권을 정면으로 부인할 수 없지만 결과적인 승리를 꾀하는 것이 민중적 항거의 실제적인 모습이다. 양반은 그의 위엄에 대한 일상적 집착 때문에 자신의 패배를 재촉하게 되고 결국엔 돌이킬 수 없는 지경에까지 이르게 되는 것이다.

위에서 인용한 수영야류의 대본 역시 양반과 말뚝이의 대립이 '양반의 위엄-말뚝이의 항거-양반의 호령-말뚝이의 변명-양반의 안심'이라는 구조적인 틀을 잘 유지하고 있음을 알 수 있다. 구조란 텍스트의 내면적 질서이므로 겉으로 들어나는 모습은 구조를 근간으로 한 변형된 모습이 주를 이룬다. 아래의 부분을 자세히 살펴보자.

---

5) 조동일, 『탈춤의 역사와 원리』, 기린원, 1988, 202~203쪽.

수양반: 이놈 막득아. 과거 때는 임박한데 너는 너대로 가고 나는 나대
　　　　로 가야 옳단 말이냐!
말뚝이: 왜 그러하오리까. 서방님 찾으려고 아니 간 데 없사옵니다.
수양반: 이놈 어디 어디를 갔단 말이냐?
말뚝이: 서방님이 소년시절에 호협하신지라 팔선녀집을 찾았습니다.
수양반: 그래서?
말뚝이: 난양공주, 영양공주, 진채봉, 백능파, 계섬월, 적경홍, 가춘운의
　　　　집을 찾아도 서방님은커니와 아무 개아들놈도 없습디다.
차양반: 이놈 개아들이라니?
말뚝이: 개개(皆皆)히 찾았단 말이오.
수양반: 그러면 그렇지! 그만만 찾았단 말이냐!

　이는 인용문의 서두 부분인데, 앞서 설명한 양반의 위엄과 말뚝이의 항거가 반복적으로 제시되어 나타난다. 이 부분의 구조를 제시하면, 대사의 순서대로 '양반의 위엄1 – 말뚝이의 항거1 – 양반의 위엄2 – 말뚝이의 항거2 – 양반의 위엄3 – 말뚝이의 항거3 – 양반의 호령 – 말뚝이의 변명 – 양반의 안심'이라는 구조를 지닌다고 할 수 있다. 이것이 바로 민속가면극에 등장하는 양반과장의 구조적 특징이라 할 수 있다.

　특히 말뚝이의 뛰어난 언어적 표현은 권위의식에 사로잡힌 양반들을 비판하는 중요한 수단으로 작용한다. 극에서 펼쳐지는 말뚝이의 대사는 단순히 비속어, 은어, 외설어 등의 나열에 그치는 것이 아니라 서민층들의 자아 정체성을 발견하는 언어적 표현으로서의 의미를 지님과 동시에 권위주의, 형식주위에 대한 탈주를 통하여 새로운 문화 창조에 대한 강력한 의지를 표출하는 것이라 할 수 있다.[6] 또한 말뚝이는 식자층들이 사용하는 경전(經典)이나 사서(史書)의 문장, 유명한 시(詩)나 문(文)을 바탕으로 하는 전고(典故)를 능란하게 사용하는 재담을 보이기도 하는데 이를 통하여 양반

---

6) 류종목, 「한국 민속가면극 대사의 표현법」, 『한국민속의 전승양상과 인식의 틀』, 민속원, 2006, 238~242쪽.

들을 압도하는 말뚝이의 우월한 문식(文飾)을 표출하기도 한다.[7]

이처럼 말뚝이의 언어적 표현은 천박함과 고상함이 공존한다는 특징을 가진다. 하지만 이것은 이율배반적인 모순으로 이해될 것이 아니라 길항(拮抗)적 작용으로 이해해야 할 부분이다. 다시 말해, 하층의 언어인 욕설이나 비속어 등을 상층의 언어인 전고와 함께 뒤섞어 놓음으로써 상쇄(相殺)작용을 일으키도록 하여 어느 한쪽이 과도하게 표출되는 것을 방지하면서 극의 항상성(恒常性)을 유지하도록 하기 위함이라 할 것이다.

말뚝이에 의해 굴욕당하고 봉변당하는 양반의 처지는 두 번째 과장인 영노과장에서도 계속된다. 하지만 영노과장에서는 단지 봉변을 당하는 정도가 아니라 무서운 상상의 동물인 영노에게 잡아 먹혀 죽음에 이르게 되어 양반의 수난이 더욱 강화된다는 특징이 있다. 양반과장에서 모욕당한 양반들이 퇴장하고 난 뒤 수양반만 남아 있을 때, 검은 보자기를 쓰고 하늘에서 내려 왔다는 동물이 '비비'소리를 내며 양반에게 다가와서 위협을 한다.

> (검은 물체가 '비비 비비' 소리를 내면서 수양반의 옷자락을 잡아당기기 시작하면, 수양반은 깜짝 놀라고 무서워서 뿌리친다. 당기고 뿌리치기를 여러 번 되풀이하여 신경전을 벌이다가 그 검은 보자기를 벗기면 영노의 무서운 가면의 정체가 나타난다. 경악실색한 양반이 혼비백산하여 뒷걸음 치면 영노는 짓궂게 바싹 달라붙는다.)

> 양　반: 니가 무엇꼬?
> 영　노: 나는 영노다.
> 양　반: 니가 어디서 왔노?

---

7) 가면극이나 판소리에서 확인되는 연희자의 문식(文飾)은 전문적 지식을 바탕으로 표현되는 것은 아니다. 연희자의 대사 가운데는 지명, 인명, 시, 문 등을 장황하게 나열하는 경우가 있는데 이는 그것의 정확한 의미를 파악하고 있다기보다는 그것 자체를 하나의 형식적 틀로 기억하여 구술하는 것에 가깝다. 그러므로 연희자의 문식은 의미론적으로 이해될 대상이 아니라 맥락적으로 이해해야할 대상이라 할 수 있다.

영　노: 내가 천상에서 득죄하여 잠시 인간에 내려 왔다.

양　반: 니가 무엇을 하는 물건고?

영　노: 내가 날물에 날잡아먹고, 들물에 들잡아먹고 양반 아흔아홉을
　　　　잡아 먹고 하나만 더 잡아먹으면 득천(得天)한다.

양　반: (놀라 떨며)내가 양반 아니다.

영　노: 양반 아니라도 먹는다.

양　반: 내가 쇠뭉치다.

영　노: 쇠뭉치는 쫀득쫀득 더 잘먹는다.

양　반: 내가 그림자다.

영　노: 그림자는 거침없이 훌훌 들어 마신다.

양　반: (진퇴유곡의 양반이 한참을 생각하다가) 니가 제일 무서운 것이
　　　　무엇꼬?

영　노: 참양반이 호령하면 물러가겠다.

양　반: 옳지! 우리고조할아버지는 영의정이요, 증조할아버지는 이조판
　　　　서를 지내고 나는 한림학사를 지냈으니, 내야말로 참양반이로
　　　　다. 이놈! 영노야, 썩 물러가라!

영　노: 옳지. 그런 양반 잡아먹어야 등천하겠다.[8]

　　인용문은 현재 연희되고 있는 수영야류 영노과장의 전문이다. 영노는 상
상의 동물이다. 백 명의 양반을 잡아먹으면 승천할 수 있는 양반의 저승사
자와 같은 존재이다. 이런 존재가 양반을 위협하자 양반은 자신을 양반이
아니라 '쇠뭉치'라고도 했다가 '그림자'라고도 한다. 양반은 나름 도저히 먹
을 수 없을 것 같은 불가식적(不可食的) 대상들을 거론하면서 자신을 방어
해보지만 영노의 위협을 뿌리치기 어려웠다. 어떤 것이든 다 먹어치우는
영노 앞의 양반은, 생명력이 없는 쇠가 되기도 하고 존재감이 없는 그림자
가 되기도 한다. 양반으로서의 신분적·사회적 위상이 급전직하하는 장면
이다. 영노과장에 등장하는 양반의 대체물들은 동래야류에서는 더욱 적나
라하다. 거기에서는 위기에 처한 양반이 궁지에서 벗어나기 위해 자신을

---

8) 정상박, 앞의 책, 2001, 208~209쪽.

'똥, 개, 돼지, 소, 풀쐐기, 구렁이' 등으로 대체하기도 하는데, 이는 당면한 위기 상황에서 양반으로서의 위엄과 체통을 아무렇지도 않게 포기하고는 자신이 어떠한 존재가 되더라도 상관하지 않으면서 눈앞의 위기만을 모면하고 보자는 양반의 위선을 극명하게 드러내는 장면이라 할 것이다.

영노가 참양반의 호령을 무서워한다고 한 것은 민중들이 바라보는 양반에 대한 시선의 편린이라 할 수 있다. 민중들에게는 모든 양반이 적대적이지는 않다. 양반도 양반 나름이다. 선비로서의 본분에 충실하고 양반으로서의 대접을 받을 만한 양반이라면 그들을 인정한다는 것이다. 하지만 그런 양반이 흔치 않은 것이 문제다. 민중들이 경험하는 양반들이란 대게가 위선적이며 권위적인데다 백성들을 억압하는 존재들인 것이다. 그러니 함부로 양반다운 양반인 '참양반'을 참칭(僭稱)하지 말라는 경고이다. 그러므로 옥석을 가려 진짜 양반은 양반으로서 대우해 주겠지만 가짜 양반은 민중의 힘으로 벌줄 것이라는 메시지로 읽힐 수 있는 부분이기도 하다.

영노과장에 이어 세 번째로 연희되는 과장은 바로 영감·할미과장이다. 이 과장은 남편과 처, 첩이라는 삼각관계에서 처가 죽고 첩이 살아남는 것으로 전개된다.

> (영감과 소실인 제대객시가 등장하여 긴 굿거리장단에 쌍무를 추고 놀 때, 할미가 다시 등장하여 멀리서 그 모양을 자세히 살피다가 영감과 눈총이 마주치면서 영감이 할미의 앞을 가리운다, 이 틈을 타서 제대각시는 피신하듯 퇴장한다.)

> 할 미: 이제 그년이 어떤 년이고?
> 영 감: 아무 년이면 어때……
> (시비가 설왕설래 한참 다투다가)
> 영 감: 그래 내가 집을 나올 때, 삼존당이며 자식 삼형제를 살기 좋게 마련해 주고 혈혈단신(孑孑單身) 나온 나를 왜 추잡하게 이리고 찾아다닌단 말고.

할 미: (할미가 기가 막혀 손바닥을 치며) 그래 그 돈 한돈 팔푼은 이핀
(당신) 떠날 적에 하도 섭섭해서 청어 한 못(뭇) 사서 당신 한 마
리 나 아홉 마리 안 먹었는기오.
영 감: 너 아홉 마리 나 한 마리를! 그래 자식 셋은 다 어쨌노?
할 미: (후유 탄식하며 가슴팍을 치고 눈물을 닦은 후에) 큰 놈은 나무하
러 가서 정자나무 밑에서 자다가 솔방구에 맞아 죽고, 둘째 논은
앞도랑에서 미꼬라지 잡다가 불행이도 빠져 죽고, 셋째 놈은 하도
좋아 어르다가 놀라 정기로 청풍에 죽었소.(할미 엉엉 통곡한다.)

(통곡하는 할미를 영감이 발로 차니, 할미가 실성하여 졸도한다. 당황한
영감은 악사에게 근처에 있는 의원을 불러 달라고 간청한다.)

전근대 사회에서 흔히 발견되던 처첩갈등에서 핍박을 당하는 인물은 주
로 첩이었다. 유교적 입장에서 본처에 대한 존중은 엄중한 것이었기 때문
이다. 하지만 칠거지악(七去之惡)과 같은 결정적(?) '흠결'을 지닌 여성의 경
우는 상황이 다르다. 아무리 유교적 엄숙주의라 할지라도 칠거지악에 해당
하는 여성은 제도적 희생양으로 전락할 수 있었던 것이 조선시대였다. 특
히 민속가면극이 발달한 조선후기 사회에는 이러한 사회적 상황이 더욱 심
화되던 시기였다. 가문의식이 고조되면서 족보편찬과 같은 집안의 대를 이
을 후사를 중시하는 의식이 팽배해지면서 여성의 제도적 희생은 한층 고조
되었던 것이다. 더 이상 '조강지처 불하당(糟糠之妻 不下堂)'은 적용되지 않
는다.

인용된 부분을 살펴보면, 할미는 칠거지악[9]에 해당하는 두 가지를 범했
다고 할 수 있다. 질투(嫉妬)와 무자(無子)가 그것이다. 할미는 영감이 소실
인 제대각시와 함께 노는 것을 보고 투기를 한다. 또한 자식 셋을 모두 죽

9) 칠거지악은 시부모에게 순종하지 않는 것(不順舅姑), 자식을 낳지 못하는 것(無
子), 음탕한 것(淫行), 질투하는 것(嫉妬), 나쁜 병이 있는 것(惡疾), 수다스러운 것
(口舌), 도둑질 하는 것(盜竊) 등을 가리킨다.

게 하여 결국 '자식 없음'의 상태가 지속되고 있다. 엄밀히 따지면 칠거지악에 해당하지 않는 것이라 할 수 있으나 당시 사회에서는 그런 것이 문제되지는 않았다. 조금이라도 비슷한 상황이 연출되면 여성에게 불리하게 적용되었기 때문에 할미가 영감에게 핍박당하는 것은 너무나 당연하다. 이처럼 이 과장은 당시의 시대적 상황을 잘 반영하고 있다고 할 수 있다.

하지만 이 과장에 대한 많은 연구자들은, 영감이 할미를 버리고 제대각시를 취한 것에 대한 해석을 상징적으로 이해하는 경향이 강하다. 가면극은 본질적으로 세시중의 하나라는 점이다. 세시라 함은 한 해의 농사와 밀접한 연중행사를 말한다. 그러므로 영감과 할미, 제대각시가 펼치는 행위는 '헌 것'을 '새 것'으로 대체하는 자연의 질서를 연극적 행위로 표현한 것으로 이해할 수 있다. 다시 말해, 왕성한 생생력을 지닌 젊은 각시가 이미 생생력을 상실한 할미를 대신함으로써 그 해의 농사가 풍년들어 백성들의 안녕을 바라는 의미가 내포되어 있다는 것이다.

수영야류의 제1과장에서 제3과장까지는 모두 사람이 등장한다. 제2과장인 영노과장에는 영노라는 상상의 동물이 등장하기도 하지만 양반과 더불어 과장을 형상하기 때문에 거기에도 사람이 등장하는 것은 마찬가지이다. 하지만 수영야류의 마지막 과장인 사자무과장에는 사람이 등장하지 않는다. 사자와 범이 등장하여 서로 싸우다가 범이 사자에게 잡아먹히는 장면으로 전개된다. 그렇기 때문에 이 과장은 대사가 없는 무언극이다.

수영야류에 사자무과장이 편입된 이유에 관해서는, 수영 지역 근처에 호암(虎巖)이 있고 당시 사람들에게는 호환(虎患)이 심했으므로 연희를 통해 호랑이를 사자에게 잡아먹히게 하여 그것들을 방어하기 위함이었다고 하기도 하고, 수영 동남쪽의 백산(白山)이 있는데 그 형상이 마치 사자가 마을을 등지고 달아나는 모양인지라 범을 희생으로 바쳐 치제(致祭)하기 위함이라는 주장도 있다.

하지만 사자와 호랑이의 대결을 통한 사자의 승리를 다른 관점에서 해석할 수 있는 여지는 충분하다. 그것은 강자와 강자의 대결이 가지는 일반적인 의미로 환원하여 해석가능하기 때문이다. 이 과장은 앞서 살핀 영노과장과 연관되어 있다고 할 수 있다. 거기에서도 상상이 동물인 영노가 등장하듯이 이 과장에서도 그것에 준하는 사자[10]라는 동물이 등장한다. 당시 민중들에게 사자는, 멀리 있어 직접 볼 수는 없지만 어딘가에는 분명히 존재하면서 무엇도 대적할 수 없는 어떤 강력한 힘을 가진 존재로 인식되었을 것이다. 그에 비해 호랑이는 인간들의 가까운 곳에서 인간을 괴롭히고 수탈하고 위협하는 핍박의 존재로 인식되었을 수 있다. 그렇다면 사자와 호랑이는, 영노과장에서 보이듯이, 각각 '참양반'과 '가짜양반'으로서 민중을 보호해주는 존재와 민중을 위협하는 존재의 표상이라 할 수 있다. 결국, 이 과장은, 호랑이와 같은 탐관오리들을 사자와 같은 암행어사가 일거에 징치하여 백성들을 구원해 주기를 바라는 '민중영웅'에 대한 기원을 상징하는 과장으로 해석할 수도 있을 것이다. 이처럼 수영야류는 제1과장에서부터 제4과장까지 다양한 내용으로 구성되어 있다. 양반에 대한 말뚝이의 풍자, 영노에 의한 양반의 수난, 첩에 의한 처의 죽음, 사자에 의한 호랑이의 몰락 등이 그것이다.

이러한 가면극의 특징에 대하여 어떤 연구자는 서구의 파르스(farce), 즉 소극성(笑劇性)을 통해 이해하기도 한다.[11] 파르스는 기발한 해학을 통해 관객을 웃음으로 사로잡는 연극으로 서구의 중세시대 유행했던 것이다. 이러한 파르스는 인물의 희화화, 우스운 신체 표현에서 오는 과장과 익살이나 부자연스러움, 호색호탕한 동작이나 대사의 호방함 등의 특징을 가지는데 이러한 점이 우리의 가면극에서도 발견된다는 것이다.

앞서 인용된 연희본을 통해서도 확인되었듯이 수영야류에서도 이러한 파르스적 특징이 충분히 확인된다. 특히 말뚝이의 행위와 대사는 과장스러운 몸짓이나 표정으로 양반을 희화화하기도 하고 거침없는 성적 표현을 통

---

10) 당시 사람들에게 사자는 실제 체험하지 못한 상상의 동물일 가능성이 높다.

11) 여석기, 「산대가면극의 파르스적 성격」, 채희안 엮음, 『탈춤의 사상』, 현암사, 1980, 59~68쪽.

해 호색함을 강조하기도 하는 면모를 보인다. 특히, 현실 세계에서는 불가능할 것 같은 말뚝이의 양반에 대한 조롱이 극에서 용인되는 것은, 파르스를 '그것에 의하지 않으면 불유쾌한 주제가 될 법한 그런 소재를 유쾌하게 다룰 수 있는 바로 그러한 방법'이라고 한 에릭 벤틀리(Eric Bentley)의 주장을 상기하기에 충분하다.

이처럼 수영야류는 우리 민족의 고유한 특수성을 지니고 있으면서 동시에 세계적 보편성을 지닌 문화예술의 한 장르라 할만하다.

Ⅲ. 수영야류의 미래는 밝은가?

최근 고(故) 김석출 선생을 새롭게 조명한 영화가 만들어져 화제다. 부산의 중요무형문화재 제82의 가인 '동해안별신굿'을 소재로 만든 〈땡큐, 마스터 킴〉(원제: Intangible Asset No. 82)이라는 이 다큐멘터리 영화는, 한국인이 아닌 외국인들에 의해 기획되고 제작되었다는 점에서 더 많은 사람들에게 회자되고 있다. 오스트레일리아 최고의 재즈 드러머인 사이먼 바커는 김석출 선생의 공연에 매료되어 한국을 방문할 때마다 선생을 찾았다고 한다. 특히 그는 선생의 장고에 푹 빠져 선생에게 배움을 청할 정도였다. 이 영화는, 김석출 선생과 사이먼 바커의 만남, 다시 말해 한국의 굿과 서양 재즈의 만남의 과정과 그 의미를 그의 동료이자 가수인 엠마 프란츠가 영화화한 것인데 여러 영화제에서 수상하는 기염을 토한 것이다. 특히 주목을 요하는 것은, 이 영화가 한국보다는 외국에서 더 환대를 받았다는 점과 영화 제작비의 일부를 NHK가 지원했다는 점이다.

흔히들 문화재에 대한 보존과 계승에 대한 논의를 할 때면, 원형과 변형의 문제를 두고 논란을 빚기도 한다. 원형의 파괴는 고유성을 훼손하는 것이므로 지양해야 하고 변형에 무감각하면 시대적 흐름에 조응하지 못해 퇴보한다는 것이 양측의 주장이다. 양측의 주장에는 각각의 타당성이 있다. 현재 전승되고 있는 많은 문화적 산물 가운데는 원형이 심각하게 훼손되어 그 가치가 상실된 경우도 없지 않으며, 전통적 원형에만 천착하여 변화를 두려워 한 나머지 대중들에게 외면당한 경우도 어렵지 않게 발견할 수 있다.

그렇다면 수영야류는 어느 쪽에 가까울까? 필자의 판단으로는 원형 유지 쪽으로 조금은 기울어 있는듯하다. 보존회를 중심으로 다양한 방식을 통해 일반 대중들과의 소통을 모색하고는 있지만 변형에 대한 호감은 그다지 높다고 할 수 없다. 하지만 아무리 훌륭한 문화적 산물일지라도 시대적 변화에 조응하지 못하면 문화로서의 가치를 상실할 가능성이 높다. 그럴 경우, 필연적으로 국가나 자치단체 등의 지원을 필요로 하게 되는데, 이는 문화가 공공기관에 의해 지배되는 종속적 상황으로 나아가는 지름길이다.[12]

문화에 있어 변형의 핵심은 사람에 있다. 문화는 그것을 향유하는 사람에 맞게 변형되어야 한다. 원형을 고수하려는 주체와 변형을 욕망하는 타자가 서로 소통하고 화합할 때 변형은 유의미화 된다. 이 경우, 주체는 그대로 있으면서 타자로 하여금 주체에게 맞춰야한다는 것은 배타적이다. 그러므로 주체는 타자가 쉽게 다가오도록 포용적 자세를 취해야 함은 자명하다.

김석출 선생은, 자신이 죽음에 이르기 며칠 전, 벽안의 외국인인 사이먼 바커를 제자로 받아 들였다. 우리의 고유한 무속신앙적 관념에서는 상당한 파격이다. 하지만 그가 외국인을 제자로 받아들이게 되면서 영화가 만들어지게 되었고 결국 동해안별신굿은 우리 문화로서의 가치를 전세계의 사람들에게 각인시킬 수 있었다. 비단 동해안별신굿을 소재로 한 영화가 이번이 처음은 아니다. 하지만 이번 영화는 제작 과정과 제작에 참여한 인물의 면면을 볼 때 기존의 것들과는 다른 의미로 다가온다.

변형을, 원형을 훼손하여 새로운 것을 만드는 것으로 생각하면 안 된다.

---

12) 원형의 고수라는 측면과 방향성은 조금 다르지만 공공기관에 대한 문화의 종속적 측면에서 보면, 현재 한국 사회에 범람하고 있는 '○○문화축제'가 대표적인 사례이다. 각 지역마다 수도 없이 개최되고 있는 축제들은 문화가 공공기관에 종속되어 문화로서의 가치를 발현하지 못하는 현상을 잘 보여주고 있다.

원형을 새롭게 재구하여 시대적 흐름에 맞게 만드는 것이 변형이다. 다시 말해 '원형의 가치'를 훼손하지 않으면서 '변형의 효용'을 추구하는 것이 진정한 변형임을 인지해야 할 것이다.

민요는 불러야 맛이고 설화는 이야기해야 맛이라면, 연극은 놀아야 맛이다. 따라서 노래하기나 이야기하기와 마찬가지로 '놀이하기'도 그만큼 보편화되어야 할 것이다. 그러기 위해서는 원형을 보존하는 차원에서 변형의 미학을 창출하여 대중들로 하여금 신나고 즐겁게 수영야류를 놀아 볼 수 있도록 해야 할 것이다. 판소리의 더늠과 같이 양반과장만을 단독으로 분리하여 그것을 하나의 완성된 시퀀스로 재구성하여 대중들이 놀 수 있도록 놀이판을 만들어 주어야 할 것이다. 노래하는 노래판이나 이야기하는 이야기판과 더불어 놀이하는 놀이판을 만들어 대중들이 그들의 생각을 담아내고 그들의 의지대로 놀아보는 그런 마당이 필요할 것이다.

그렇다고 보존회가 중심이 되는 원형 보존의 일을 소홀히 하라는 말은 아니다. 그것은 그것대로 유지하면서 수영야류가 한국의 대중들과 호흡할 수 있고 나아가 세계인들에게 문화로서의 가치를 인정받을 수 있도록 모색해야함을 주장하는 것이다. 즉, 수영야류의 콘텐츠를 다양화해서 변화하는 시대에 전략적으로 대응해야 함을 강조하는 것이다.

앞서 살핀 바와 같이 수영야류는 서구의 소극인 파르스적 성격을 잘 갖추고 있다. 그러므로 수영야류를 콘텐츠화하면 서양인들에게도 충분히 감동과 흥미를 선사할 수 있을 것이다. 그들 역시 웃음과 해학이라는 인류 공통의 언어를 싫어하지는 않을 것이기 때문이다.

우리는, 김석출 선생이 사이먼 바커를 제자로 받아들이기로 마음먹었을 때, 그의 심정은 어떠했을까를 생각해볼 필요가 있다. 한국 고유의 무속신앙 전승자로서 서구의 재즈 연주가에게 그의 음악을 가르쳐 주는 것, 아마 그것은 원형을 훼손하는 것이 아니라 또 다른 원형을 만들기 위한 관념의 틀을 파괴한 일종의 혁명이 아닐까 짐작해 본다. 수영야류 역시 현재적 보존과 전승의 방법에 안주하지 말고 보다 다각적이고 적극적으로 대중들의

삶 속에 가까이 다가 갈 필요가 있을 것이다. 그럴 때야만 수영야류의 미래
는 한층 밝을 것이다.

◼ 참고문헌

김승찬 외,『한국구비문학론』, 새문사, 2003.
류종목,『한국민속의 전승양상과 인식의 틀』, 민속원, 2006.
류종목·정규식 외,『우리민속 들여다보기』, 동아대출판부, 2007.
임동권,『한국민속학 논고』, 집문당, 1975.
임재해,『민속문화론』, 문학과지성사, 1989.
임재해,『지역문화 그 진단과 처방』, 지식산업사, 2002.
장덕순 외,『구비문학개설』, 일조각, 1972.
정상박,『오광대와 들놀음 연구』, 집문당, 1990.
정상박, 중요무형문화재 제43호『수영야류』, 화산문화, 2001.
조동일,『탈춤의 역사와 원리』, 기린원, 1988.
조동일,「구비문학과 구비철학」,『구비문학연구』23집, 한국구비문학회, 2006.
채희안 편,『탈춤의 사상』, 현암사, 1980.

사찰과 불교건축의 이해

한 정 호

Ⅰ. 한국의 사찰

1. 사찰의 성립

　사원(寺院)의 사전상의 의미는 불탑과 불상을 모시고 승려들이 거주하면서 불도를 닦고 불교의 교법을 설하는 곳으로 사찰, 절, 가람이라고도 한다. 이 가운데 가장 근원적인 명칭은 가람이라고 볼 수 있다. 가람이란 범어로 'sangharama'에서 유래된 것으로 음역(音譯)하여 '승가람마'라고 부르다가 줄여서 가람(伽藍)이 되었다. 가람의 초기 형태는 정사(精舍)의 형태였는데 이것은 승려들의 수행을 위한 장소, 공동 거주지로서의 장소에서 출발하였다. 그러다가 부처님 열반 후 사리를 모신 탑을 모시게 되고, 이후 대승불교의 출현과 더불어 경전의 내용을 그림으로 묘사하거나 아니면 직접 부처의 모습을 상(像)으로 만들어 봉안하기 시작했다. 따라서 불상의 출현으로 건축적인 공간이 필요하게 되었고 이러한 공간적 필요성과 주거지의 결합을 통해 일정한 형식을 갖춘 가람이 출현하게 되었다. 이후 불교가 중국으로 전래되면서 사원(寺院)이라는 명칭이 사용되고 이것이 지금까지 전래되고 있는데 그 어원은 고대 중국의 관청에서 유래된 것이다. 중국에 불교가 전래된 한대(漢代)에는 외국에서 온 사신들을 맞이하여 접대하고 머물게 하는 관청을 '寺(시)'라고 하였다. 이역(異域)의 불교승려들이 처음 한나라를 방문하였을 때 홍로시(鴻蘆寺)라는 관청에 그들을 머물게 함으로 인해 이후 승려들이 머무는 곳을 '寺(사)'로 부르게 되었다. 원래 사원(寺院)이라고 할 때 원은(院) 회랑이나 담장으로 둘러싸인 원(園)과 같은 의미로 사용되었으며, 당나라 때에는 사(寺)와 원(院)을 같은 의미로 보았다. 대개 인도의 가람은 탑이 있는 탑원(塔院)과 승려의 수도처인 승원(僧院)을 구별하여 배치하였는데, 중국에서도 그 영향을 받아 불탑과 불상을 봉안한 금당을 중심으로 강당·승방·중문·종루(鐘樓)·경루(經樓) 등을 비롯한 많은 크고 작은 전각이 마련되었으며, 중국 육조시대부터는 정형화된 기본적인 가람의 배치형식이 이루어지게 된다. 중국에 전해진 가람배치 형식은 중국의 궁궐건축과 인도의 불탑요소가 복합되어 형성된 것이기 때문에 중국으로부터 불교의 전래와 함께 많은 불교문화를 수용하면서 발전한 우리나라 불교의 가람배치 역시 중국대륙의 영향이 컸던 것으로 보인다. 그러나 현재로서는 당시 중국의 가람배치에 대하여 정확하게 알 수 있는 자료가 거의 없으며, 단편적으로나마 양연지(陽衍之)가 찬한 『낙양가람기』를 통해서 당시의 가람배치를 살필 수 있다. 『낙양가람기』를 통해 영녕사(永寧寺)의 가람배치를 더듬어 보면, 사찰의 중앙에 9층목탑이 있고 북쪽에 불전을 두어 사찰의 중심부를 형성하고 있다. 중국의 가람배치도 대체적으로 영녕사와 같은 형태를 하였을 것으로 추정되며, 이러한 가람배치의 형식이 불교의 전래와 함께 우리나라에 수용되었다고 추정되고 있다.

2. 한국 가람배치의 변천

가람에 있어서 가장 중요한 두 건축물은 불교의 가장 중요한 예배대상인 탑과 금당(金堂)이다. 탑은 부처의 사리를 모신 곳이고 금당은 불상(佛像)을 모신 곳이기 때문이다. 일반적으로 가람에서는 이 탑과 금당의 관계에 따라 가람배치의 유형을 구별한다. 예를 들어 하나의 탑이 금당과 일직선상에 놓여 있으면 일탑식(一塔式) 가람배치, 두 탑이 좌우에 대칭으로 배치되면 쌍탑식(雙塔式) 가람배치, 그리고 탑이 하나에 금당이 3개 있을 경우에는 일탑삼금당식(一塔三金堂式) 가람배치라 부르고 있다. 이러한 가람배치의 변화는 시대별·지역별 신앙의 형태에 따라 탑과 금당 중에 어느 쪽에 비중을 두느냐 하는 차이에서 비롯되었을 것으로 추정되는데, 지금까지 발굴조사된 절터를 통해 시대별 가람배치의 변천을 살펴보면 다음과 같다.

1) 고구려시대

고구려의 가람배치는 대체로 일탑삼금당식(一塔三金堂式) 가람배치를 따르고 있다. 소수림왕대(372년)에 불교가 공인된 이래 나당연합군에 의해 멸망될 때 까지 평양의 아홉사찰을 비롯하여 많은 사찰의 이름이 문헌에 전해지고 있으나, 실제 조사된 예는 몇 개 되지 않는다. 평남 청암리 절터와 대동 상오리 절터의 경우 모두 팔각탑(목탑으로 추정)을 중심으로 동·서·북 세 곳에 각각 금당(金堂)이 있고 남쪽 앞으로 중문이 설치되었으며, 북쪽 금당 뒤에는 강당이 배치되어 있는 일탑삼금당식이다. 이것은 당시 탑을 중시하였음을 알 수 있다. 이러한 가람배치법은 백제와 신라에도 전해졌으며 일본에도 건너가 일본의 아스카데라(飛鳥寺)에서도 그 모습을 볼 수 있다.

2) 백제시대

백제의 가람배치는 주로 남북 자오선상에 중문·탑·금당·강당을 배치하는 일탑일금당식(一塔一金堂式) 가람배치를 따르고 있다. 정림사지·군수리사지·동남리사지·금강사지 등이 여기에 속한다. 특히 미륵사지는 삼탑삼금당식(三塔三金堂式)으로 밝혀졌다. 그리고 가운데 탑은 석탑이 아니고 목탑으로 조사되고 또한, 탑과 금당을 한 조씩으로 나누는 남북쪽의 회랑을 놓아 셋으로 독립시키고 있음이 밝혀져 3개의 일탑일금당식 가람이 복합된 백제 특유의 가람배치 형식을 이루고 있음이 확인되었다.

3) 신라시대

불교가 공인된 후 544년에 흥륜사에 이어서 영흥사, 황룡사, 분황사, 영묘사 등이 창건되었다. 이들 가운데 발굴조사를 통해 가람배치가 확인된 사찰은 황룡사와 분황사가 있으며, 흥륜사와 영묘사로 알려진 절터는 그 일부만 조사되었다. 황룡사와 분황사를 통해 밝혀진 가람배치는 일탑삼금당식(一塔三金堂式)으로 고구려계 가람배치를 수용하고 있음이 확인되었다. 그리고 흥륜사는 삼국유사의 기록에 금당과 탑, 경루, 남문, 회랑 등이 있었다는 기록이 있으며, 영묘사는 1978년과 1981년의 부분적인 발굴조사에서 금당지로 추정되는 건물터의 남쪽에서 탑지(塔址)로 추정되는 8각 평면의 유구 2기가 대칭으로 남아있는 것으로 확인되었다. 이를 통해 본다면 쌍탑식가람이었을 것으로 추정할 수 있으나 이들 유구는 후대에 변형된 결과일 가능성도 없지 않다.

4) 통일신라시대

통일신라시대는 우리나라 불교문화의 황금기로 많은 사찰이 건립되었다. 가람배치는 평지가람을 중심으로 금당 앞에 두 개의 탑이 배치되어 쌍탑식가람(雙塔式伽藍)이라고도 불리는 이탑일금당식(二塔一金堂式) 가람배치가 새롭게 등장하여 9세기경까지 크게 유행하였다. 대표적인 예로는 사천왕사지, 망덕사지, 감은사지, 불국사, 천군리사지 등이 있으며, 이 가운데 사천왕사지는 쌍탑식가람의 가장 오래된 예로 알려지고 있다. 이러한 쌍탑식가람배치의 등장원인에 대해서는 아직까지 이렇다 할 정설은 없지만 불상신앙에 비해 사리신앙의 비중이 낮아졌음을 의미한다고 해석할 수도 있을 것으로 짐작된다.

쌍탑가람의 출현은 신라 불교건축 역사상 가장 특징적인 변화이다. 지금까지 신라 쌍탑가람이 출현하게 된 배경을 『법화경』의 「견보탑품」 근거로 해석해 왔지만 반세기가 지나도록 이를 확증할만한 증거자료는 확보되지 않았다. 오히려 『법화경』과의 관련성을 뒷받침해주던 경주 불국사 쌍탑의 석가탑과 다보탑이 최근 공개된 석탑 중수문서를 통해 창건당시의 명칭이 아니라 후대에 변화된 명칭이라는 사실이 밝혀지면서 『법화경』과의 관련성은 더욱 희박해졌다. 형식의 변화라는 것은 변화된 의식을 반영한 결과에서 비롯되기 때문에 쌍탑가람이라는 새로운 형식의 출현은 7세기 후반

신라 불교신앙의 변화에서 원인을 찾을 수 있다. 신라 쌍탑가람의 성립과 관련하여 주목되는 인물은 사천왕사를 창건한 명랑법사와 불교미술의 새로운 양식을 선도했던 예술가 양지스님이다. 금광사(金光寺)와 사천왕사(四天王寺)의 창건을 통해 드러난 명랑법사의 신앙은『합부금광명경』에 바탕을 두고 있음이 확인된다. 쌍탑가람의 출현과 맞물려 신라의 주요 가람배치 형식이었던 일탑삼금당가람이 소멸되고 사리기의 형식이 변화되는 현상을 통해 불탑이 여래의 묘처(墓處)라는 전통적인 관념에서 점차 여래의 주처(住處)의 개념으로 전환되었음을 엿볼 수 있다.

다른 한편, 통일신라시대에도 일탑식가람이 고선사지를 비롯하여 나원리사지·구황동사지 등으로 맥을 잇고 있으며, 선종의 유입 등 여러 가지 원인에 의해 산지가람이 조영됨에 따라 지형적 원인에 의해 서서히 엄격한 가람배치의 양식이 와해되는 경향이 등장하게 된다.

5) 고려시대

평지가람이든 산지가람이든 대체로 단탑식 가람배치를 따랐다. 무량사(無量寺)·보현사지(普賢寺址)·마곡사(麻谷寺)·월정사(月精寺) 등을 예로 들 수 있다. 그리고 남원만복사지와 같이 중문·탑·금당 순서의 배치에다 탑의 서쪽에 또 하나의 금당이 있는 서전동탑식(西殿東塔式)의 특이한 가람배치도 있다. 그리고 몽고의 전란을 거치며 불교신앙의 형태에도 많은 변화가 나타나는데 티벳불교의 영향을 받은 탑, 불상, 사리기 등이 등장과 함께 벽화중심의 불화에서 이동이 가능한 탱화도 이 시기에 출현하는 것으로 추정된다.

6) 조선시대

대부분 산지가람이며 모두 단탑식 가람배치 혹은 탑을 건립하지 않는 사례도 많다. 법당이 중심 예배대상이 되어 탑의 규모는 작아지면서 탑이 금당 앞의 중앙선 밖으로 위치하거나 밖으로 밀려나서 가람배치의 중심에서의 위치를 상실하게 된다. 이러한 예는 신륵사(神勒寺)·수종사(水鍾寺)·낙산사(洛山寺)·내소사(來蘇寺)·선운사(禪雲寺) 등에서 찾아볼 수 있다. 그리고 이전시대에 금당으로 통칭되던 불전이 다양하게 확대되면서 봉안되는 존상에 따라 다양한 명칭의 편액이 걸리게 된다. 조선후기에 들어와서는 금당 앞의 좌우에는 승방이 놓이고, 금당 앞으로 누각·천왕문·금강문·일주문의 순서로 배치되는데 이는 불세계(佛世界)의 중중무진(重重無盡)한 세계를 사찰건축에 반영하고자 하는 경향으로 이해된다. 이를테면 사찰의 입구인 일주문은 일주삼칸으로 구성되어 법화사상의 회삼귀일을 상징적으로 표현하고 있으며, 불전에 이르기 전에 배치되는 사천왕문은 불교의 우주관에 따라 수미산 정상의 사천왕천을 상징적으로 보여주는 건축이라고 할 수 있다.

Ⅱ. 고대 사찰의 성격과 입지

1. 사명(寺名)과 사찰의 성격

불교가 우리나라에 전래된 이래 수많은 사찰이 건립되었다. 『삼국유사』 가운데 불상과 탑의 건립유래와 영험을 위주로 편집된 「탑상편」에는 50여 개소의 사찰이 소개되고 있다. 「탑상편」에 소개된 사찰 중에는 일부 창건연기나 창건배경을 밝혀주는 예도 있지만, 대체로 사명(寺名)만 전해지는 경우가 많다. 사명만 전해지는 사찰들은 건립배경을 알 수 없을 뿐만 아니라 오늘날 대부분 폐사되고, 그 유허를 조차 찾을 수 없는 경우가 많다. 따라서 문헌상의 기록으로만 전해지는 사찰들의 성격은 절 이름의 분석을 통하여 사명이 지니고 있는 의미를 파악하는 방식으로 접근할 수밖에 없다. 사명은 매우 단편적인 자료에 불과할 수도 있지만, 사명을 결정하는 과정에서 사찰의 성격을 함축적으로 담아낸다는 점에서 후대에 윤색된 사찰의 창건배경을 복원해주는 매우 중요한 사료적 가치를 지닌다고 볼 수 있다. 『삼국유사』의 「탑상편」에 수록되어 있는 50여 개소의 사찰 이름을 분석한 결과 사명(寺名)은 〈표 1〉과 같이 크게 네 가지 성격으로 분류된다.

〈표 1〉 사명을 통해본 사찰의 성격

성격		사명
불 교	신앙	地藏寺 琉璃光寺, 淨土寺, 海印寺, 華嚴寺, 華藏寺, 文殊寺, 海龍王寺
	성지	祇林寺, 東竺寺, 大和寺, 靈鷲寺
	기타	興輪寺, 衆生寺, 興敎寺, 大乘寺, 靈塔寺, 通度寺, 妙覺寺, 石佛寺
추복		感恩寺, 芬皇寺, 奉德寺, 靈廟寺, 仁容寺, 王后寺, 敏藏寺, 生義寺
지명		虎溪寺, 栢栗寺, 道中寺, 水源寺, 鵠寺

　사찰의 이름 가운데 가장 많은 사례는 역시 불교 교리와 관련된 사명이 가장 많다. 이들 불교와 관련된 사명들 중에서도 신앙과 관련된 이름이 가장 많은 사례를 보이고 있는데, 불교 교리와 관련된 사명이 명명된 사찰들의 창건연대와의 비교를 통해 당시에 유행하던 불교신앙을 엿볼 수 있다는 점에서 주목된다고 하겠다. 그리고 불교와 관련된 사명 중에는 기림사, 동축사, 대화사, 영취사 등 인도와 중국의 불교 성지를 차용한 사명이 있으며, 그 밖에도 포교적인 색채나 신앙의 대상이 되는 탑과 불상을 사명에 적용하는 경우가 눈에 띈다. 그 가운데 불교의 융성을 기원하는 의미에서 작명된 것으로 생각되는 신라 최초의 사찰 흥륜사는 금당에 신라불교사에 큰 족적을 남긴 아도, 염촉, 혜숙, 안함, 의상, 표훈, 사파, 원효, 혜공, 자장 등 10명의 성인의 소상을 봉안함으로써 사명에 부합하는 조상봉안이 이루어지고 있다. 사찰 이름 가운데 불교 교리를 담은 사명 다음으로 많은 사례를 보이는 것은 왕실 혹은 귀족의 추복(追福)을 기원하는 성격의 사명이 많다. 이들 추복의 성격이 담겨 있는 사찰 이름 중에는 인용사, 왕후사, 민장사, 생의사 등 구체적인 인물이 사명에 반영되는 예도 있으며, 그 밖에도 사명

으로 볼 때 능사(陵寺)의 성격을 띠는 사찰이 포함되어 있다.

2. 사찰의 입지

사찰은 그 입지에 따라 평지에 위치한 평지가람과 산록에 위치한 산지가람으로 구분된다. 현존하는 대부분의 전통사찰들이 산지에 위치하기 때문에 사찰은 원래 산상에 입지하는 것이 당연하다고 인식될 수 있다. 하지만 신도들의 왕래나 포교의 능률을 고려한다면 사찰은 도심이나 근교의 평지에 입지하는 것이 훨씬 유리하다. 사찰이 산지에 건립된 이유에 대해 흔히 조선시대 억불에 의한 탄압을 피해 산으로 숨어들었다는 이야기가 회자된다. 하지만 이러한 주장은 현존하는 산지 사찰의 창건시기가 대부분 불교가 융성하던 신라 혹은 고려시대라는 사실만 보더라도 전혀 근거가 없는 낭설임을 짐작할 수 있다.

삼국시대에 국가적 차원에서 창건된 사찰들이 주로 도심의 평지에 건립되다가 점차 산지로 이동하여 건립되게 된 원인은 매우 다양하다. 먼저 토지의 효율적 활용을 따지자면 도시의 팽창으로 인해 더 이상 사찰을 건립할 수 있는 여유 부지를 확보하기 어렵게 되었을 가능성을 생각할 수 있다. 신라의 사례를 보더라도 삼국시대에 창된 흥륜사나 황룡사, 분황사 등과 같이 초기에 건립된 사찰들이 주로 평지에 입지하고 있지만 신라 왕경체계가 완비되는 통일신라시대에 이르러서는 점차 산지로 이동하는 경향을 보인다. 이러한 경향은 신라 하대에 건립된 평지가람이 대부분 귀족들이 자신들 소유의 주택 부지에 사찰을 창건했다는 사실을 통해서도 도심의 평지에 사찰부지의 확보가 용이하지 않았음을 짐작할 수 있다. 그리고 불교라는 종교의 기본 바탕이 속세를 벗어난 탈속(脫俗)을 강조하기 때문에 수행의 공간으로는 도심보다는 산지가 적합하다. 이러한 불교 수행의 종교적 특성은 신라 하대에 유입된 선종의 확산과 더불어 더욱 강조되어 산지가람의 건립이 가속화 되었다고 볼 수 있다. 이 밖에도 풍수지리설의 유입과 전통적으로 계승되던 산악숭배사상 등이 산지가람 조성에 많은 영향을 미쳤다고 생각되지만 무엇보다도 산지가람은 불교의 우주관과 깊은 관련이 있다. 수미산을 중심축으로 하는 불교의 우주관을 사찰에 반영하기 위해서는 경사가 있는 산지가 유리한 측면이 있다. 다시 말해 불교의 세계관에 있어 불보살이 거주하는 공간은 수미산을 벗어난 천상의 세계이기 때문에 신앙적인 면에서 불보살을 봉안하는 공간은 천상이어야 한다. 따라서 산지의 완만한 경사는 상징적으로 천상의 세계를 건축에 구현하기에 용이하며, 이러한 내용을 보여주는 사례가 바로 경주 불국사의 청운·백운교와 연화·칠보교이다.

사찰의 입지는 사찰의 기능과도 관련성이 있다. 호국(護國)은 고대 사찰의 성격과 관련하여 끊임없이 거론되는 내용이다. 그러나 사찰의 구체적인 기능과 결부시켜 호국과 국방적 기능은 따로 구분지어 살펴볼 필요가 있다. 가령 신라의 대표적인 호국사찰로 거론되는 황룡사의 예를 들자면 불보살의 위신력에 의지하는 백고좌강회(百高座講會) 등의 법회와 장육존상의 조성과 같은 조상활동을 통해 국가의 안녕을 기원하는 행위를 호국의 성격으로 분류할 수 있을 것이다. 그러나 국가적 위기 상황에서 건립된 황룡사 구층탑은『고려사』열전에 기록된 이의민에 관한 기사와『신증동국여지승람』에 수록된 김극기의 시,『혜심 무의자시집』에 수록된 무의자의 시,『삼국유사』황룡사구층탑조의 일연의 찬을 통해 황룡사 구층탑에는 계단이 설치되어 있었고, 목탑의 2층 이상의 각 층은 실제 사용되었던 보랑이 탑신에서 돌출되게 설치되어 구층까지 올라가 서라벌 전체를 한눈에 조망할 수 있도록 설계되었음이 확인되고 있다. 황룡사 구층목탑이 종교적인 기능과 무관하게 계단을 마련하여 탑 위에 올라갈 수 있도록 설계되었다는 사실은 서라벌 전체를 조망할 수 있는 일종의 군사적 망루의 기능을 동시에 수행하는 탑이었다는 추측이 가능하다. 이러한 기능은 호국의 보다 실천적인 측면에서 국방적 기능으로 분류할 수 있지 않을까한다. 이러한 국방적 기능으로 인해 황룡사 9층목탑은 탑의 건립 연기가 되는 자장율사와 신인의 대화에서도 인국항복(隣國降伏) 구한래공(九韓來貢)이 강조되고 있으며, 안홍의 『동도성립기』를 인용하여 각 층에 대한 상대국의 국명을 구체적으로 명시하고 있다. 그리고 몽고가 불교를 신봉했음에도 불구하고 몽고병사들이 황룡사 구층탑을 불태운 원인 또한 임진왜란 당시 전국의 사찰이 소실되는 이유와 같은 맥락에서 황룡사 구층탑이 순수 종교건축물 이외의 국방적 기능을 동시에 수행했기 때문인 것으로 추정할 수 있을 것이다.

고대 사찰의 기능 가운데 국방과 관련된 사찰의 가장 큰 특징은 지정학적 입지조건을 꼽을 수 있을 것이다. 지정학적 입지조건은 고대 교통로와도 직결된다. 교통로는 사회적 안정기에는 교역과 물자수송, 인구왕래의 동맥역할을 담당하지만 사회가 혼란기에 접어들면 적군의 침투 혹은 도적의 출몰하는 위험에 노출되게 된다. 따라서 교통의 거점에 입지한 사찰들은 국방적 기능과 교통로의 보호기능을 동시에 수행한다고 볼 수 있다. 이들 사찰은 국난의 위기에 처했을 때 경우에 따라 군대가 주둔하거나 군사적인 정보를 수집하는 역할을 수행할 수 있었을 것이다. 그리고 평상시에는 사신의 행렬이나 여행객, 상인 등에게 숙박 등의 편의시설을 제공할 수 있다. 한편 국방과 교통로와 관련된 사찰의 창건과 관련하여 신라의 도읍인 경주에 인접한 감은사 주변의 사찰들이 주목된다. 감은사와 문무왕의 수중릉이 왜구의 출몰이 빈번한 국방상의 요충지에 입지해 있다. 그리고 그 주변에 인접한 골굴암과 기림사, 장항리사지 역시 고대의 해상을 경유한 교통로 국방적 기능과 관련성이 있을 것으로 추정된다. 특히 기림사의 경우 경내에 장군수(將軍水)라는 샘이 있었다고 전하며, 비록 조선시대 건물이기는 하지만 대적광전 맞은편 건물에 진남루(鎭南樓)라는 편액이 걸려 있어 주목된다.

Ⅲ. 사찰건물의 편액

　현존하는 우리나라 사찰 가운데 가장 오래된 목조건축물의 예로는 고려시대에 지어진 안동에 있는 봉정사 극락전을 비롯해 영주의 부석사 무량수전, 예산의 수덕사 대웅전, 황주 성불사 응진전, 심원사 보광전 등을 꼽을 수 있다. 이들 건물 중에서 고려중기 정도의 건립으로 생각되고 양식상으로는 통일신라시대의 수법이라 할 수 있는 건물이 봉정사 극락전이다. 이 건물은 1972년 해체조사시 발견된 상량문에 의해 공민왕 12년(1363)에 옥개부분을 보수하였다는 사실이 밝혀져 건립 년대는 1363년보다 100년 내지 150년 정도 앞선 것으로 학계는 추정하고 있다. 봉정사 극락전 이후의 건물로 부석사 무량수전, 수덕사 대웅전 등 고려 말기의 건물들 세부양식은 역시 봉정사의 그것과 약간씩 차이를 보여주고 있어 이들이 고려적인 건축물들이라고 할 수 있다.

　조선시대에 들어오면서 초기에는 고려시대의 건축양식들이 그대로 전승되다가 고려말 북방의 원나라 영향을 받아 차츰 그 인기를 얻게 된 다포식 건축물들이 조선기에 들어와 급속히 전국적으로 확산되기 시작한다. 보편적으로 사찰의 목조건축(木造建築)에는 다양한 편액이 걸려있다. 이들은 크게 예배의 대상을 봉안하는 전(殿), 각(閣)과 영역의 구분과 출입을 위한 문(門), 루(樓), 그리고 생활공간으로서의 당우(堂宇)로 구별하여 살펴보면 다음과 같다.

	본존	건물명칭
殿 · 堂	석가모니불 (釋迦牟尼佛)	대웅전(大雄殿)·대웅보전(大雄寶殿)·영산전(靈山殿)·팔상전(捌相殿) 등
	비로자나불 (毘盧遮那佛)	대적광전(大寂光殿)·대광명전(大光明殿)·비로전(毘盧殿)·화엄전(華嚴殿) 등
	아미타불 (阿彌陀佛)	극락전(極樂殿)·무량수전(無量壽殿)·수광전(壽光殿)·극락보전(極樂寶殿)·미타전(彌陀殿) 등
	미륵불 (彌勒佛)	미륵전(彌勒殿)·용화전(龍華殿)·자씨전(慈氏殿)·대자보전(大慈寶殿) 등
	관세음보살 (觀世音菩薩)	관음전(觀音殿)·원통전(圓通殿)
	문수보살 (文殊菩薩)	문수전(文殊殿)
	지장보살 (地藏菩薩)	명부전(冥府殿)·지장전(地藏殿)
	나한 (羅漢)	응진전(應眞殿)·나한전(羅漢殿)·오백성전(五百聖殿)

	건물명칭		비고
閣	독성각 (獨聖閣)	나반존자(那畔尊者)·독성(獨聖)	
	삼성각 (三聖閣)	지공(指空)·나옹(懶翁)·무학(無學)	삼화상을 그린 불화가 봉안된다
	영각 (影閣)	조사영탱(祖師影幀)	
	칠성각 (七星閣)	북극성이 신격화된 치성광여래를 주존으로 하고 북두칠성을 비롯한 밤하늘의 여러 별자리들이 신격화된 칠성탱화가 봉안된다.	민간신앙과 불교의 습합
	산신각 (山神閣)	호랑이를 거느린 산신의 그림이 봉안된다.	
	가람각 (伽藍閣)	민간신앙의 터주대감과 유사한 성격으로 추정된다.	
	장경각 (藏經閣)	판전(板殿) 또는 판당(板堂)이라는 명칭으로도 불린다	판고(板庫) 명칭은 격에 어울리지 않는 명칭이다

門	일주문 (一柱門)	일주삼간으로서 회삼귀일(回三歸一)의 법화 사상에 기인	
	금강문 (金剛門)	금강역사·이왕(二王)	
	천왕문 (天王門)	사천왕(四天王)	
	불이문 (不二門)	사찰에 성격에 따라 해탈문, 자하문(紫霞門), 진여문(眞如門), 안양문(安養門) 등의 편액이 걸리기도 한다	
樓	범종루 (梵鐘樓)	불전사물이라 불리는 범종, 법고, 목어, 운판을 두고 조석예불에 울린다.	
	만세루 (萬歲樓)	경우에 따라 다양한 용도로 사용된다. 만세루(萬歲樓), 구광루(九光樓), 보제루(普濟樓), 침계루(枕溪樓), 봉서루(鳳棲樓), 우화루(雨花樓), 보화루(寶華樓), 화장루(華藏樓)	고대 가람의 강당의 기능이 변형된 공간

이밖에 화엄사의 경우 각황전(覺皇殿)이라는 불전에 삼여래(三如來) 사보살(四菩薩)을 —석가·다보(多寶)·미타(彌陀)·문수(文殊)·보현(普賢)·지장(地藏)·관음— 봉안한 예가 있으며, 불국사의 경우 강당(講堂)에 무설전(無說殿)이라는 편액을 달고 있다.

당우(堂宇)는 사찰 구성원들의 주거 및 수행하는 공간을 말하며 그 가운데 수행공간에 해당하는 건물의 편액은 선원(禪院)·강원(講院)·율원(律院)·포살당(布薩堂) 등이 있다. 그리고 주거공간은 요사(寮舍)라고도 하며, 주거공간에 해당하는 건물의 편액은 노전(爐殿)·향로전(香爐殿)·일로향각(一爐香閣)·응향각(凝香閣)·간성각(看星閣)·감로당(甘露堂)·궁현당(窮玄堂) 등이 있다.

조선후기 부산을 알리는 두 키워드, 왜관과 통신사

양 흥 숙

Ⅰ. 조일관계와 왜관

1. 조선전기 왜관

1) 삼포왜관의 성립과 변화

왜관(倭館)은 단어 그대로 일본인이 머무는 곳이라는 뜻을 비롯하여, 일본인 마을 즉, 제팬타운이라고 부르는 이도 있다. 일본인이 한반도로 건너와서 체류하던 곳이라는 의미인데 일본사절이 왔을 때는 숙소가 되었고, 경유지가 되었다. 왜관이라고 짐작할 수 있는 장소를 문헌에서 찾으려면 고려시대로 거슬러 올라간다. 고려시대 일본과의 관계가 활발하였던 문종 때의 기록을 보면 1056년(문종 10) 10월 초하루 일본국 사절 등원(藤原)과 뇌충(賴忠) 일행 30명이 바다를 건너 왔는데 금주(金州), 즉 오늘날 김해에 사절의 객관(使館)을 두고 있다고 하였다. 이 이전에도 일본에 표류된 고려인들이 일본 사절을 따라 들어오는 것이 김해였던 점으로 보아 고려시대에는 김해가 양국 사절, 사절을 따라온 일반민들이 오가던 장소이며, 이들을 위한 왜관이 조성이 되었다.

조선 건국 후에 왜관이 건립되는 것은 고려말 왜구와 관련이 있었다. 수군강화책, 회유책 등 왜구를 근절시키려는 갖가지 방안들이 실행되었다. 투항하는 일본인, 귀순하는 일본인, 조선의 정책에 호응하는 일본 호족에게는 관직을 내리거나 토지·재물·집을 하사하기도 하였다. 점차 왜구가 줄어들고 조선에 살기위해 건너오는 일본인이 늘어났다. 1410년 경상도에 거주하는 일본인이 2,000명이 될 정도였다. 특히 식량과 물, 생필품을 약탈하던 왜구가 더 이상 약탈의 방법이 아니라 시장에서 물품을 안정적으로 구입할 수 있도록 조선의 해안을 다시 열어주는 방안이 마련되었다. 그러자 일본 상인들은 조선의 각 포구에 무질서하게 정박하였다. 이를 크게 우려한 조선에서는 1407년 제포(내이포, 오늘날 진해 제덕동)와 부산포(오늘날 부산

문현동)에만 정박하도록 하였다. 상선뿐 아니라 일본 사절이 탄 선박도 이 두 곳에 정박하였다. 그리하여 제포와 부산포는 조선시대 최초의 개항장, 무역항, 국제항이 되었다. 이 개항 포구에 일본인이 모여들면서 일본인 마을[倭里]을 형성하고, 객관(客館)·상관(商館)·공관(公館) 역할을 하는 왜관이 설치되었다. 일본 사절이 서울에 가서 머무는 곳 또한 왜관이라고 불렀다. 서울 왜관은 1409년 세워진 동평관(東平館)으로, 유구(오키나와) 사절도 이곳에 머물렀다. 동평관에서 밀무역이 자주 발생한다는 기록으로 보아 조선인과 일본인의 잦은 교류를 짐작하게 한다.

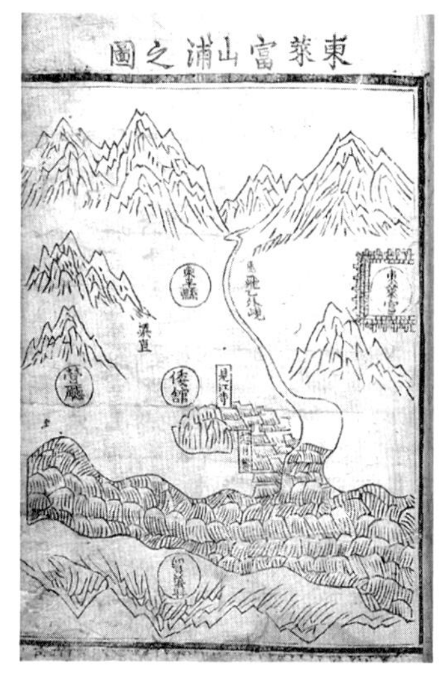

〈그림 1〉 부산포 지도
(해동제국기 수록, 1474년)

2) 왜관에서의 교류와 생활

조일관계가 점차 안정화되자 제포와 부산포에는 바다를 건너오는 일본인들로 혼잡하였다. 왜구를 회유하는 데 공적이 있거나 조선에 투항하는 일본인에게는 토지와 가옥을 지급하기도 하고 왜관 주위의 토지를 가진 일본인에게는 사실상 면세 조치도 있어 왜관을 찾아오는 일본인이 점차 늘어났다. 1423년 염포(오늘날 울산 염포동)를 추가로 개항하였지만 왜관 인구는 늘어나는 추세였다. 제포, 부산포, 염포에 설치된 왜관을 삼포왜관이라고 하고 이곳이 조선전기 한일교류의 중심지였다. 제포, 부산포, 염포 세 곳에 있던 왜관은 그 경관이 유사하다. 〈그림 1〉은 조선전기 부산포를 그린 것이다. 그림 아래에 절영도(영도의 옛지명)와 검은 부분으로 그려진 부산 앞바다가 보인다. 바다와 접하고 있는 육지 가운데 조그만 둥근 산이 보이는데 이것이 지금의 자성대이다. 그 옆 초가지붕이 그려진 곳이 일본인이

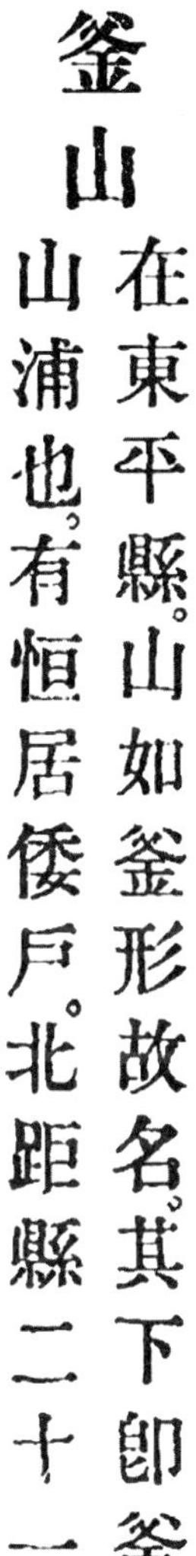

釜山 在東平縣。山如釜形故名。其下卽釜
山浦也。有恒居倭戶。北距縣二十一

〈그림 2〉 釜山
(신증동국여지승람)

살던 왜관이다. 왜관 주변에는 왜관을 지키는 조선 군대가 주둔하고 있고[영청(營廳)], 멀리 오른쪽에 동래부사가 있는 동래성이 그려져 있다. 조선전기에 쓰여진 『신증동국여지승람』에는 부산(釜山) 아래에 부산포(釜山浦)가 있고, 부산포에는 항거왜호(恒居倭戶: 거주하고 있는 일본 가호)가 있다고 적혀있다. 부산포 왜관은 오늘날 부산 문현동 동천 주변으로, 바다를 건너온 일본 상인은 세 포구에서 장사를 하고, 일본 사절은 포구에서 잠시 머물렀다가 서울에 올라가 국왕을 알현하였다. 일본 사절이 머물게 되자 그들의 숙소가 되는 객관이 세워지고, 무역을 위한 창고 등의 건축물도 세워졌다. 이 무렵에는 일본인들이 가족을 데리고 와서 살 수 있었기 때문에 이들을 위한 편의시설도 마련되었다. 왜관 주변에 거주하던 조선인과 일본인의 관계는 '서로 왕래하면서 아비라 부르고 형이라 일컬는다'라고 할 정도였다. 부산왜관 일본인은 조선인에게 농기구와 소를 구입하여 조선인과 섞여 농사를 짓고 살았다. 왜관 주변에는 일본인과 무역하기 위해 모여드는 조선 상인도 많아 경상도 물건이 모두 왜관으로 들어간다고 할 정도였다. 그런데 1419년 대마도정벌, 1510년 삼포왜란, 1544년 사량진왜변 등으로 삼포왜관이 폐쇄되었다가, 다시 개방되는 일이 반복되었다. 1547년 양국이 체결한 정미약조(丁未約條)에는 '가덕도 서쪽으로 접근하는 자는 적왜(敵倭)로 간주한다'라는 조항이 있다. 이 조항으로 사실상 삼포왜관 중 가장 규모가 컸던 제포왜관이 폐쇄된 것을 의미하며, 이 약조 이후에는 삼포왜관 중 부산포

왜관 만이 유일하게 개방되었다. 1547년부터 1876년까지 왜관은 부산포에
만 존속하였다.[1]

2. 조선후기 왜관

1) 부산 왜관의 설치와 공간의 변화

임진왜란 후 일본에서 먼저 국교 재개 요청이 왔다. 조선 역시 일본의 재
침에 대한 위기감이 계속되었다. 또한 양국 사절이 오고가는 가운데 교류
를 위한 장소가 필요하였다. 조선에서는 1547년 이후 부산 한 곳에만 왜관
을 두던 방식을 유지하였다. 또한 일본 사절의 상경로(上京路)가 임진왜란
때 일본군의 진격로가 되었다는 점에서 일본인의 상경을 금지하고 서울 동
평관도 폐쇄하였다. 조선후기에는 부산에 설치된 왜관에서만 조일 외교와
무역이 진행됨으로써, 부산은 대일관계에서 가장 중요한 지역으로 부각되
었다. 도쿠가와 이에야스[德川家康]의 명령을 받고 일본 사절이 처음 국교
재개를 요청하고자 부산에 왔을 때에는 구원군으로 온 명나라 군대가 아직
부산진에 머무르고 있었다. 또한 임진왜란을 일으킨 일본에 대해 적개심이
팽배해 있어 장소를 물색하여 왜관을 설치할 의지도, 여력도 없었다. 그러
나 찾아오는 일본 사절이 머물 수 있는 최소한의 공간은 필요했기 때문에
육지와는 격리된 절영도에 임시 왜관을 두었다. 이것이 1601년에 세워지는
절영도왜관(絕影島倭館)이다.[2]

절영도왜관은 현재 부산시 영도구 대평동에 있었다. 이 왜관은 전쟁 직
후 임시로 마련한 왜관이었기 때문에 일본 사절의 불평이 잦았다. 1607년
경섬이 쓴 『해사록(海槎錄)』에 '왜인 귤지정(橘智正)이 절영도(絕影島)에 왔
는데, 옛날 관사(館舍)는 없어지고 초가집이 보잘 것 없으며 (중략) 크게 성

---

1) 김동철, 「15세기 부산포왜관에서 한일 양국민의 교류와 생활」, 『지역과역사』
   22호, 2008.
2) 김재승, 「絕影島倭館의 存續期間과 그 位置」, 『동서사학』 제6·7합집, 2000.

내며 돌아가려 하였으므로, 두 당상 역관을 시켜 쌀섬을 마련하여 보내주고 위로하게 하였다'고 되어 있어 절영도왜관의 당시 상황을 알려준다.

이러한 절영도왜관의 문제점이 드러나고, 양국 외교 교섭이 진전됨에 따라 새로운 왜관을 조성하였는데, 이것이 1607년 여름에 만들어진 두모포왜관(豆毛浦倭館)이다. 두모포왜관은 1678년 왜관이 초량으로 이전할 때까지 약 70년 존속하였다.

두모포왜관 시기는 조선후기 대일관계에서 중요한 의미를 가진다. 조선후기 대일 관계의 기조를 만드는 기유약조(己酉約條)가 1609년 체결되었고, 왜관과 관련된 기본 체계가 형성되었다. 또한 조일관계가 안정되면서 17세기 중엽에는 조일무역의 전성기가 시작되었다. 그러므로 일본 상인과 무역선이 분주하게 왜관에 들어왔으나, 두모포왜관은 1만 평 남짓의 부지로 늘 부지난에 시달리고 있었다. 늘어나는 무역량에 비해 무역창고가 부족하고, 창고를 지을 터도 넉넉하지 않았다. 특히 두모포왜관은 남풍을 막아줄 어떤 방어시설이 없어 바람이 불면 선박이 전복되는 등 무역에 지장이 초래되었다. 게다가 일본 사절이 왔을 때 머무를 숙소도 부족하여 임시 가옥을 만드는 것이 잦았다. 이러한 두모포왜관의 문제점으로 1640년부터 일본에는 왜관 이전을 요구하였다. 1671년에는 왜관 이전을 교섭하기 위해 온 일본 사절 평성태(平成太)는 이전을 허락하지 않은 조선 측에 불만을 품고 왜관을 마음대로 나와서 동래부로 들어가는 불법적인 사건을 일으켰다. 게다가 동래부에서 평성태가 급사하여, 왜관 이전의 결정적인 계기가 마련되었다. 이리하여 1678년 현재 부산시 용두산공원 부근 초량으로 왜관이 이전되었다. 이 왜관이 초량왜관이며, 신관(新館)에 대해 두모포왜관을 고관(古館), 또는 구관(舊館)이라고 불렀다. 두모포왜관이 있던 곳 주변에는 지금도 '고관 입구'라는 명칭이 남아 있고, 고관 약국과 같은 가게의 상호에도 남아 있다.

1678년 새로 만든 초량왜관은 10만 평에 이르는 부지에 가운데 용두산이 솟아 있었다. 산을 중심에 두고 동관과 서관으로 나누었다. 서관은 일본에서 오는 사절들의 숙소로 쓰였고 동관에는 왜관의 총책임자 관수(館守)가 머무는 관수가(館守家), 대일무역을 하는 개시대청, 외교 교섭을 담당하는 재판(裁判)이 머무는 재판가(이상 동관 3대청)를 비롯하여, 일본 사찰이자 외교문서를 담당하는 동향사, 선창, 뱃사공의 숙소, 무역창고, 일본인 생활에 필요한 가게 등이 있었다. 초량왜관은 2미터 높이의 돌담으로 둘러쳐져 있었고 3개의 문을 가지고 있었다. 왜관 정문은 수문(守門)으로 이 문을 통해 양국인이 왕래가 가능하였다. 담장 밖에는 6곳의 조선군인 초소가 있어 규정을 벗어난 왕래를 감시하였다. 초량왜관 북쪽 밖에는 일본 사절이 왔을 때 연향이 베풀어지는 연향대청(연대청, 현 부산시 광일초등학교 자리)이 있었다. 이곳에 3리 정도 북쪽에 일본 사절이 조선국왕에게 숙배례(肅拜禮)를 거행하는 초량객사와 성신당, 빈일헌과 같은 조선인 역관들의 집무소가 밀집해 있었다.

〈그림 3〉 1872년 동래부 지도에 나타난 초량왜관 주변

〈그림 4〉 왜관도
(변박 작, 1783년)

초량왜관은 200여 년간 존속하다가, 변화를 맞이하였다. 1873년 일본 외부성에 의해 대마도의 대조선외교 업무가 중지되었고, 근대 개항으로 왜관 역할은 완전히 중단되었다. 그러나 개항 이후 초량왜관이 있던 곳에 일본인 전관거류지(專管居留地)가 조성되었고, 관수가가 있던 곳은 이후 일본 영사관, 부산이사청, 부산부청으로 사용되어 1678년부터 1936년까지 부산의 일본인을 다스리는 중심지가 되었다.[3]

2) 왜관과 그 주변 지역의 생활상

왜관의 가장 중요한 역할은 외교와 무역을 수행하는 것이었다. 조선후기에 서울로 사절이 가지 못하자 초량객사에서 숙배례를 행한 후에 왜관에 머물면서 조선 관리와 외교 교섭을 진행하였다. 외교 교섭에 나선 조선 관리는 동래부사가 주축이 되었고, 일본 사절에 따라 접위관이 파견되어 교섭 업무를 도왔다. 일본 사절이 오면 연향대청에서 연향이 베풀어졌는데 이때 조선의 음식, 무용, 음악 등의 문화가 일본인에게 전해지기도 하였다.

조선 내에서 유일한 무역 공간인 왜관에는 양국 상인의 발길이 끊이지 않았다. 조일무역은 국가 간에 이루어지는 공무역, 상인들 간의 무역인 사무역(개시무역)이 모두 왜관에서 이루어졌다. 개시무역은 3일과 8일, 매달 6회로 개시대청에서 열렸는데 상인들은 개시에 만족하지 않고 다양한 루트를 통해 무역 거래를 성사시켰다. 상인들은 밤을 틈타기도 하고, 무역 장소를 바꾸기도 하고, 개시에서는 거래하기 어려운 물품을 거래하여 이익을 챙겼다. 일본 상인에게 가장 인기가 있었던 물품은 조선의 인삼(산삼)과 중국의 견직물이었다.[4] 19세기 무렵에는 조선의 소가죽, 마른해삼이 인기가 있었다. 일본 상인은 일본 은(銀)으로 결제하였다. 조선 상인은 들어온 은으로 다시 중국물품을 수입하는 자본으로 삼았다. 이렇게 하여 왜관은 일

---

3) 장순순, 「조선시대 왜관변천사 연구」, 전북대 사학과 박사학위논문, 2001.
4) 정성일, 『朝鮮後期 對日貿易』, 신서원, 2000.

본 은의 유통경로인 은의 길, 중국 비단의 유통 경로인 실크로드가 만나는 곳이었고, 조선의 상인은 이러한 중국물품과 일본물품 거래를 통해 중개 이익을 취하였다.

　물건뿐 아니라 양국인의 교류도 잦았다. 무역 상인이 아니더라도 동래부사의 허락이 있으면 왜관에 들어갈 수 있었다. 조선의 양반들이 왜관 구경을 하러 가는 모습이 나타나고, 이들은 일본 문인과 시를 짓고 문학을 음미하기도 하였다. 왜관 안에는 동향사란 절이 있고 한문학을 익힌 일본 승려가 상주하고 있어 조선 승려와 만나 시를 나누기도 하였다. 19세기 초의 상황을 적은 『표민대화(漂民對話)』에

> 우리나라에도 봄꽃이 있다는 말은 들었는데 이때까지 全羅道 땅에서 본 적이 없었는데 이 앞 慶尙道 울산에 일이 있어 갔을 때 日本館 근처를 지나 가게 되어 왜관 구경차 한번 갔더니 그때 4월 보름날이었는데 천엽 단엽 다 만발하여 보기 좋았습니다.

라고 기록한 부분이 있다. 이것은 전라도에서 태어난 상인이 울산에 가다가 왜관에 들러 왜관에서 꽃구경을 실컷 했다는 내용이다. 신분이 높지 않은 일반 서민, 상인도 별 어려움이 없이 왜관을 출입하고 있었던 것이다. 일본인도 이러한 사람들의 왕래를 통해 조선의 문화를 습득하였다. 특히 일본인들은 조선의 우수한 문화를 애호하고 특히 조선 화가의 그림을 좋아하여 왜관을 통해 서적과, 그림 등 문화상품을 많이 구입해갔다. 왜관은 외교의 공간, 무역의 공간, 문화 교류의 공간이었다.

　왜관 주변의 거주하던 지역사람들이 경제적 이익을 도모한 곳은 조시(朝市)였다. 조시는 매일 아침 왜관 수문 밖에서 열렸다. 조시는 왜관 일본인이 먹을 채소류, 생선류 등을 파는 생필품 시장이었으나 차츰 대량의 쌀이 거래되기도 하고, 밀무역 장소가 되기도 하였다. 조시에 물건을 팔러 오는 사람은 수백 리 떨어진 지역의 상인도 있을 정도로 조시에서 이득을 취하는 조선인이 늘어났다. 아침마다 일본인과 조선인이 만나는 공간이었기 때

문에 단골이 형성되기도 하고, 양국 사람들의 밀접한 관계가 발전하여 매매춘(賣買春)이 계획되기도 하였다. 그것은 왜관이 500명 정도의 일본 성인 남자만이 사는 공간이었기 때문이었다. 매매춘은 '교간(交奸)'으로 기록되었는데 조선 관리들은 큰 사회문제로 인식하고 범죄화하였다. 『숙종실록』에는 동래부에 조선 여성에게서 난 '왜인의 아이'가 많다고 기록되어 있어 조선인과 일본인과 친밀한 관계를 짐작케 한다.

조일 외교가 안정되고 무역이 왕성하자 동래부 지역사람이 아니더라도 왜관 주변에 거주하는 상인이 생기고 새로운 마을이 생기기도 하였다. 왜관 주변에 거주하는 조선인 여자들은 주로 조시에 나가 장사를 하고, 남자들은 일본인이 넘겨주는 물건을 받아 동래부 장에 가서 팔고 중간 이익을 챙기기도 하였다. 일본에서는 조선의 서적, 화가의 그림이 인기가 많아 이들 물품을 구해주고 구전을 받기도 하였다. 또한 서울의 정치적 동향이나 대일인식 등의 정보를 흘리면서 구전을 얻기도 하였다. 이렇게 되자 조선 조정이나 국왕의 명을 받은 동래부사는 왜관 주변 마을이 기밀 누설과 밀무역, 온갖 불법 사건의 온상이라고 간주하고 대대적인 탄압을 가하였다. 마을 전체를 불태워 없애거나 아예 마을을 이주시킨 경우도 있었다. 1709년에는 동래부사 권이진(權以鎭)이 왜관 북쪽에 '설문(設門)'을 짓고 설문 안에 있던 조선인 마을을 이주시켰다. 왜관 주변을 경계하는 군인을 더 배치하고 양국인의 왕래를 통제하였지만 이미 가깝게 지내면서 익숙해진 민간 차원의 교류를 막을 수는 없었다.5) 이러한 잦은 교류를 통해 일본의 문화가 조선으로 전해지고, 조선의 문화가 일본에 전해졌다. 일본은 조선에서 각종 물품, 서적뿐 아니라 대대적인 약재조사를 실시하는 등 조선의 문화를 가져가는데 많은 노력을 기울였다. 또한 일본인들은 담장으로 둘러쳐진 왜관 생활을 답답하게 여겨 왜관을 마음대로 나와 구덕산이나 주변 경관이

---

5) 金東哲, 「17~19世紀の釜山倭館周邊地域民の生活相」, 『年報 都市史研究』 9, 都市史研究會, 2001.

좋은 곳으로 돌아다니고, 선암사 등 인근 사찰에도 자주 드나들었다. 모두 금지된 것이었으나 틈틈이 왜관 밖 구경에 나섰다. 일본인이 왜관 밖을 나설 수 있도록 허락된 것은 봄, 가을에 두모포왜관 뒷산에 묻힌 자신들의 선조에게 제를 올릴 때였다. 이때를 즈음해서 왜관 밖 구경에 나선 것은 물론이었다. 일본인들이 조선 문화를 음미할 때 왜관 주변 뿐 아니라 수백 리 떨어진 김해지역에도 '왜류(倭流)'의 열풍이 불었다.

19세기 김해지역의 부호들은 묘사한 글에는 부인네들은 일본 양산을 쓰고, 사내들은 일본칼을 차고 일본식 놀이를 즐기고 있다고 했다. 특히 스기야끼란 음식을 아주 선호하였는데, 비단 김해 부호만이 아니라 왜관을 출입하던 조선인들이 이 음식을 상당히 즐겼다고 한다.[6] 조선 관리나 역관이 왜관에 들어가면 일본 음식으로 대접하는데 일본 본토에서 손님에게 대접하는 것보다 더 화려했다. 이렇게 대접받아 즐기던 음식이 왜관 주변 지역까지 널리 소문이 나서 김해지역에서도 비싼 돈을 주고 스기야끼를 사먹는 조선인들이 늘어났다. 왜관에서의 교류가 다양하고 활발해지자 위정자(爲政者)들은 가능한 민간 교류를 막으려고 하였다. 대부분의 지역사람에게는 생계뿐 아니라 더 나은 경제적 이익을 누릴 수 있는 곳으로 왜관보다 나은 곳이 없었다. 다른 곳에는 없는 일본 문화를 향유할 수도 있었다. 지역민에게는 왜관은 점차 익숙한 공간이 되고 생활에 편리한 공간이 되었다.[7]

3. 동래부와 왜관

왜관은 1407년 부산에 설치된 이후 1876년 근대 개항까지 무려 350여 년 이곳에 존속하였다. 왜관이 설치된 중요한 이유 중의 하나가 고려말 왜구

---

6) 다시로 가즈이 지음, 정성일 옮김, 『왜관－조선은 왜 일본사람들을 가두었을까?』, 논형, 2005.

7) 양흥숙, 「조선후기 동래 지역과 지역민 동향－왜관 교류를 중심으로」, 부산대학교 사학과 박사학위논문, 2009.

를 막는 것이었다. 또한 임진왜란 때 일본의 무력을 경험한 조선은, 일본은 늘 전쟁을 일으킬 수 있는 나라로 생각하였다.

동래부는 임진왜란의 첫 격전지이자 패전지인 데다가 칼 찬 일본인이 500명씩 거주하는 왜관까지 있어 중요한 변방지역으로 여겨졌다. 수군을 결집시켜 공격력과 방어력을 높이고 동래부사에게 독자적으로 군대를 움직일 수 있는 권한이 부여되었다. 반면 일본 사절이 왔을 때는 동래부사는 조선을 대표하는 관리로써 외교 의례에 따라 맞이하고 접대하였다. 왜관은 일본 사절

〈그림 5〉 동래독진대아문
(부산시 금강공원 내)

뿐 아니라 무역하러 오는 일본 상인에게도 개방된 곳이었다. 그러므로 조선후기 동래부는 위급시 일본세력을 막아내는 군사요충지이자 부단한 조일관계를 유지해 나가야 하는 외교도시였다. 또한 조선 내 유일하게 외국인이 체류하는 개항장이 있는 도시였다. 이러한 동래부의 의미를 알려주는 유물이 현재 부산시 금강공원 안에 있는 동래독진대아문(東萊獨鎭大衙門)이다. 조선후기에 특별한 역할을 하는 도시였고 수백 년간 왜관이 존속하였지만 아쉬운 것은 왜관과 관련한 유물이 많지 않은 점이다. 그 중 초량왜관을 그린 그림이 많은 편이나, 대부분 일본에서 그려진 것이다. 조선인에 의해 그려진 초량왜관도는 변박이 그린 왜관도가 거의 유일하다. 이 외 왜관 당시의 유물로는 1683년 만들어진 약조제찰비(約條制札碑)가 남아있을 뿐이다.

Ⅱ. 조일관계와 통신사

1. 통신사의 시작

1990년대 말 2002년 아시안게임, 한·일 공동 월드컵을 앞두고 부산시에서 관광상품전략으로 고려한 것 중 하나가 통신사였다. 통신사(通信使)란 단어 그대로 신의(信義), 신뢰를 통하는 사절이란 의미이다. 사절이 오간다는 것은 안정된 외교관계가 유지되는 것을 의미하기도 한다. 조선후기 일본에 파견된 조선국왕사인 통신사는 부산항에서 출발하기 때문에 부산이 가진 해양이미지와 지역적 특성에, 한일문화를 교류했다는 국제성까지 더해져 그 의미가 상당히 부각되었다. 통신사에 대해서 『고려사절요』에 '판전객시사(判典客寺事) 나흥유(羅興儒)가 글을 올려 일본과 화친하기를 청하므로, 흥유를 통신사(通信使)로 삼아서 보냈다'라고 하고,[8] 조선전기 『태종실록』에 '일본(日本) 통신사(通信使) 박분(朴賁)의 행차를 정지하라고 명하였다. 처음에 하윤(河崙)의 건의로써 명하여 박분을 통신사(通信使)로 삼아서, 국서(國書)와 예물(禮物)을 가지고 행(行)하여 경상도에 이르렀는데, 이때에 이르러 정부에서 아뢰었다'라고 기록되어 있다.[9] 즉, 고려 말, 조선전기부터 통신사가 일본에 파견되고 있었다. 박분 일행이 조선전기 기록에서 처음으로 보이는 통신사들이다. 조선전기에는 무로마찌(室町) 막부 장군에게 파견되었는데 그 구성을 보면 삼사(정사, 부사, 서장관)를 비롯하여, 통사(通事), 압물(押物), 의원(醫員), 군관, 나장(악대) 등이다. 1479년(성종 10) 통신사 파견 때는 삼사 각 1명, 통사 3명, 압물 2명, 의원 1명 등 90~100명 정도의 인원이 구성되었다. 중선 1척, 대선 1척을 타고 부산산포 출발하여 쓰시마―이키―하까다―오사카 등을 거쳐 교토에 도착했다. 왕복 9~10개월

---

8) 『고려사절요』 제30권, 辛禑 1, 乙卯(1375).
9) 『태종실록』 14년(1414) 2월 1일(을사).

이 걸렸다.[10] 조선전기에는 통신사란 이름으로 가장 많이 파견되고 그 외에도 통신관, 회례사, 보빙사 등 여러 가지 명칭을 가진 사절도 있었다. 명칭이 다른 만큼 그 파견 목적도 조금씩 달랐다. 고려 말 나흥유 일행은 비록 명칭이 통신사였지만 인접국가 간 상호 친선을 전하기 위한 연락사절 이상의 의미가 없었다.[11] 그러므로 임진왜란이라는 큰 전쟁 이후 찾아온 270여 년간의 전쟁 없는 시기, 즉 평화의 시기를 유지했다는 의미로 조선후기 통신사가 강조되고 있다.

2. 임진왜란 이후 국교 재개와 회답겸쇄환사 파견

임진왜란 직후 도쿠가와(德川) 막부는 도요토미 히데요시와의 정치적 차별성을 드러내고 조선에 양국의 국교 재개를 지속적으로 청하였다. 도쿠가와(德川) 막부는 새로운 정권의 국제적 신뢰를 얻고, 이로 인한 국내 정치적 안정, 그 외 교역을 통한 물류의 안정 등을 기대하였다. 조선 역시 전쟁의 피해가 너무 막대하였기 때문에 일본의 재침에 대한 우려가 상존하고 있었다. 조선에서는 국교 재개에 앞서 1604년 사명대사와 손문욱(孫文彧)을 탐적사(探賊使)[12]로 일본에 파견하였다. 일본의 정세를 파악함은 물론 국교 재개에 대한 일본 막부의 속내를 파악하고자 한 것이었다. 탐적사가 돌아온 후에도 조선 조정은 여전히 결정을 내리지 못하였다. 이후에도 국교 재개의 요청이 계속되고, 일본은 1606년 5월까지 임진왜란 때 잡혀간 5,720여 명의 조선인 피로인(被擄人)을 쇄환하는 성의를 보였다.[13] 일본 측의 이

---

10) 『성종실록』 8년(1477) 1월 8일(정미), 10년(1479) 1월 20일(정축).

11) 한문종, 「朝鮮前期 對日 外交政策 研究」, 전북대학교 사학과 박사학위논문, 1996 ; 손승철, 「조선시대 '통신사' 개념의 재검토」, 『조선시대사학보』 27, 2003.

12) 당시 두 나라가 공식적인 외교를 진행하지 않았으므로 이때의 일본파견을 '사행(使行)'으로 지칭하는 것은 실상을 왜곡시킬 수 있다는 지적이 있다(채상식, 「四溟大師의 일본행과 이에 대한 양국의 태도」, 『한국민족문화』 27, 2006).

13) 內藤雋輔, 『文祿·慶長役におけるの研究』, 東京大學出版會, 1976.

러한 태도에 대해 명확한 대답을 해주지 못하는 외교적 부담감도 여러 차
례 논의되었다.

조선이 국교 재개의 전제 조건으로 내놓은 일본 막부장군의 국서, 피로
인 송환이 모두 이루어지자 국교 재개의 절차는 빠르게 진행되었다. 그 처
음의 결실이 1607년 제1차 회답겸쇄환사의 파견이었다.

<표 1> 회답겸쇄환사의 파견과 쇄환인

파견시기	정사	부사	종사관	파견목적	쇄환 조선인수	비고
1607.1.29~7.3(5개월)	여우길	경섬	정호관	수호(修好), 회답겸쇄환	1240여 명	
1617.7.7~10.18(4개월)	오윤겸	박재	이경직	오사카 평정 축하, 회답겸쇄환	321명	京都까지 감
1624. 10.2~3.5(5개월)	정립	강홍중	신계영	이에미쓰(家光) 즉위 축하, 회답겸쇄환	141명	

이처럼 임진왜란 이후 곧 바로 통신사가 파견된 것이 아니라 회답겸쇄환
사가 세 차례 파견되었다. 대체로 조선후기 통신사에 포함시켜 동일한 사
행으로 인식하기도 하지만 그 파견목적과 역할은 차이가 있었다.

임진왜란 후 국교 재개를 상징하는 사절이었으므로 사절의 명칭을 정하
는데 많은 논의를 거쳤다. 회유사(回諭使), 회답사(回答使), 회답쇄환사(回
答刷還使), 쇄환사(刷還使), 회답겸쇄환사(回答兼刷還使)라는 의견이 개진
되었다. 출발하기 얼마 전 회답겸쇄환사(回答兼刷還使)로 명명되어 사절에
게 급히 통보되었을 정도였다.

회답겸쇄환사는 그 이름에서 임진왜란의 혼란상을 극복하는 것이 주요
목적임을 알 수 있다. 곧 전쟁을 일으킨 국가의 원수가 조선국왕에서 사과
하는 편지를 보내는 것에 대한 회답이며, 무고하게 끌려간 조선인들을 귀
환시키는 것이다. 이 이후에 양국의 국교를 재개한다는 조선 측의 의지였
다. 양국의 신의(信義)를 바탕으로 한 평화교류의 상징인 통신사가 이후 파

견되기 위해서 반드시 선행되어야 하는 절차였다.

　제1차 회답겸쇄환사가 10년에 걸친 일본 측의 요청 끝에 이루어졌는데 제2차 회답겸쇄환사도 쉽게 파견되지는 못하였다. 몇 차례에 걸친 요청 후에야 가능했다. 특히 1617년 무렵에는 중국에서는 후금(後金)의 발흥이 심상치 않았다. 조선은 아직 북방을 대비할 여력이 없었기 때문에 남쪽의 변방을 굳건히 하고, 이러한 긴박한 국제정세 속에서 일본의 상황을 탐지하는데 제2차 회답겸쇄환사 파견의 실제적인 목적이 있었을 것으로 판단된다. 제3차 회답겸쇄환사는 제1, 제2차 회답겸쇄환사와는 달리 일본의 요청이 있고 1년이 조금 지나 1624년에 파견되었다. 당시는 국내외 정세가 많이 변하고 있었다. 1623년 3월 인조반정이 일어나 조선은 새 군주가 통치하게 되었다. 또한 같은 해 7월 일본도 도쿠가와 히데타다(德川秀忠)가 물러나고 도쿠가와 이에미쓰가 막부 장군직을 계승하였다. 일본에서는 두 나라 모두 경사가 생겼으니 지금까지 해왔던 평화관계를 지속하자는 의미로 사절을 요청하였다. 새 막부장군의 즉위에 따른 사절 파견은 1624년 제3차 회답겸쇄환사부터 시작되어 이후 통신사 파견의 중요한 명분이 되었다.[14) 회답겸쇄환사의 구성은 통신사와 거의 동일했다. 정사, 부사, 종사관 삼사가 이끄는 400~500명에 이르는 사행단이었다.

3. 조선후기 통신사

1) 통신사 파견과 여정

　통신사는 조선에서는 통신사, 신사, 일본통신사, 일본에서는 조선통신사, 조선신사라고 불렀다. 1636, 1643, 1655, 1682, 1711, 1719, 1748, 1763, 1811년까지 총 9회 파견되었다. 막부장군의 장군직 계승 등을 축하하기 위해 에도까지 갔다. 단, 1811년에는 쓰시마(對馬島)까지만 갔다.

---

14) 양흥숙, 「17세기 전반 회답겸쇄환사의 파견과 경제적 의미」, 『항도부산』 21, 2005.

『통항일람(通航一覽)』(1853년)이란 일본 책의 서문에서는, 17세기 이후 일본의 교섭관계를 통신의 나라(조선·유구)와 무상의 나라(중국·네덜란드)로 구분하였다. 유구(현 오카나와)는 1609년 이후 사쓰마(薩摩, 현 가고시마)의 지배 아래 있었다. 그래서 실질적인 통신의 나라는 조선뿐이었다.

통신의 나라는 무역은 물론 외교관계의 나라라는 의미로, 일본에게는 조선이 무역만 하는 중국, 네덜란드와는 격이 다른 나라였다. 유일하게 외교관계를 맺은 조선, 조선에서 파견하는 국왕사인 통신사는 일본 막부에게 큰 의미였다. 또한 부산도 통신사가 큰 의미를 가

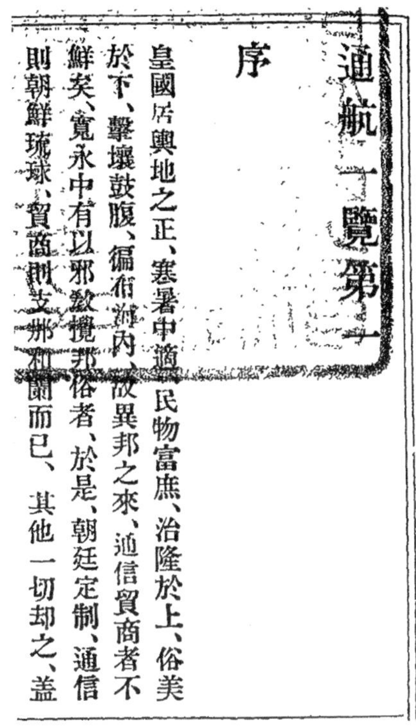

〈그림 6〉 『통항일람』 1권의 서문

졌다. 임진왜란 이후 일본 사절의 상경이 금지되었고, 서울에 있던 사절 숙소인 동평관도 폐지되었다. 그러므로 조일 양국 간의 외교와 무역이 부산에서만 이루어져 부산은 한일 교류의 유일한 통로가 되었다. 특히 조일 양국의 외교를 상징하는 통신사가 부산에서 배를 타고 일본으로 출발하였기 때문이다. 통신사가 파견되는 위해서는 일본에서 먼저 새 막부장군의 즉위를 조선에 알리고, 이후 통신사 파견을 요청하는 사절이 부산에 도착하였다. 조선에서 파견을 허락하면 일본에서는 곧 통신사 맞을 준비에 들어갔다.

일본에서는 통신사 영접을 담당할 총책임자로 '조선어용역 노중(朝鮮御用役 老中)'이 임명되고, 통신사가 쓰시마에 도착하여 에도에 이르는 각 지역의 영주와 긴밀한 협조체계가 만들어졌다. 500명에 이르는 사절단이었기

때문에 숙소 선정, 숙소 신축 및 수리부터 통신사 경호 및 예인 선단의 구성, 정박 항구와 지나는 도로의 정비, 인력과 말의 조달, 음식물 마련 등 많은 준비가 뒤따랐다. 1711년의 경우 일본에서 통신사를 접대하는 데 쓴 비용은 은 100만 냥으로 이는 당시 막부 1년 예산을 초과하는 거금이었다. 이런 이유로 통신사 접대 형식, 파견 인원 등에 대한 논의가 진행되기도 하였다. 일본에서 접대 준비로 분주할 동안, 조선에서는 사절단 구성, 예물 마련, 사행 중 소비할 음식물, 타고 갈 선박 건조 등으로 분주하였다.

사절단은 삼사, 역관, 제술관, 상관, 차관, 중관, 하관으로 나뉘었다. 삼사는 외교 실무를 담당하는데, 당상관의 정사, 당하관의 부사, 정 5·6품의 종사관이다. 상관에는 통역을 맡은 일본어 역관이 여러 명 있었고, 제술관은 외교문서의 초안 등을 담당하였다. 의학에 정통한 의사, 글씨에 능한 사자관, 서기, 화원이 상관에 속했는데, 일본인과의 학술 문화 교류에 대비하여 각 분야에서 출중한 능력을 갖춘 이들이 선발되었다. 차관은 승마술에 능한 마상재(馬上才), 전악(典樂), 선장 등이다. 마상재는 조선 군인으로 말 위에서 무예를 보여주기 위해 파견되었다. 통신사와 무관하게 1635년 일본에 갔다가, 1636년부터—1655년 제외—1763년까지 통신사에 꼭 포함되었다.

중관은 복선장(卜船將), 소동, 사령, 사공, 취수(吹手), 포수(砲手), 기수 등이다. 하관은 풍악수와 격군(格軍) 등이 있었다. 총 인원이 거의 500명에 가까웠다.[15] 사절단 중에는 부산사람도 많이 참여하였다. 대부분 소통사(小通事), 하급 실무직, 사공, 격군(뱃사공) 등이었다. 주로 동래, 부산진, 좌수영, 초량 사람들이다. 특히 통신사에는 신행통사(信行通事, 정원 10명)라는 소통사가 따라갔다. 소통사는 왜관에서 통역을 담당하는 조선인 역관 훈도와 별차를 보좌하는 하급 역관이다. 이들은 왜관 업무를 통하여 일본어에 능숙하고, 일본 정황을 잘 알고 있어 통신사행 때에도 많은 역할을 수행하였다.

---

15) 이원식, 『朝鮮通信使』, 민음사, 1991.

〈그림 7〉 이성린이 그린 부산 (영가대, 1748년)

　통신사의 구성을 마치면 곧 서울을 떠나 부산으로 향하였다. 창덕궁 인
정전에서 삼사 임명식을 거행한 후, 사절단은 남대문을 나와 양재, 판교, 용
인, 양지, 죽산, 무극, 숭선, 충주, 안보, 문경, 유곡, 용궁, 예천, 풍산, 안동,
의성, 의흥, 신녕, 영천, 모량, 경주, 울산을 거쳐 동래부에 도착하였다. 이
중에서 충주, 안동, 영천, 경주, 부산에서 통신사 전별연이 행해졌다. 통신
사 전별연의 간소화를 위해 이후에는 영천과 부산에서만 행해졌다. 영천에
서는 경상감사가, 부산에서는 경상좌수사가 전별연을 주관하였다.16)

　통신사는 일본으로 출발하기 전 가져갈 물품 마련, 인력 보충, 선박 시험
운행, 바다 날씨 점검 등으로 길게는 수개월을 부산에 머물렀다. 많은 수의
사절단이 필요로 하는 물품, 체재비용은 부산과 경남 지역에서 모두 부담
하였다. 사절단은 순항하기 좋은 길일(吉日)을 받고, 부산진의 영가대(永嘉
臺)에서 해신제17)를 올리고 배 6척(騎船 3척, 卜船 3척, 1811년에는 4척)에

---

16) 김동철, 「통신사행과 부산지역의 역할」, 『통신사, 한 · 일 교류의 길을 가다』, 조선
　　통신사문화사업추진위원회 · 경성대학교 한국학연구소, 2003.
17) 신유한(申維翰), 『해유록(海游錄)』 임인년(1719) 6월 6일.

나누어 타고 일본으로 출발하였다.

영가대(永嘉臺)와 해신제(海神祭)

해신제 제문의 일부

유세차 기해 6월 임인 … 대해의 신명(大海之神)에게 제사드리나이다. …왕의 신하인 저희들이 사신의 직책을 받아 어디로 가는가 하면 동으로 일본에 갑니다. 일본은 만리 길인데 바다 밖의 오랑캐 땅입니다. 소박한 제물을 차려놓고 모두 정성껏 비오니, 우리가 잘 가도록 빨리 바람에게 명령한 뒤 …사납고 지친 바람이 없게 하면, 고래가 두려워하고, 악어가 도망갈 것입니다.

사절단은 일본인의 안내를 받으며 배를 타고 쓰시마, 이키를 경유하여, 시모노세키－카미노세키－시모카마가리－도모노우라－우시마도－무로쓰－효고－오사카에 도착했다. 뱃사공 등 약 100명 정도는 오사카에 머물렀다. 나머지는 일본배로 갈아타고 요도가와(淀川)를 지나, 교토 부근에 이르러 다시 육지에 올랐다. 야쓰(野洲)에서 히코네(彦根)까지의 약 30㎞의 교가이도(京街道)는 통신사가 왕래하면서, '조선인가도(朝鮮人街道)'란 별명이 붙었다. 이 길은 장군 전용도로로, 다른 외국사절은 왕래가 허용되지 않았다. 오가키(大垣), 나고야(名古屋), 오카자키(岡崎), 시즈오카(静岡), 미시마(三島), 하꼬네(箱根), 오다와라(小田原)를 거쳐 에도(江戸)에 도착하였다. 왕복 6~12개월이 걸리는 대장정으로, 경유지마다 많은 시와 기행문을 남겼다.[18]

2) 통신사의 역할과 문화교류

회답겸쇄환사에서 통신사로 명명되어 1636년 파견되었을 때, 조선은 청나라의 위압에 견디기 힘든 때였다. 1643년 통신사도 사정은 같았다. 통신

---

18) 辛基秀, 『朝鮮通信使往來』, 勞働經濟社, 1993.

사의 파견 명목은 막부장군 계승을 축하하는 것이었지만, 남쪽을 안정시키기 위해 파견된 사절이었다.

통신사의 가장 큰 의례는 조선국왕의 국서를 막부장군에게 전하는 것이었다. 통신사 일행은 예복으로 갈아입고 에도성 안으로 들어갔다. 국서전달이 끝나면 장군은 통신사를 위로하고 술을 내렸다. 또 통신사가 가져온 많은 선물이 전달되었고 연회가 이어지면서 공식적인 행사가 끝이 났다. 일본에 머무는 동안 각지의 일본인과 유학, 문학, 의학, 미술 등 각 분야에서 활발한 문화교류를 하였다. 각 숙소마다 통신사가 남긴 작품이 많이 남아 있어 이를 반영한다. 『통항일람(通航一覽)』에는 '사절들이 내빙할 때마다 반드시 필담창화(筆談唱和)가 있어, 1682년, 1711년 무렵부터 조금씩 활발해져, 그 책도 백 수십 권에 달한다'라고 하였다. 필담창화한 문집은 현재 수십종에 이른다. 통신사가 숙소에 들 때마다 일본 지역에서 사람들이 모여들어 일일이 필담하기 어려울 정도였다. 통신사 일행은 빨리 짓는 것을 위주로 하기 때문에, 미리 시를 지어 놓았다가 한두가지만 고치기도 하였다. 시문의 증답과 서화의 휘호는 주로 제술관, 서기, 사자관, 화원들이 맡아 하였다. 1763 · 1764년 사행 때 시문을 주고받은 일본인이 천 명을 넘었다고 한다. 이러한 필담이 오가다가 금강산과 후지산 우열 논쟁 등 재미있는 일화가 생기기도 하였다. 또한 조선 문인인 홍세태의 경우는 일본 문인 히토미 유겐(人見友元)과 국경을 초월한 우정을 나타내기도 하였다.[19)]

통신사의 문화 교류 가운데 일본에서 특히 인기가 있었던 것은 마상재 공연이었다. 통신사에 마상재가 포함된 것은 일본 막부장군이 마상재 관람을 희망했기 때문이다. 막부장군이 에도에서 마상재를 관람하는 것을 일본 사료에서는 '곡마상람(曲馬上覽)'이라 하였다. 일본에서는 '조선의 마상재가 천하제일'이라고 할 정도로, 마상재 관람이 인기가 있었다. 따라서 마상재

---

19) 한태문, 「조선후기 통신사 여행문학 연구」, 부산대학교 국어국문학과 박사학위논문, 1995 ; 이혜순, 『조선통신사의 문학』, 이화여자대학교 출판부, 1996.

관련 그림이나 기록이 많은 것은 물론 도장갑과 같은 소품 등에도 마상재 그림이 남아 있다. 마상재는 필담창화, 서화, 음악, 연희 등과 함께 문화교류의 중요한 한 양상이었다.[20] 그 외 통신사는 다양한 역할을 수행하였다. 회답겸쇄환사가 한 것처럼 조선에서 구하기 어려운 군수물자를 수입하기도 하였다. 화약의 원료인 유황, 총, 칼 등을 수입하는 경제 사절로의 성격도 가지고 있었다. 또한 일본 내륙 깊숙한 곳, 에도(현 도쿄)까지 가므로 일본 각 지역을 지날 수 있었다. 지나는 곳마다의 상황, 일본 내륙의 정보를 수집하는 한편 각 지역에 흩어져 있는 조선 피로인 쇄환에도 노력하였다. 특히 일본의 수차(水車) 등 조선의 농업에 응용할 수 있는 기구를 그려온다든지, 1764년 대마도에서 돌아오던 조엄 일행이 고구마를 수입하는 등 일본의 이점을 응용, 수용하려는 노력도 하였다. 그러나 통신사는 일본 현지를 직접 보고 돌아왔음에도 불구하고, 하루가 달리 발전하는 일본사회나 유럽 국가와 교류하면서 변화하는 일본을 대부분 보지 못하였다. 통신사로 파견된 대부분의 조선 지식인은 일본이 야만이라는 인식과 조선의 문화가 우월하다는 인식에서 벗어나지 못한 한계를 가지고 있었다.

통신사는 조선후기에 9차례, 회답겸쇄환사를 포함하더라도 모두 12차례 파견되어, 평균 20여 년 만에 일본에 파견되는 사절이었다. 일본은 큰 비용을 들여, 성대한 접대를 하였고, 통신사 행렬은 일본인에게 큰 이벤트, 구경거리였다. 통신사가 파견되지 않는 때에는 통신사가 지나간 지역을 중심으로 가장행렬이 생겨났고, 지역 축제로 발전하였다. 대표적인 것이 쓰시마의 아리랑마쯔리로, 지금도 매년 8월에 시행되고 있다. 이 외 통신사는 각종 그림, 판화, 삽화집, 인형과 같은 기념품에 남겨지고, 연극의 소재가 되기도 하여 일본 사회에 지금도 전승되고 있다.

---

20) 김동철, 「通信使 隨行, 馬上才의 構成과 活動」, 『조선통신사연구』 3, 2006.

'美術'의 시작, 그리고 회귀

박람회에서 부산비엔날레까지

김 정 선

I. 들어가는 글

본 소론은 '미술'이란 무엇인가라는 극히 평범한 질문에서 시작한다. 별다른 의구심 없이 일상적으로 사용하는 미술이란 단어가 근대에 만들어진 조어(造語)라면 이야기는 달라지기 때문이다.

실제 미술은 19세기 메이지(明治)정부가 근대국가의 체제를 성립하는 가운데 만들어진 신조어로 국가에 의한 제도적 기반 속에서 정착되었다.[1] 이 과정에서 제(諸) 예술을 포괄하던 미술은 지금의 미술, 즉 시각 예술의 의미로 축소, 제한되게 된다. 이러한 '미술'개념의 형성 과정을 전제로 대략적이나마 근현대 미술의 흐름을 살펴보려는 것이 본 소론의 목적이다.

II. 번역어 '미술'의 탄생

미술사의 기원은 근대에 있다. 후술하겠으나 '미술'의 개념은 19세기 이후 일본에서 만들어진 것으로 미술사는 근대에 만들어진 미술이란 개념을 원시, 고대에까지 소급해 적용함으로써 성립한다. 이런 의미에서 미술사의 원류는 근대에 있는 것이다. 이제까지 미술사는 '미술'의 역사적 변천을 밝히는데 머물렀을 뿐 스스로 미술이란 개념의 역사성을 문제 삼은 적은 없었다. 그렇다면 미술개념의 성립은 어떤 것이었을까? 이하 일본을 중심으로 살펴보기로 하자.

'미술'이란 단어가 처음 등장하는 것은 1873년, 일본 정부가 오스트리아 빈에서 개최된 만국박람회에 참가하기 위해 출품목록을 번역하면서이다.[2]

---

1) 미술의 형성사를 살펴보는 연구로는 北澤憲昭, 『眼の神殿 : 美術受容史ノート』, 美術出版社, 1989 ; 佐藤道信, 『＜日本美術＞誕生 : 近代日本の「ことば」と戰略』, 講談社, 1996이 대표적이다.

2) 우리나라에서 미술이란 단어가 문헌상으로 등장하기 시작한 것은 1880년대 무렵

일본은 서양의 문명을 흡수하고 국내에서 박람회를 유치할 목적으로 빈 만국박람회에 대규모의 사절단을 파견하게 되는데, 이때 출품목록에 표기된 독일어 "Darstellung der Wirksamkeit der Kunstgewerbe-Museen"을 "美術(西洋ニテ音楽, 画学, 像ヲ作ル術, 詩学等ヲ美術ト言フ)ノ博覧場ヲ工作ノ為ニ用フル事"로 번역하는 과정에서 처음으로 등장한다. 즉 '미술'이란 Kunstgewerbe의 역문(譯文) 작성 과정에서 만들어진 신조어로 당시에는 음악, 화학, 조각, 시학(詩學) 등을 포괄하는 '예술'의 의미로 정의되었음을 알 수 있다.[3] 그런데 주의할 점은 미술이 이러한 '제 예술'의 의미에서 '시각 예술'의 의미로 축소, 제한되어 가는 과정에 있다. 여기에는 국가의 제도적 뒷받침과 함께 근대가 시각 우위의 시대였던 점이 크게 작용했다고 생각되는데,[4] 예를 들어 박람회는 메이지시대 일본에 있어 '보는 것에 의한 문명개화의 장'으로서 또한 사물을 객관적으로 체계적으로 보는 것을 배우는 '보는 문명개화의 장'으로서 빈번히 개최되었다.[5]

　다음은 이러한 미술 개념이 어떠한 과정을 거쳐 변화되어 갔는가를 국가 주도의 박람회를 통해 살펴보기로 한다.

부터로, 1881년 이헌영이 신사유람단의 위원으로 일본에 다녀와 쓴 견문록인 『일사집략』에 처음으로 보인다. 그러나 이때는 대부분이 행정조직인 '미술국(美術局)', 미술단체인 '관고미술회(觀古美術會)' 등 시설, 제도를 지칭하는 단어로 등장하며, 미술에 대한 개념 인식은 1900년대를 통해 확산되었다고 볼 수 있다.(홍선표, 『한국근대미술사』, 시공아트, 2009, 51쪽)

3) 이후 미술이란 단어는 1876년 공부성(工部省)에 설치된 공부미술학교라는 학교명, 다음 해 개최된 내국권업박람회 출품구분의 명칭 등으로 사용되면서 사회적으로 인지되게 된다. 이처럼 미술은 국립 학교, 관설 박람회 등 국가 주도의 제도, 시설을 통해 보급되었다.

4) 서양의 근대는 중세의 청각 우위의 지각질서를 시각 우위로 전환함으로서 시작되었다고 볼 수 있다.

5) 北澤憲昭, 『境界の美術史』, ブリュッケ, 2001, 11쪽.

Ⅲ. 볼거리(見世物)에서 '미술'로

'미술관' 역시 미술과 마찬가지로 메이지 초기 서양에서 이식된 개념이다. 그러나 이와 유사한 기능, 즉 귀중한 것을 보존하고 전시 공개하는 기능이 그 이 전에 전혀 없었던 것은 아니었는데, 예를 들어 절에서 보관하고 있던 비불(秘佛) 등을 일반 신도들에게 일정기간 공개하는 사원의 개장(開帳)이나 사원의 불상, 기물, 서화 등을 다른 곳에 가져가서 보여주는 출개장(出開帳), 에도(江戶) 후기 본초학의 성행과 더불어[6] 각종 약재, 표본 등을 모아서 전시하는 물산회(物産會), 약학회(藥學會) 그리고 서화 전람회, 서화회[7] 등이 현재의 박물관, 박람회의 기능을 대신하고 있었다.

의학관 약품회 (『尾張名所圖繪』中)

---

6) 18세기 일본에서는 국부의 손실이 심한 금은의 해외 유출을 막고, 빈민구제 차원에서 일상생활과 직결되는 한약재를 중국 수입에 의존하지 않고 일본 내에서 자체 생산하고자 하는 기운이 높아지게 된다. 이에 막부(幕府)에서는 전국 각지에 채약사(採藥使)를 파견하여 조사케 하고, 각 영지(領地)에서도 식물 채집, 재배에 동참하는 등 전국적으로 본초학이 성행하게 된다.(이중희, 『일본 근현대 미술사』, 예경, 2010, 16~17쪽)

7) 서화전람회는 일종의 품평회, 서화회는 주로 그림을 파는 것을 목적으로 한 모임으로 식사와 술이 제공되었다.

오랜 기간 신기한 볼거리와 오락을 대중에게 제공했던 각종 행사들은 그러나 근대화와 더불어 이입된 서구의 박람회, 박물관이란 새로운 제도 속에서 '미술'과 '비(非)미술'의 경계는 뚜렷해진다.

1) 유시마성당(湯島聖堂)박람회
: 1872년 3월 10일~4월 말 / 유시마성당 대성전(大成殿)

1872년 유시마성당 박람회 모습

(昇斎一景, 〈博覧會緒人群集之圖〉, 神戸市立博物館 소장)

문부성(文部省) 박물국(博物局)에 의해 개최된 최초의 박람회이다. 진열품은 전년도에 열렸던 대학남교(大學南校: 문부성의 전신) 물산회의 자료와 다음 해 있을 빈 만국박람회의 참가 준비를 겸해서 전국에서 수집하였다. 박람회 출품 목록에 의하면 진열품은 황실 소장품을 비롯해 고기구물(古器舊物)과 박제, 표본 등의 천연물을 중심으로 600여 종에 달하며, 광범위한 종류의 전시였음을 알 수 있다. 3월 30일까지의 전시는 연일 관람객의 수가 3,000명을 넘는 대성황 속에 4월 말까지 연장되었다.

특히 실외에서 단기간에 끝나던 볼거리와는 달리 유리 진열케이스가 늘어선 실내, 그리고 케이스 안의 진열품은 당시 관람자들에게 신선한 충격을 주었을 것으로 짐작된다. 일본 박물관의 효시로 알려져 있다.

2) 빈 만국박람회
: 1873년 5월 1일~11월 2일 / 프라터(Prater) 공원

오스트리아 황제 프란츠 요제프 1세의 치세(治世) 25주년을 기념하여 개최되었다. 일본이 빈 만국박람회에 참가한 목적에는 일본 국토의 풍요로움과 훌륭한 전통 기술을 해외에 소개하고, 출품한 산물 및 공예품 등의 수출 증가와 서양 근대 문화의 습득 및 새로운 기술의 양성, 그리고 박물관의 창설을 통한 박람회 개최 등이 포함되어 있었다.

1871년 공식 참가 요청을 받은 일본은 각 부현(府縣)의 특산물을 2점씩 수집, 만국박람회와 박물관의 상비진열품으로 삼았다. 일본관에는 도기, 칠기, 칠보, 직물 등 전통적인 공예품과 대형 전시품으로는 긴샤치(金鯱: 천수각의 지붕 끝에 부착하였던 금박을 입힌 물고기 모양의 장식물) 가마쿠라(鎌倉) 대불(大佛)을 본뜬 종이 모형, 텐노지(天王寺)의 오층탑 모형이 전시되었다. 빈 만국박람회의 참가는 본격적인 박람회 건설 및 내국권업박람회 개최 실현을 위한 중요한 계기를 마련했다는데 큰 의의가 있다.

3) 제1회 내국권업박람회(內國勸業博覽會)
: 1877년 8월 21일~11월 30일 / 우에노(上野) 공원

내무대신 오쿠보 도시미치(大久保利通)는 "부국강병, 식산흥업(殖産興業)"의 슬로건 아래 내정(內政)을 제일로 하는 적극적인 근대화 정책을 추진하게 되는데 내국권업박람회는 바로 그러한 권업 정책의 일환으로 개최되었다.

제1회 내국권업박람회는 미술관을 중심으로 좌우 대칭으로 동본관(東本館)과 서본관(西本館)을 설치하고, 광업·야금술(冶金術)·제조물·미술·기계·농업·원예의 총 6개 권역별로 나누어 전시하였다. 박람회의 중심적 건

물인 미술관은 '미술관'이란 명칭을 사용한 최초의 건물로,8) 특히 신기한
조수충어(鳥獸蟲魚), 광물, 고대의 기와, 곡옥 등의 출품을 막고 장래성 있
는 실용적인 물품, 국가 내외에 널리 팔 수 있는 것, 상품가치가 있는 것 등
을 출품하도록 지도하였다.

제1회내국권업박람회 미술관 외관
(『明治十年內國勸業博覽會列品写真帖』,
1887년, 尼崎市教育委員會 소장)

東京名所上野公園地內國勸業博覽會美術館之圖
(三代歌川廣重, 1877년, 神戸市立博物館 소장)

---

8) 다른 건물들이 목조(木造)였던 것에 비해 미술관은 벽돌로 지어진 서양풍 건축물
   로 이는 박람회 폐회 후 박물관으로 사용하기 위함이었다. 실제 관동대지진으로
   대파되기 이전까지 박물관 부속 1호관 겸 2호관으로 사용되었다.

4) 제3회 내국권업박람회
: 1890년 4월 1일~7월 31일/ 우에노(上野) 공원

제3회 내국권업박람회에서 눈에 띄는 점은 미술부문에 포함되어 있던 '서화(書畵)'가 폐지된 점이다. 제1, 2회까지만 해도 회화는 서화로서 미술부문에 포함되어 있었으나 제3회부터 서와 화가 분리되어 화는 제2부 미술 중 제1류(類) 회화에, 서는 제5류 각종 판사진(版寫眞) 및 서류(書類)에 속하게 된다. 이는 회화를 서화일치(書畵一致)의 동양적 발상에서 벗어나 독립된 장르로서 미술에 편입하고자 했던 정부의 의도를 보여 주는 것으로, 제2회까지 서화에 포함되어 있던 공예적 출품물이 제3회부터 미술공업으로 독립된 사실 역시 이러한 계획을 뒷받침한다. 게다가 이 시기부터 미술부문에 한해서 감별규정에 따라 출품에 제한을 두는 등 미술에 대한 인식 개선이 강조되고 있는 점 역시 주목할 부분이다.[9]

이상과 같이 1872년 동경박람회까지만 하더라도 박제 표본 등 이전의 볼거리적인 요소들(見世物)이 계승되던 양상은 빈 만국박람회를 거쳐 식산흥업을 목적으로 개최된 제1회 내국권업박람회에 이르면 그 자취가 사라지게 된다. 대신 일본 최초로 설치된 미술관에는 "서화, 사진, 조각 그 외에 모든 제품이 정교해야 하고 그 미묘(微妙)를 나타낸 것"이 이른바 '미술품'으로 전시되면서 이제 미술과 비미술의 경계는 뚜렷해지는 듯이 보인다. 그러나 실제 전시품에는 화병, 테이블, 필통 등 현재의 미술개념과는 차이를 보이는 것이 많았고, 1890년의 제3회 내국권업박람회가 되어서야 서화가 폐지되고 공예부가 신설되는 등 미술은 제도적으로 '시각예술=미술'의 지위를 보장받게 된다. 비로소 미술은 일상생활과 분리되어 순수성과 자율성을 추

---

9) "제2부 감별심득(鑑別心得)"에는 "극히 졸렬한 것에 한해서는 이를 거절할 것(極メテ拙劣ナルモノハ之キ拒絶ス可シ)"이라 하여 미술품과 비미술품을 구별하려는 의지가 강했음을 알 수 있다.

구할 수 있게 된 것이다. 비록 이것이 문명개화와 국수주의라는 제도권의 철저한 뒷받침 속에 획득된 것이라 할지라도 현대미술은 바로 이러한 미술의 성립을 가능케 했던 제도적 비자립성을 초월하여 철저한 자율성을 모색하려는 데서 시작된다.

Ⅳ. '제 예술'로의 회귀

1. 모더니즘에서 포스트 모더니즘으로

세계에서 가장 유명한 변기와 세제 상자이다. 이들은 기존의 미술 관념 자체를 흔들어 놓았고, 아직까지도 막대한 영향을 미치고 있다. 왜일까?

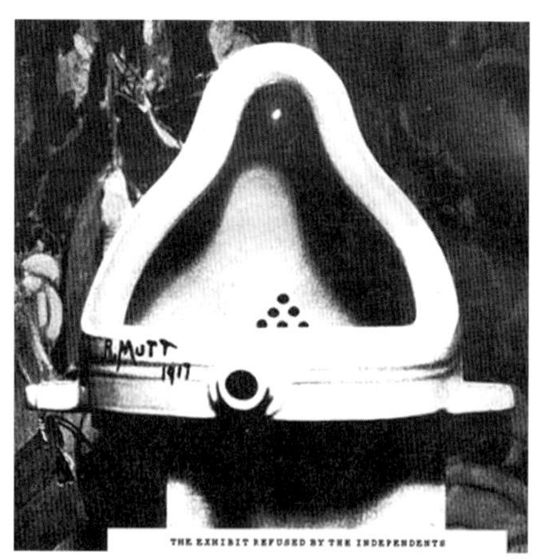

샘(fountain)

(마르셀 뒤샹, 1917년)

브릴로(brillo)박스

(앤디 워홀, 1964년)

이들의 전략적 승리를 언급하기 이전에 먼저 대략적이나마 근현대예술의 흐름을 훑어볼 필요가 있는데, 이는 더 이상 현대예술이 사물의 재현이나 고대의 모방을 원론으로 삼지 않기 때문이다. "과거에는 예술가와 관람자 사이에 공유되는 코드(code)가 있었다. 예술가는 이 코드를 이용해 메시지를 만들어 냈고, 관람자는 코드를 바탕으로 작품이라는 메시지를 해독할 수 있었다. 그러나 현대예술은 메시지가 아닌 코드를 창조하려 한다. 가령 피카소가 위대한 것은, 그가 리얼리티를 재현하는 새로운 코드(입체파)를 구현했기 때문이다."라는 진중권 씨의 설명처럼 뒤샹과 워홀의 변기와 세제 상자가 현재까지 회자되는 이유 역시 이들이 새로운 코드를 대변하는 ‘작품’이기 때문일 것이다.

19세기 말 전통에 대한 부정에서 시작된 서구 모더니즘[10] 미술은 눈에 보이는 가시적 세계에서 벗어나 색채나 선, 형태, 구성을 통해 개인의 주관을 강조하는 다양한 사조들(추상주의, 표현주의, 초현실주의, 레디메이드 등)에 의해 진행되었다. 이들은 과거의 미적 규범과 가치관에 대해 철저한 결별을 선언했으며, 더 이상 정신적 메시지를 전달하는 감각적 매체도, 가시적 사물의 재현을 목표로 하지도

검은 사각형 (말레비치, 1913년, 캔버스에 유채, 국립러시아미술관)

않는다. 주제는 사라지고 남는 것은 형식의 유희, 순수한 형태와 색채의 구성뿐이다. 예를 들어 말레비치의 〈검은 사각형〉을 보자. 여기서 사물을 특

---

10) ‘모던(modern)’이라는 단어는 ‘현대의’, ‘신식의’, ‘새로운’이라는 의미로 약 5세기경 초기 기독교 사회가 고대 로마와 비교하여 자신들을 모던하다고 생각한데서 사용되었다. 그 후 모던은 ‘ancient’라는 단어와 대립되는 자기 시대의 새로움을 인식하는 의미로 사용되게 되는데, 근대성 또는 현대성으로 번역되는 ‘모더니티(modernity)’는 이러한 모던한 사회 현상을 의미하는 역사적이고 철학적인 개념이다.(김영나, 『20세기의 한국미술』, 예경, 1998, 302쪽)

징짓는 모든 차이는 사라지고 없다. 형태는 가장 단순하고 간결한 사각형으로, 색은 모든 차이를 지워 버리는 검은색으로 환원되어, 어떠한 상상 가능한 이미지도 전달하지 않는다.[11] 이처럼 대상의 재현에서 벗어난 회화는 철저히 2차원 평면의 세계로 돌아갔으며 예술의 순수성은 보장받게 된 것이다. 그러나 1960년대 중반 이후부터 모더니즘 자체가 하나의 권위를 형성하게 되고, 근대화에 따른 물질문명의 부정적 측면, 즉 빈부격차, 정신적 소외, 인종차별, 핵무기의 위협 등에 대한 반발은 1970년대 새로운 가치 체계의 틀을 요구하기에 이른다. 포스트(post) 모더니즘은 이처럼 모더니즘으로는 현 시대의 다양한 문화 현상이 설명될 수 없다는 사고에서 나온 것으로, 근본적으로는 근대사회에 대한 반성이며 비판이다.

모더니즘 작가들이 과거 미술을 부정하고 새로운 형식에 몰두했다면, 포스트 모더니즘은 그동안 억압되었던 주변적인 것들, 예를 들어 제3세계나 동성연애자, 대중문화와 같은 특정한 역사적 상황이나 성(性), 집단의 정체성 등이 미술의 형태를 결정짓는다. 이는 구체적인 방법을 통해서도 드러나는데, 모더니즘이 옹호했던 매체의 독자적 성격, 순수성, 독립성이 무너지면서 혼합된 형태가 등장하고 장르의 한계가 해체되면서 완성된 작품보다는 지속된 시간의 경과와

다다익선 (백남준, 1998년,
1003대의 모니터와 철구조물, 국립현대미술관)

---

11) 이처럼 어떠한 대상도 없는 비대상적 세계를 표현한 자신의 예술세계를 말레비치는 '절대주의(Suprematism)'라 불렀다.

관람자와의 관계와 참여가 중요한 요소가 되는 퍼포먼스, 비디오 아트, 설치미술 등이 나타나게 된다.[12] 이제 노골적으로 작가는 만화, 광고, 신문 등의 상업적 이미지를 예술에 도용하고, 자전적 이야기, 공예적 수법 등을 사용하여 일상과 예술의 경계를 허물어 버린다. 미술과 비미술의 분리에서 ‘제 예술’로의 회귀는 이제 막 시작된 것이다.

2. 부산비엔날레

비엔날레(biennale)는 2년에 한번 열리는 미술전시회를 말한다. 비엔날레는 원래 "격년(2년에 한번)"을 뜻하는 이탈리아어지만, 1895년 베네치아에서 이탈리아 국왕의 결혼 25주년을 축하하기 위해 개최하기 시작했던 미술전시회의 공식 명칭으로 ‘베니스 비엔날레’가 채택된 이후, 지금은 격년제 국제 미술전시회를 일컫는 단어로 통용되고 있다.[13] 현재는 전 세계적으로 120여 개가 넘는 크고 작은 비엔날레, 트리엔날레(3년에 한번 개최)가 개최되고 있는데, 아시아에서는 광주 비엔날레(1995년)를 시작으로 상하이 비엔날레(1996년), 후쿠오카 트리엔날레(1999년), 요코하마 트리엔날레(2001년), 부산 비엔날레(2002년), 싱가포르 비엔날레(2006년) 등 1990년대 이후 그 수가 증가하고 있는 추세이다.

부산비엔날레는 부산을 중심으로 태동하여 한국 미술 문화 발전에 기여해 온 부산 청년 비엔날레(1981년), 바다 미술제(1987년), 부산 야외 조각 심포지움(1991년)을 하나로 통합하여 2002년 출범한 부산을 대표하는 국제 미술전이다. 올해로 다섯 번째를 맞이하는 부산비엔날레는 2002년 ‘문화에서 문화로’, 2004년 ‘틈’, 2006년 ‘어디에서나(EveryWhere)’, 그리고 2008년 ‘낭비’

---

12) 김영나, 앞의 책, 1998, 310쪽.
13) 베네치아 비엔날레, 미국의 휘트니 비엔날레(1932년 창설), 브라질의 상파울루 비엔날레(1951년 창설)는 역사와 혁신성, 규모 등에 힘입어 세계 3대 비엔날레로 불리 운다.

를 주제로 다양한 해석의 틀을 사용해 현대미술 읽기를 시도해 왔다. 그러나 한편으로 이러한 시도가 "한국의 미술문화를 진흥하고 지역미술의 특성화와 창작활동을 고취하여, 지역 미술의 국제적 위상 향상과 현대미술의 저변확대를 도모함을 목적으로 한다."는 조직위원회의 개최 취지에 부합하는지는 비판의 여지가 있다. 현대미술이 추구하는 다양성, 자율성과 정부의 경제적 지원 아래 지역의 특수성(부산이라는)을 지향하는 비엔날레는 처음부터 모순된 출발점에 서있는 것처럼 보이기 때문이다. 실제 비엔날레는 동시대 미술을 소개하는 장으로서, 평소에 보기 힘든 세계 각지의 미술을 한자리에 모아 미술관계자 및 주민들의 국제 교류를 도모함을 목적으로 한다. 그러나 이러한 대규모 국제전의 배후에 각국의 정부가 국가적 차원에서 이미지 개선과 관광, 지역 경제의 활성화 등 고부가 가치의 문화 인프라를 구축하는 새로운 마케팅과 홍보의 전략적 도구로 비엔날레의 창설을 서두르고 있는 현상을 부인하기 힘들기 때문이다.[14] 관람객의 수가 곧 관광수익과 직결되어 도시의 지위를 격상시키고 이익을 창출하는 것이 개최의 중요한 요인이 된다는 점에서, 비엔날레는 근본적으로 "문화의 자율성과 예술적 발언의 자유를 실천하는 장"[15]으로서 성공할 수 없는 구조 속에 놓여 있다. 이러한 예는 곳곳에서 찾아 볼 수 있는데, 제3회 부산 비엔날레에서 클라우스 포비치의 〈W-돼지〉라는 누드 작품이 해운대경찰청의 압력을 견디지 못하고 속옷을 입혀야 하는 수모를 겪은 일은 그러한 대표적인 사례이다. 이러한 일련의 사건은 최근 아시아 비엔날레들에서 공통적으로 지적되고 있는 정체성에 관한 문제와도 직결된다. 서구 비엔날레의 무분별한 답습과 이를 통해 문화 강국으로서의 '국가 경쟁력'을 보여 주고자 하는 정부의 의지는 '부국강병'과 '식산흥업'이란 슬로건 아래 서구의 만국박람회를 이입하고 했던 백여 년 전의 모습과 별반 다르지 않아 보인다. 2010년, 이제

---

14) 이원일, 「아시아 비엔날레 개최의 의미와 전망」, 『신라대학교 예술연구』 제8집, 21~22쪽.

15) 오현미, 「'아시아의 열등감'을 전시하는가」, 『한겨레 21』, 2006년 11월.

는 문화적 열등감과 서구 중심의 패러다임에서 벗어나 부산 비엔날레만의 새로운 가치체계를 확립해야할 시점에 온 것은 아닐까.

　오는 9월 11일부터 ‘진화 속의 삶’을 주제로 제5회 부산 비엔날레가 개최된다. 생산자 중심이 아닌 수용자 중심의, 그리고 대중성 강화를 화두로 내건 이번 전시가 어떠한 가능성을 보여 줄지 귀추가 주목되는 이유이기도 하다.

W–돼지
[클라우스 포비치, 파나플렉스에 실사,
2006년 부산비엔날레(리빙 퍼니처)]

한국의 근대도자

장 동 철

Ⅰ. 머리말

　한국의 도자기 역사는 선사시대부터 통일신라시대까지의 토기, 고려시대의 순청자와 상감청자, 조선시대의 분청사기와 백자 등의 다종다양한 한국의 도자문화를 창출해 왔다. 그러나 이처럼 유구한 문화기반은 19세기 후반 조선관요(朝鮮官窯)인 분원(分院)이 민영화되면서 기존의 위치를 상실하게 된다. 서구의 신기술 수용이 요구되던 개화기의 상황에서 분원이 서서히 몰락하자 조선백자의 위상이 크게 흔들릴 수밖에 없었고 공예의 개념을 새롭게 변모시키기에 역부족이었던 시대상황은 한국 근대도자의 등장을 암울하게 만들었다. 여기에 1876년(고종 13) 일본과의 병자수호조약에 의거하여 공식적인 개항이 허용되자 국내로 일본자기들이 본격적으로 진입했지만 이를 대신할 수 있는 국가의 정책적 조치가 미비하여 조선 요업은 본질적으로 바뀌기 시작했다. 이후 봉건사회의 틀을 벗고 근대국가체제를 갖추기 위해 일으킨 갑오개혁(1894년)과 우리고유방식으로의 근대화를 추진하고자 했던 대한제국(1897~1910년)의 탄생 등 근대화를 이루려는 노력이 대두되었다. 근대도자의 핵심적 위치에 있었던 일제강점기(1910~1945년)는 일제의 간섭과 강요에 따른 구조의 재편과정을 통해 도자기 생산은 자율성을 상실하게 되었고 도자문화도 탈바꿈해갔다. 이처럼 한국도자사에서 근대도자는 격동하는 국제정세와 함께 파란을 겪었다. 그러나 근대도자는 일제강점기를 전후한 도자문화의 쇠퇴성만을 강조할 수 없으며 이를 부각시키는데 그쳐서도 안 될 것이다. 그 이유는 급변하던 정세에 적절하게 대처할 수 없었던 조선의 운명이 자의적인 것이 아니었으며 특히 이러한 척박한 상황에서도 일부 장인(匠人)과 구왕실(舊王室)이 주축이 되어 도자문화 및 산업을 회생시키기 위해 적지 않은 노력을 기울였기 때문이다.

　이 글에서는 근대도자의 형성기인 분원의 민영화로부터 중심기인 일제강점기까지의 흐름을 중심으로 이 시기의 변화된 도자제작양상을 이해해 보고자 한다.

Ⅱ. 근대도자의 기점과 전개

1. 분원의 민영화

분원은 조선시대 최상급 백자 생산을 담당하였던 관요(官窯)이다. 19세기 후반 상업자본의 발달을 배경으로 중국 청대의 다채자기(多彩磁器)들이 대량으로 국내에 수입되었고 왕실에서도 이를 애용하게 되었다. 이무렵 분원상황은 이미 상인들이 변수(邊首)가 되어 영리를 목적으로 한 운영방식으로 전환되었고 품질이 떨어진 내용이 1874년에 발표된 『분원변수복설절목(分院邊首復設節目)』의 기록에서 확인된다. 결국 1884년 12명의 민간업자에게 운영권이 넘어감으로써 분원은 민영화되며 분원은 부채 100여만 냥을 떠안고 1896년 공식 폐지되었다.[1]

한국근대도자의 기점을 설정하는데 있어서 근대라는 개념을 서구화·산업화·대중화라는 경향으로 규정지어볼 때 분원 중심의 조선시대 도자에서 이러한 특징들이 구체화되기 시작한 것은 고종(高宗) 21년(1884)에 분원의 경영이 민간으로 넘어가면서부터라고 할 수 있다. 분원에서 생산된 그릇의 명칭과 가격, 관납처(官納處)인 호조(戶曹)와의 관계 등 여러 절목(節目)은[2] 『분원자기공소절목(分院磁器貢所節目)』(〈그림 1〉)에 자세히 기록되어 있다. 민영화를 계기로 도자의 수요층이 서민들로 확대되고 분원의 제작장인(製作匠人)들이 이탈하면서 개인적으로 설립한 도자공장들이 출현하기 시작하여 도자가 대중화·대량생산화 되는 특징들이 나타나 도자의 제작방식이나 양식에서 새로운 변화를 예감할 수 있는 근거가 되기 때문이다. 따라서 한국근대도자의 기점은 분원이 민영화되는 1884년으로 볼 수 있으며 해방이 되는 1945년까지 이어진다.[3]

---

1) 엄승희, 「한국근대기의 도자」, 『근대산업도자기 그릇, 근대를 담다』, 인천광역시립박물관, 2009, 145~146쪽.
2) 윤용이, 『광주 분원리요 청화백자』, 이화여자대학교박물관, 1994, 121쪽.

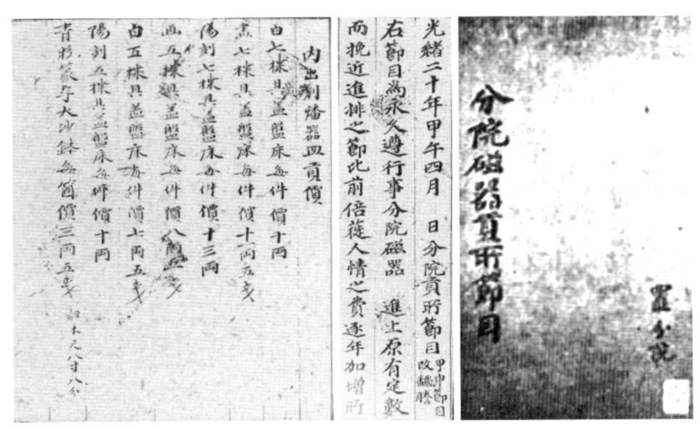

〈그림 1〉『분원자기공소절목(分院磁器貢所節目)』
(조선 1894년 서울대학교도서관)

2. 대한제국기의 도자

1897년 고종이 대한제국의 새 날을 선포함으로써 우리나라는 정치·사회·문화적으로 근대국가로의 도약을 모색하기 시작하였다. 이 무렵부터는 '공예'라는 신조어에 대한 인식이 새롭게 생겨났으며 도자제작에도 그 영향이 파급되었다. 공예라는 단어는 분원이 민영화의 길로 접어들기 직전인 1881년부터 개화의 동향을 파악하기 위해 일본 및 미국 등을 공식 방문한 신사유람단과 조선보빙단 등을 통해 국내에 유입되어 처음으로 공식 사용되었다.[4] 이 당시 통용된 공예는 '인공적산물(人工的産物)'을 통칭하는 개념을 지녔고 특별히 디자인된 개별적인 공산품으로서의 의미는 미약했다. 그러나 공예는 근대화의 상징인 기계의 사용을 통해 수공방식체제를 탈피하거나 이를 기반으로 한 새로운 제작방식을 구축할 수 있다는 판단 하에 자유스럽게 사용될 수 있었다. 특히 이러한 개념 수용의 선봉에 있던 장지연은 공예의 진흥이 나라의 부국과 부강을 도모할 수 있다는 견해를 『대조

---

3) 송기쁨, 「한국근대도자 연구」, 홍익대학교 대학원 석사학위논문, 1998, 3쪽.
4) 최공호, 『한국 현대 공예사의 이해』, 재원, 1996, 15~16쪽.

선독립협회회보(大朝鮮獨立協會會報)』와 『황성신문(皇城新聞)』 등에 실었다.5) 이 글들은 공예가 더 이상 일국의 문화사업으로 관장되는 것에 그치지 않으며 국가의 정책산업으로서 인식되고 발전되어야 한다는 권고문이었다.

　이러한 근대 공예의 이념은 1900년에 이르러 개화파가 주도권을 장악하면서 완전히 안착되는 분위기였다. 그 영향하에 우선 왕실에서는 1908년 전통공예의 복원과 계승을 위해 어용지기소(御用之器所)인 한성미술품제작소(漢城美術品製作所 1908~1910년)를 설립하였고 조직은 도안실(圖案室), 제작실(製作室), 사무실(事務室) 등 3개의 실을 두었고 제작실 산하에는 금공부(金工部), 염직부(染織部), 제묵부(製墨部) 등의 3개의 부를 두었다.6) 또한 대한제국 정부는 실업교육을 관장하기 위한 목적으로 1899년 관립농상공학교(官立農商工學校)를 설립하였고 1907년에는 공업전습소(工業傳習所)로 개편하면서 도기과(陶器科)에서는 도기와 자기(磁器) 기술을 교육하였다7)(〈그림 2〉). 1908년에는 애국단체인 상동청년학우회, 대한매일신보와 비밀결사단체인 신민회, 독립운동가이자 민족기업이었던 남강 이승훈 등이 주동이 되어 부국강병차원에서 근대식 도자공장인 평양자기주식회사(平壤磁器株式會社)를 설립하기도 했다8)(〈그림 3〉). 그러나 도자에 관한 관심을 가진 왕실·정부·지식인들은 궁극적으로 봉건사회를 완전히 해체하면서 근대화를 향한 서구의 문명수용을 적극적으로 전개하지 못했다. 이들은 오히려 기존의 질서를 유지하면서 매우 제한적이고 한시적인 수용을 허가함으로써 균형적이지 못하거나 비효율적인 생산체제 및 제작의욕에 국한시켜 놓았다. 그러자 이미 피폐할 데로 피폐해져 있던 분원 및 지방가마는 더 이상 고급수요층을 형성할 수 없었고 고급백자의 공급 부족 현상이 나날이

---

5) 최공호, 「위암 장지연의 공예관」, 『고고미술』 182, 한국미술사학회, 1989, 34~42쪽.
6) 송기쁨, 앞의 논문, 1998, 24쪽.
7) 위의 논문, 22쪽.
8) 「평양군 자기 주식회사 찬성문」, 『대한협회회보』 제9호, 1908, 51~52쪽.

심화되자 왕실을 비롯한 대부분의 민간인들은 수입해 들여온 각종 산업자기의 사용이 불가피해졌다.[9]

〈그림 2〉 공업전습소 도기과
(1910년대 중반)

〈그림 3〉 생활자기
(1910년대, 평양자기주식회사,
『매일신보』 지면광고)

수입자기는 영국·프랑스 등의 유럽자기와 특히 일본자기의 유입이 활발히 이루어졌다. 당시 유럽과 일본의 자기들은 왕실에 진상되거나 왕실에서 외국 사신들을 접대하거나 외국공사들이 직접 사용하기 위하여 국내로 유입되었다.[10] 자기는 오얏꽃의 문양[11]과 금이나 다양한 채색을 한 음식용기가 대부분이다(〈그림 4, 5〉). 결국 근대도자를 발전적으로 전개했어야 할 이 시기가 분원의 체제 개편 및 대한제국년간의 새로운 시도들에도 불구하고 수입자기에 대응할만한 역량이 발휘되지 못하는 등 제작구조에 따른 구심점을 찾지 못하였으며 근대화를 향한 혁신의 기회는 거의 상실되고 말았다.

---

9) 엄승희, 앞의 논문, 2009, 147쪽.

10) 인천광역시립박물관, 『근대산업도자기 그릇, 근대를 담다』, 2009, 44쪽.

11) 오얏꽃 문양은 황실문장인 자도(紫桃)꽃으로 한 꽃잎에 세 술이 놓인 다섯잎꼴로 깔끔하게 정리되어 대한제국의 성립 바로 전에 독립문(1896.11.21~1897.11.20)의 이맛돌에도 새겨졌다. 나라와 황실의 권위와 상징으로 삼았다. 강순형, 「대한제국 황실 생활 유물」, 『오얏꽃 황실 생활유물』, 궁중유물전시관, 1998, 5쪽.

〈그림 4〉 백자금화오얏꽃문접시
(탕기, 1907년경 일본도기회사, 국립고궁박물관)

〈그림 5〉 백자다채나팔꽃문주자
(20세기 유럽, 국립고궁박물관)

Ⅲ. 일제강점기의 도자

1910년 일본으로부터 강제 병합되어 국권을 상실한 일제강점기는 최고 권력기관이었던 조선총독부가 시행한 제도와 정책에 따라 국정이 좌우되었다. 산업·경제는 총독부 산하 식산국 상공과가 총체적인 업무를 수행하는 가운데 공업화정책이 다양하게 시행되었다. 그 중 도자산업은 그들의 요구에 부합할 수 있는 이권사업으로 관장되었으며 체계적인 도자정책을 통해 구체적으로 시행되었다.12)

일제강점기 도자기의 제작상황에는 많은 변화를 맞게 된다. 첫째, 일본인이 경영하는 청자재현품 공장에서 제작기술을 익힌 장인(匠人)들에 의해 전통자기인 청자가 재현되었다. 둘째, 관요가 폐요된 이후 왕실이 주도가

---

12) 엄승희, 「1910년대 『매일신보』에 나타난 중앙시험소의 요업정책」, 『일제의 식민 지지배정책과 매일신보—1910년대』, 두리미디어, 2005, 249~250쪽.

되어 이왕직미술품제작소(李王職美術品製作所)를 설립하여 왕실의 그릇을 제작하였다. 셋째, 조선미술품전람회(朝鮮美術品展覽會)에 도자기를 출품하게 됨으로써 도자기를 기능이 아닌 예술작품으로 인식하는 개념으로 제작이 되었다. 넷째, 기계의 사용과 새로운 제작방식, 대량생산의 시스템에 의해 산업도자기가 생산되었다.

1. 재현자기(模造磁器)

한국에 청자재현품 공장이 들어선 것은 1908년 도미타 기사쿠(富田儀作)가 평안남도 진남포에 설립한 삼화고려소(三和高麗燒)로[13] 제작품은 고려청자의 재현품이다(〈그림 6〉). 1911년에는 도미타 기사쿠가 다시 서울 묵정동에 설립한 한양고려소(漢陽高麗燒)에서 일본인 제작자와 함께 한국인으로는 유근형(柳根瀅)이 고려청자 제작기술과 상감조각(象嵌彫刻)을 배웠다. 이듬해에는 황인춘(黃仁春)이 가마일을 맡게 되었

〈그림 6〉 청자상감모란문매병
(삼화고려소, 1908년 개인)

다.[14] 한양고려소에서는 고려청자 재현품을 제작하였다(〈그림 7〉). 1918년에는 카이 겐타로(香椎源太郎)가 부산에 일본경질도기주식회사(日本硬質陶器株式會社)를 설립하여 여러 종류의 식기(食器)를 제작하여 수출하였다[15](〈그림 8〉).

---

13) 인천광역시립박물관, 앞의 책, 2009, 158쪽.

14) 유근형, 『고려청자』, 홍익제, 1982, 196~217쪽.

15) 엄승희, 앞의 논문, 2009, 151쪽.

〈그림 7〉 청자모란문향로
(한양고려소. 1911년 개인)

〈그림 8〉 백자다채 발, 접시, 잔
(일본경질도기주식회사. 1918년)

2. 이왕직미술품제작소(李王職美術品製作所)

　이왕직미술품제작소는 일제강점기의 후반까지 약 30년 동안 운영되면서, 우리나라 근대 공예의 흐름에 핵심적 구실을 담당했던 공예품 제작시설이다. 이왕직미술품제작소의 설립배경은 관청수공업체제가 붕괴되어 국가적 차원에서의 지원이 결여되고 외래문물과 기계생산품의 유입으로 수공업 생산품이 경쟁관계에 놓이게 되었으나 재래적인 방식으로 대량생산의 물량을 제작해 나가는 과정에서 전통적인 수공예 기술이 쇠퇴하였고 그 영향이 권위와 상징적인 성격이 강한 왕실기물에까지 파급되어 이에 대응할 제도적 장치의 필요성에 따른 것이었다.

　이왕직미술품제작소의 명칭은 한일합방과 함께 조선총독부가 대한제국 황실의 관리와 제반 업무를 총괄하던 궁내부(宮內部)의 직제를 1910년 12월 30일에 발표된 황제령(皇室令) 제34호에 근거하여 '이왕직(李王職)'이라는 새로운 명칭으로 바뀌었다. 조직은 도자부(陶磁部)가 신설되어 제작실의 규모가 더욱 확장되었다. 도자부에서는 창덕궁 후원에다 가마를 놓고 청자와 백자를 구워낸 '비원자기(秘苑磁器)'로 불렸다. 이 비원자기에 대해서는

〈그림 9〉 비원자기, 이왕직미술품제작소
(1910년대 중반 김진갑 사진첩)

"작년(1918년) 4월부터 시작한 비원자기는 매우 평판이 좋아서 시인묵객(詩人墨客)이 비상히 환영하는 바 비원자기라는 것은 종래 이왕가(李王家)에서 사기 굽던 법을 연구한 결과 비원에서 구워낸 것으로 시중에서 파는 것과는 딴판이다."라는 『매일신보(每日申報)』의 기사로 보아 당시까지도 국내의 전통적인 도자기 제작법을 계승 발전시킨 것으로 보인다.[16] 그러나 비원자기에 관한 구체적인 내용은 알 수 없으나 이왕직미술품제작소의 도자기의 예가 확인된다(〈그림 9〉).

3. 주식회사 조선미술품제작소(株式會社 朝鮮美術品製作所)

주식회사 조선미술품제작소가 1922년 초부터 일본인에게 매도될 것이라는 기사가 동아일보를 비롯한 당시의 신문에서 빈번하게 다루어졌다. 이러한 움직임은 이왕직 시기 이후부터 점진적으로 나타나기 시작했다고 할 수 있다. 제작과 운영권 전반이 1920년에 가까워질수록 점차 일제식민지 세력

16) 송기쁨, 앞의 논문, 1998, 25~27쪽.

의 주도적 흐름에 편입되어 갔으며, 1922년에 들어와서는 그동안 형식적으로나마 인정해 오던 이왕직의 직영권 마저 박탈하여 일본인 중심의 주식회사 체제로 재편하기에 이르렀다.

주식회사 체제의 상업적인 영향을 짙게 반영한 듯 제작품은 고려청자의 재현품이 대부분이며 일본적인 취향이 반영되어 전통적인 조형감각은 상실되었다(〈그림 10〉). 특히 이 시기에는 일본인에게 장악당한 운영권의 향배와 관련하여 전반적으로 일본화 경향이 심화되었으며, 이 때문인지 판매량은 앞 시기

〈그림 10〉 고려청자(향로, 주전자, 편병, 호)
[1920년대 중반 조선미술품제작소(추정)]

보다 저조했다. 점차 쇠퇴 일로에 놓인 조선미술품제작소는 1930년대에 들어와 운영에 소강상태를 보이다가 1937년을 전후한 시기에 심각한 경영난에 봉착하여 마침내 폐쇄 되고 말았다.[17]

4. 조선미술전람회(朝鮮美術展覽會)

조선미술전람회는 1921년에 창설되어 1922년 1회전 개최를 시작으로 주로 서양화와 동양화 등의 회화(繪畵)위주로 운영되어 왔으나, 1932년 11회전부터는 공예부(工藝部)가 신설되었다.[18] 공예부에는 도자기 이외에 칠기(漆器), 염직물(染織物), 자수(刺繡) 등 다양한 분야의 작품이 출품되었다. 이후 1944년의 23회까지 지속되었으나 작품의 실태를 파악할 수 있는 경우

---

17) 위의 논문, 26쪽.
18) 이경성, 「한국근대미술서설」, 『한국근대미술연구』, 동화출판사, 1974, 48~49쪽 ;
　　오광수, 「조선미술전람회」, 『한국현대미술사』, 열화당, 1995, 43쪽.

는 1940년의 19회전까지이다. 공예부의 도자기출품은 일부 한국인과 다수의 일본인이었으며 출품작은 재현청자가 대부분이었다[19](〈그림 11, 12〉).

〈그림 11〉 김완배, 청자해태형향로
[제13회 조선미술전람회(1934년)]

〈그림 12〉 무네타카 타케시(宗 高猛),
청자상감동화포도문주자
[제17회 조선미술전람회(1938)]

5. 산업자기

  일본에 의해 자행된 1937년 중일전쟁과 1941년 태평양전쟁으로 인해 본격적인 전시체제(戰時體制)로 돌입하게 됨에 따라 국내의 도자기생산이 위축되었다. 그것은 이때부터 한국의 산업이 일본의 전쟁을 위해 군수산업과 중화학 공업위주로 발전하였으므로 식기(食器)는 생산우선 순위에서 처져 생산이 원활하지 못했기 때문이었다. 또한 전쟁물자를 조달하기 위해 한국인의 가정에 있는 놋그릇까지도 공출당해 식기의 품귀현상까지 나타나고 있었다.
  '행남사(杏南社)', '충북제도사(忠北製陶社)'와 같이 현재 한국에서 산업도

---

19) 송기쁨, 앞의 논문, 1998, 51~64쪽.

자기 회사로 자리매김한 도자기공장들은 일제말기에 이와같은 배경에서 설립되었다.[20] 행남사는 김창훈이 1942년 전남 목포시 산정동 292번지에 설립하였다.[21] 충북제도사는 행남사가 설립된 이듬해인 1943년에 충청북도 청주시 우암동 214번지에 '충북제도사'가 설립되었으며 충북제도사는 '한국도자기'의 전신(前身)이다.[22] 행남사·충북제도사·한국도자기 등의 도자기공장에서는 조선시대 청화백자문양인 '壽'字文, '福'字文, 초화문(草花文) 등을 시문(施文)한 청화백자식기를 제작하였다(〈그림 13, 14, 15〉).

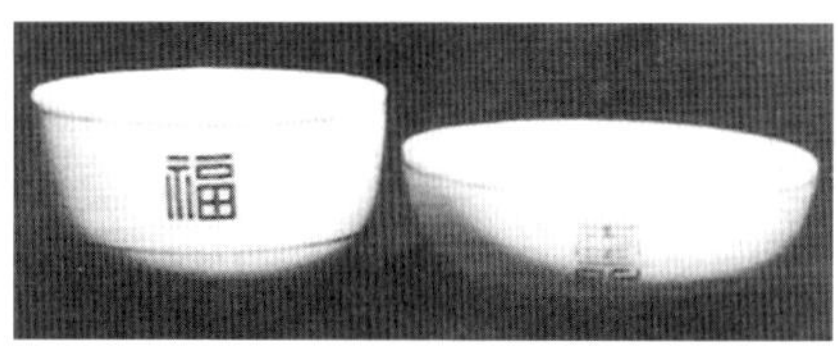

〈그림 13〉 백자 '壽福'字文대접
(행남사, 1940년대 초)

〈그림 14〉 백자 '壽福'字文대접
(충북제도사, 1953년)

〈그림 15〉 백자초화문대접
(한국도자기, 1959년)

---

20) 행남사, 『행남사오십년사』, 1992, 111쪽.
21) 위의 책, 109쪽.
22) 위의 책, 121~126쪽.

Ⅳ. 맺음말

지금까지 근대도자의 형성기인 분원의 민영화로부터 중심기인 일제강점기까지의 흐름을 중심으로 이 시기의 도자제작양상을 살펴보았다. 19세기 후반 민영화된 분원이 서구의 문물을 수용하여 근대화된 제작 의지를 발현시켜 보기도 전에 단명하게 되자 조선도자는 생산기반이 총체적으로 흔들리기 시작했다. 그것은 분원의 민영체제가 왕실재정의 고갈로부터 비롯되어 운영 초기부터 자금이 원활하지 못한 것을 비롯하여 개항과 더불어 국내로 유통된 수입자기에 대항할 만한 기술력이 미비했음에도 불구하고 운영권자들은 오로지 영리만을 추구했기 때문이다. 따라서 이후 조선백자는 더 이상 왕실의 권위와 지배층의 이념을 보여주는 위세품이나 의례품으로서의 성격이 사라지게 되었고 품질은 도기와의 구별이 곤란할 정도로 하향 평준화되었으며 양식상으로 본연의 전통을 급속도로 상실해 갔다. 근대의 전개기에 해당하는 대한제국년간은 이러한 상황에 대항할 수 있는 여러 제도적 장치를 개화세력과 애국계몽운동가들이 중심이 되어 일부 마련하였다. 그런데 이 시점은 일본의 내정간섭이 시작되어 조선왕실의 권위가 상실된 때였기 때문에 근대화를 향한 노력들은 제대로 된 결과를 내기 전에 잠식되었으며 오히려 수입자기의 물량이 늘어가면서 조선백자가 설 자리는 보다 줄어들었다. 무엇보다 근대도자를 암울하게 만든 결정적 상황과 요인은 일제강점기에 접어든 시기에 형성된 도자문화 및 산업의 변질로부터 비롯되었다. 조선총독부가 중심이 되어 시행된 각종 도자정책들은 향후 조선의 도자산업을 급변하던 서구의 근대화에 전혀 부흥하지 못하고 오히려 역행하도록 했으며 전통미감은 청자재현사업 등이 관장되는 과정에서 답습과 모방의지만을 남겨놓았다.

현재 근대기에 형성된 이와 같은 도자문화기반에 대한 비판의 목소리가 높다. 그러나 이 시기에 형성된 문화적 병폐의 소용돌이를 계속해서 방관하거나 비판하는데 그친다면 우리의 도자문화를 제대로 회귀시키는 일은 요원해 질 수밖에 없다. 지나치게 과거의 역사에 집착해서도 안되겠지만 고난의 시간을 다시 한 번 성찰함으로써 새롭게 거듭날 수 있는 방향이 모색될 것이라 기대한다.

앞으로 현대 도예가와 도자사학자들은 21세기 한국 도자문화의 정체성을 세워야 할 의무를 생각하고 또한 우리 정서에 걸 맞는 문화를 찾아 정립하는 길을 우선시 하여 그 과제를 풀어나가야 할 것이다. 이 과제의 해결이야말로 한국의 도자기가 도약할 수 있는 지름길일 것이다.

■ 참고문헌

김영원, 『조선시대 도자기』, 서울대학교출판부, 2003.

강경숙, 『한국도자사』, 일지사, 1989.

강순형, 「대한제국 황실 생활 유물」, 『오얏꽃 황실 생활유물』, 궁중유물전시관, 1998.

송기쁨, 「한국근대도자 연구」, 홍익대학교 대학원 석사학위논문, 1998.

이경성, 『한국근대미술연구』, 동화출판사, 1974.

인천광역시립박물관, 『근대산업도자기 그릇, 근대를 담다』, 2009.

엄승희, 「1910년대 『매일신보』에 나타난 중앙시험소의 요업정책」, 『일제의 식민지 지배정책과 매일신보－1910년대』, 두리미디어, 2005.

엄승희, 「한국근대기의 도자」, 『근대산업도자기 그릇, 근대를 담다』, 인천광역시립박물관, 2009.

윤용이, 『광주 분원리요 청화백자』, 이화여자대학교박물관, 1994,

오광수, 『한국현대미술사』, 열화당, 1995.

최공호, 「위암 장지연의 공예관」, 『고고미술』 182, 한국미술사학회, 1989.

최공호, 『한국 현대 공예사의 이해』, 재원, 1996.

행남사, 『행남오십년사』, 1992.

길과 장시(場市)

육로, 수로, 철도와 5일장의 사람들

허 영 란

Ⅰ. 여는 말

시장은 보통사람의 활기와 생명력으로 가득한 곳이다. 가진 것 없는 서민들이 치열하게 살아가는 활력의 공간이기 때문이다. 삶에 지쳐 고단한 사람들은 시장에서 보통사람들이 품어내는 뜨거운 숨결을 보며 에너지를 충전하고 새로운 삶의 의욕을 발견한다. 특히 '재래시장' 혹은 '전통시장'은 현대적인 백화점이나 할인점과는 여러 면에서 대조적인 장소이다. 지금은 아케이드를 설치하고 편의시설을 정비하며 상품권을 배포하는 등 시대에 부응하는 경쟁력을 갖추기 위해 변신하고 있지만 그러한 재래시장의 역사적 전신은 장시, 즉 5일장이다.

산업사회로 접어든 오늘날의 재래시장이 서민의 시장이라면, 농업이 중요산업이었던 시절에 장시는 농민의 시장이었다. 농민들은 단순히 장시의 이용자가 아니라 스스로 장시를 성립시키는 주체였다. 지금은 농업의 축소와 농촌의 공동화로 인해 장시도 예전의 모습과 많이 달라졌다. 그러나 20~30년 전까지만 해도 농촌은 물론이고 도시 외곽에서 열리던 5일장의 위세는 대단했다. 생활양식이 급속히 변화하면서 세련되고 편리한 상품유통 시스템이 도입되었지만, 그럼에도 불구하고 사람들은 장시나 재래시장에서 맛볼 수 있는 사람 냄새, 그들의 활력을 그리워한다. 그것이 5일장 기행과 같은 관광상품이 전통에 뿌리를 둔 서민적 문화콘텐츠로서 주목을 끌고 있는 배경일 것이다.

지금도 전국 각지에서는 5일마다 장이 열린다. 트럭이나 승용차에 상품을 실은 상인들은 장시망을 따라 '순회'를 한다. 이러한 장시를 역사·문화적 관점에서 해석하려면 그곳에서 거래되는 물건만이 아니라 그곳에서 만나고 스쳐가는 '사람들'을 살펴야 한다. 장시의 내면만이 아니라 장시가 맺고 있는 외적 구조 또한 보아야 한다. 세월의 흐름 속에서 장시의 대면적 특징은 약화되어 왔다. 5일장이라는 형태를 유지하는 경우에도 생필품 거래라는 경제적 기능 중심으로 그 의미가 축소되고 있다. 이 글에서는 그러한 장시가 격동의 근·현대를 거치면서 내적, 외적으로 어떤 변화를 겪었으며 그 과정에서 장시의 사람들이 무엇을 경험했는지 생각해 보고자 한다.

Ⅱ. 장시, 아날로그의 장소

장시는 구체적인 장소이다. IT기술의 발달과 함께 무한대로 영역을 확장하고 있는 디지털 공간과는 전혀 다른, 아날로그적 공간이다. 디지털의 특징이 얼굴 없는 접촉이라면, 장시의 특성은 사람과 사람이 빚어내는 직접적인 접촉이다. 그러므로 시장의 활력에 대한 추억은 결국 사람에 대한 그리움인 셈이다.

오늘날 시장은 점점 더 추상화되고 있다. 현실의 시장보다 인터넷쇼핑몰과 같은 가상의 시장이 더 빠르게 성장하고 있는 것이다. 가격형성과 상품거래라는 경제적 기능만을 가지고 말한다면 이제 아날로그적 장소는 그다지 중요하지 않다. 상품거래의 상당 부분이 구체적인 장소를 필요로 하지 않기 때문이다. 그런 점에서 사람과 사람이 만나서 일상의 필수품을 교환하는 재래시장이나 장시는 시대의 흐름을 역류하는 장소라고 할 수도 있다. 사람과 사람, 물건과 물건, 가계와 가계가 만나는 곳, 그것들이 접촉하고 교환되는 교류의 장소인 장시. 이러한 장시의 특징은 경제적 기능 외에도 다양한 사회적, 문화적 기능을 아우른다는 점이다. 사람들은 시장에서 정치사회적 정보나 개인들의 소식을 교환하고 평소에 보지 못하는 이웃을 만나며, 소박한 놀이와 오락을 즐기고 일상에서 잠시 벗어난다. 인터넷과 같은 발언의 방식이 없었던 시절에 시장은 엘리트가 아닌 보통 사람이 익명의 사람들 가운데서 자신의 목소리를 내고 함께 연대하여 부당한 권력에 맞서는 저항의 장소이기도 했다.

장시는 5일마다 한 번씩 정해진 날짜에 특정한 장소(대개 길거리나 천변 공터 등이다)에서 열린다. 5일마다 약속된 장소에 농민들과 상인들이 모여든 것으로 장시가 성립되며, 이곳에서는 상품의 교환과 거래 말고도 다양한 사회문화적 활동이 이루어진다. 농민들은 상품의 판매자이면서 구매자였고, 뉴스의 수요자이면서 공급자였다. 장날에는 모아두었던 통신, 납세, 기타 용건을 처리하고, 각종 유흥과 오락을 즐기기도 했으며, 음주와 노름 등으로 일상의 압박에서 잠시 일탈하기도 했다. 농민들은 특별한 용무가 없더라도 5일이나 10일에 한 번은 장으로 향했다. 장날에는 장터 주변에 거주하는 영세민에게 화물 운반하기, 행상, 노점 등과 같은 일거리들이 주어졌다. 그런 그들에게 장시는 소중한 생계의 터전이었다.

향시(鄕市)나 장문(場門) 등으로 불렸던 지방의 장시는 15세기 말 삼남지방에서 생겨나기 시작했다. 흉년을 극복하고 생활난을 타개하기 위한 유무상통(有無相通)의 교환이 사회적 제도로서 정착한 것이었다. 16세기 말이 되면 미약하나마 5일 간격의 장시망이 형성되기 시작한다. 하나의 장시를 이용하는 사람들의 범위를 장시권이라고 한다면, 그러한 장시권들이 접촉하면서 개시일을 달리하여 연쇄적인 관계를 형성한 것이다. 17세기 말에서 18세기 초에 걸쳐 그러한 장시망은 삼남지방을 중심으로 하되 전국으로 확대되는 양상을 보인다. 농민의 주거지가 확산되고 수공업과 상품화폐경제의 발달이라는 사회구조적 변화를 배경으로 나타난 변화였다. 당시에 장시는 폐쇄적인 촌락공동체 안에서 농경에 종사하며 가계를 유지하는 소농민을 위한 교환체제였기 때문에, 자본주의체제 하에서의 장시와는 달리 자급자족적 분배경제의 일부로서 역할하고 있었다고 보아야 할 것이다.

〈표 1〉에서 알 수 있듯이, 개항 이후에도 장시는 지속적으로 증가하여 일제말기에는 1,400개 내외가 개설되었다. 해방 이후에는 북한지역의 사정에 대해서는 알 수 없다. 그러나 남한의 경우 1970년대 중반에 서울을 끼고 있는 경기도에서 조금 감소했을 뿐 전통적인 삼남지방의 장시 증가가 괄목할 수준이라는 것을 알 수 있다. 다시 말해 경제개발계획에 의해 산업화가 본격적으로 시작된 1960~1970년대에도 지방에서는 장시가 가장 중요한 생활시장이었으며, 5일장 형태의 시장에 대한 의존도가 줄어들지 않았다는 것

을 웅변하고 있는 셈이다.

<표 1> 장시수의 변화

	경기도	충청도	전라도	경상도	황해도	평안도	강원도	함경도	계
동국문헌비고 (1770)	101	157	216	278	82	134	68	28	1,064
만기요람 (1808)	102	157	214	276	82	134	68	28	1,061
임원경제지 (1830년대)	93	158	188	268	109	143	51	42	1,052
증보문헌비고 (1908)	102	162	216	283	82	134	68	28	1,075
조선총독부통계연보 (1920)	97	141	182	292	107	170	97	128	1,211
조선총독부통계연보 (1940)	111	159	199	333	114	271	155	246	1,435
국립농업경제연구소 조사(1976)	95	189	235	442			85		

* 일제시기 통계에는 상설시장이 포함되어 있으며, 그 수치는 전체의 5% 이내임.
* 자료 가운데 국립농업경제연구소조사(1976)는 김성훈, 『韓國農村市場의 制度와 機能研究』, 국립농업경제연구소, 1977에서 인용했음.

일제시기에 농민들은 촌락을 무대로 가족노동력을 농사일과 각종 부업에 쏟아 부어 생계를 유지했다. 장시는 그러한 농가경제를 외부 세계와 연결시켜주는 매개체였다. 농민들이 생산한 농산물과 땔감, 숯, 채소와 과일 등은 장시를 통해 외부로 팔려나갔다. 그들의 생활에 필요한 성냥, 석유, 옷감, 고무신, 물감 같은 외부의 상품을 사들이는 장소 역시 장시였다. 자본주의 경제체제가 도입되면서 농가와 촌락의 경제생활은 외부경제와 더욱 긴밀하게 연결을 맺게 되었다. 그에 따라 고립성이 강한 촌락을 다른 촌락이나 농가와 연결시키는 교환관계였던 장시의 성격이 변화했다. 장시는 개별 농가와 촌락을 한국 전체의 경제, 나아가 일본 제국주의의 경제와 연결시키는 매개고리가 되었다. 식민지 조선의 물자와 용역은 농촌에서 도시로, 내륙지역에서 철도역을 거쳐 항구로, 그리고 일본으로 빠져나갔다. 장시 역시 그러한 새로운 네트워크의 일부로 적응했다. 이처럼 시대의 변화 속에서 전통적 성격은 유지하면서도 새로운 기능과 역할을 수용함으로써 장시의 성격은 복합적으로 변화해왔다.[1]

　장시의 또 다른 힘은 이러한 적응력에 있다. 장시는 비단 구체적인 시간, 구체적인 장소가 아니라, 지역과 지역, 경제와 경제를 연결하는 연쇄적인 접촉의 체계(장시망) 안에서 작동한다. 개별 장시의 외부는 다양한 길에 의해 다른 장시, 다른 경제와 연결된다. 그러한 장시의 길 또한 시대에 따라 변화해 왔다. 1900년대부터 1910년대에 걸쳐 집중적으로 부설된 한반도 간선철도는 기존에 작동하고 있던 장시와 길의 체계를 완전히 재편했다. 그런 점에서 길의 변화는 장시의 변화, 지역경제와 사회의 변화, 시대의 변화를 반영하고 있다.

　장시의 발달과 쇠퇴, 새로운 존속방식의 창출은 전통의 지속과 재해석, 나아가 경제논리만으로는 설명하기 어려운 한국사회의 문화적 특징과 사람들의 욕구를 보여준다. 앞에서 말했듯이 장시는 15세기 후반에 삼남지방을 중심으로 출현한 이래, 농업생산력과 상품화폐경제의 발달에 따라 전국 각지로 확대되어 18세기에는 방사선 모양의 5일장 체제를 이루었다. 개항 이후 일제시기를 거치면서 미곡 등 일본으로 이출되는 중요 농산물이 장시를 거치지 않고 곧장 인근 철도역을 경유하여 유출되면서, 유통기구로서 장시의 독보적인 지위는 약화되었다. 더욱이 도시나 시가지를 중심으로 상설시장과 상설점포가 늘어나면서 장시 외부에서 이루어지는 상품 유통의 비중이 커졌다. 이러한 변화 속에서도 장시의 수는 지속적으로 증가했으며 장시의 거래액 역시 많아졌다. 백화점, 공설시장, 상설점포 등 도시의 근대적인 유통기구가 확대되고 있었지만, 장시 역시 식민지시기를 거쳐 현대에

---

1) 장시가 폐쇄적인 촌락들을 연결시키는 구역시장에서 네트워크 시장으로 변화하는 것에 대해서는 허영란, 『일제시기 장시 연구-5일장의 변동과 지역주민』, 역사비평사, 2009, 245~250쪽 ; 허영란, 「1910년대 경기남부지역 상품유통구조의 재편」, 『역사문제연구』 2, 1997을 볼 것.

이르기까지 주요 교역기구로서 중요한 역할을 담당해왔다. 일제시기 내내 일부 대도시를 제외한 곳에서는 장시가 가장 중요한 시장이었고, 농촌에서는 해방 이후 1970~80년대에 이르기까지도 그러한 위상을 유지했다. 장터나 그 주변에 자리잡는 상설점포가 많아졌지만 거래는 주로 장날에 의존했기 때문에 결과적으로 장시의 위상을 유지 내지 강화시키는데 기여했다.

역사상 정기시장이 등장했던 외국의 경우와 비교해 보더라도 한국의 장시에서 보이는 바와 같이 산업화 이후까지 계속 유지·발달되는 사례는 드물다. 한국과 비슷한 시기에 정기시장이 나타났던 중국이나 일본의 경우도 20세기 중반에는 대부분 사라졌다. 그러나 한국에서는, 비록 교역제도로서의 비중이나 의미는 시대의 변화 속에서 바뀌었지만, 지금까지도 정기시장의 고유한 외형을 간직한 장시가 상당수 존속하고 있다. 이러한 장시의 존속과 적응, 변화에는 근현대 한국사회의 역사문화가 내포되어 있다.

Ⅲ. 조선후기의 장시 : 『허생전』과 안성장

연암 박지원이 청나라를 돌아보고 쓴 기행문 '열하일기'에는 『허생전』이 수록되어있다. 17세기 후반 효종대를 배경으로 한 이 단편소설을 통해 연암은 당시 사회의 구조적 모순과 취약한 경제 구조를 비판적으로 보면서 '이용후생(利用厚生)'의 실학사상을 제시하고 있다.

『허생전』의 줄거리는 다음과 같다. 한양 남산골 아래에서 가난 속에 글을 읽던 허생은 부인의 하소연을 듣다못해 가출, 장안 최고의 부자 변 씨에게 빌린 돈으로 장사를 해서 큰 돈을 벌고, 무인도에 이상국을 건설한다. 변 씨에게 빌린 돈과 이자를 모두 갚고 교분을 쌓은 허생은 그를 통해 만나게 된 이완에게 현실 대응책을 제시하고, 사대부들의 허위 의식을 비판하며 종적을 감춘다.

그렇다면 농업 중심의 조선후기 사회에서 허생은 어떻게 큰 돈을 벌었을까? 소설에서는 그 대목을 다음과 같이 묘사하고 있다.

> 허생은 만 냥을 입수하자, 다시 자기 집에 들르지도 않고 바로 안성(安城)으로 내려갔다. 안성은 경기도, 충청도 사람들이 마주치는 곳이요, 삼남(三南, 충청, 경상, 전라)의 길목이기 때문이다. 거기서 대추, 밤, 감, 배며, 석류, 귤, 유자, 등속의 과일을 모조리 두 배의 값으로 사들였다. 허생이 과일을 몽땅 쓸었기 때문에 온 나라가 잔치나 제사를 못 지낼 형편에 이르렀다. 얼마 안 가서, 허생에게 두 배의 값으로 과일을 팔았던 상인들이 도리어 열 배의 값을 주고 사 가게 되었다. 허생은 길게 한숨을 내쉬었다.
> "만 냥으로 온갖 과일의 값을 좌우했으니, 우리나라의 형편을 알 만하구나."
> 그는 다시 칼, 호미, 포목 따위를 가지고 제주도에 건너가서 말총을 죄다 사들이면서 말했다.
> "몇 해 지나면 나라 안의 사람들이 머리를 싸매지 못할 것이다."
> 허생이 이렇게 말하고 얼마 안 가서 과연 망건값이 열 배로 뛰어올랐다.

허생은 경기도 안성장에서 과일 등을 매점해서 큰 이익을 남겼다. 국내 시장이 좁고 상업 발달이 더딘 당대의 현실에 대한 연암의 비판적 인식이 담겨있기는 하지만, 달리 보면 당시에 이미 몇몇 상품에 대해서는 전국적 시장이 형성되어 있었다는 사실을 알 수 있다. 국지적 단위에서만 시장이 형성되어 있었다면 이런 전국 규모의 매점매석은 불가능하기 때문이다. 당시 안성장은 전국적 시장으로서의 위상을 갖고 있었다. 18세기 후반의 『동국문헌비고』에서부터 등장하는 안성장은 오늘날까지도 유지되고 있으며 사실상 상설화되기는 했지만, 250년이 넘는 시간이 흘렀음에도 2·7일이라는 장날을 지금까지도 고수하고 있다.

경기도 최남단의 안성은 서울에서 100km가량 떨어져 있다. 안성천에 의해 형성된 평야지대에 자리한 지방 소도읍으로 하천이 읍내를 통과하며 흐르지만, 1876년 개항 당시에는 수심이 낮아 배가 들어오지 못하는 상태였다. 그러나 남부의 곡창지대에서 최대 소비지인 서울로 향하는 길목에 위치하는데다가 동쪽의 산악지대와 서해안 포구에서 나는 물산까지 반입되는 내륙교통의 요충지였다. 2일과 7일마다 5일 간격으로 열리는 안성장은, 『허생전』에 등장하듯, 조선후기 이래 전국 수준의 물자교역을 중개하는 대시장으로 이름나 있었다.

18세기 중엽의 기록인 『택리지(擇里志)』에서는 "안성은 경기와 호남 바닷가 사이에 위치하여 화물이 쌓이고 공장(工匠)과 장사꾼이 모여들어서 한양 남쪽의 한 도회가 되었다"라고 묘사하고 있다. 1808년에 간행된 『만기요람(萬機要覽)』에서는 전국 15개 대시장 가운데 안성 읍내장을 포함시키고 있다. 그러한 명망은 일제시기까지도 전해져서 1924년 『개벽』 잡지는 "안성시장이라면 이야말로 중부조선에서 유명한 시장이다. 바로 전조선 3대시장(대구, 전주, 안성)의 일(一)이다."[2]라고 쓰고 있다. 이러한 안성장의 위상과 전국적 상품유통의 발전이 바로 『허생전』의 배경이 되고 있는 것이다.

그렇다면 여러 장시 가운데서도 안성장이 전국적 대시장으로 발달하게 된 배경은 무엇일까. 장날을 달리하는 장시들은 상호 연결되어 일정한 체계를 이루고 있었다. 안성장과 같이 전국시장에 영향을 미칠 수 있는 대장시가 있는가 하면, 인근 촌락만을 무대로 하는 국지성이 강한 소장시도 있었다. 이러한 장시들을 연결하는 것은 육운과 수운이었다. 조선후기부터 개항기에 걸쳐 한국의 주요 유통로는 한강이나 낙동강, 금강과 같은 수운, 그리고 도읍인 한양과 지방을 연결하는 여러 갈래의 간선도로였다.[3]

전국의 장시들은 대장시를 정점으로 이러한 수운과 육운에 의해 연계되는 일정한 장시권역을 형성하고 있었다. 안성장의 경우도 마찬가지인데, 수운으로 연결되어 있는 경기도와 충청도의 다른 지역과 달리 육운으로 장시권 내외가 연결되어 있었다. 개항 이후 한국에 대한 경제 침략을 목적으로

---

2) 『개벽』 1924. 5. 86쪽.

3) 조선후기의 간선도로에 대해서는 학자에 따라 의견이 다르지만, 19세기 후반에 정비되는 것으로 알려져 있는 10대로는 다음과 같다. 의주로, 경흥로, 평해로, 동래로, 봉화로, 강화로, 수원로, 해남로, 충청수영로, 통영로.

이루어진 일본영사관의 조사에 따르면, 경기도 및 인접한 충청도지방의 상
업권역은 크게 4개 권역으로 나뉘어져 있었다. 제1권역 한강상류지역, 제2
권역 금강지역, 제3권역 서해안지역, 제4권역 안성·수원 지역이 그것이
다.4)

　이상과 같은 상업권역의 구분을 통해 당시 지방의 유통 구조와 장시권역
을 결정하는 핵심 요소가 수운(강운이나 해운)이었다는 것을 알 수 있다.
물자운송이 육운보다는 강운이나 해운에 주로 의존하고 있었기 때문에 전
국적 상업구조도 그러한 운송경로를 위주로 편성되어 있었던 것이다. 위의
상업권역 가운데서는 제4권역인 수원·안성지역만이 유일하게 수운으로부
터 격리되어 있다. 물론 이 지역은 수운 대신에 삼남으로 통하는 가도, 즉
동래로가 통과하고 있다.

　안성은 비록 수운에서는 격리되어 있었지만 내륙 육로교통의 요충지에
위치하고 있었다. 즉 삼남지방에서 서울로 가는 길목인데다가 동쪽 산간지
역의 산물 역시 안성을 거쳐 서울로 향했으며, 둔포 등 서해안의 포구에서
나는 해산물도 안성장으로 반입되었다. 이처럼 다양한 물자가 집하되는 거
점이라는 지리적인 우위가 안성장 발달의 중요한 배경이었다. 그러한 이점
은 조선 최대의 소비지인 서울과의 거리에 의해서도 힘을 발휘했다. 안성
은 행정구역상으로는 경기도에 포함되면서도 서울과 비교적 멀리 떨어져
있었다. 따라서 거시적으로는 서울의 상권이 영향을 미치지만, 그 안에 직
접적으로 포함되어 있지는 않았기에 서울로 향하는 중간거점으로서 자립
적인 역할을 담당했다. 덕분에 장시망의 위계에서 상위에 위치한 대시장으
로서 상당히 넓은 권역을 상업배후지로서 확보할 수 있었다.

---

4) 『通商彙纂』 제1호 부속, 1893.

Ⅳ. 철도부설과 장시

    일본제국주의는 자국의 제도를 식민지에 이식하여 본국에 동화시키는 정책을 추구했다. 특히 토지제도와 관세, 통화제도 등 경제 제도에서 그러한 경향이 집중적으로 나타났다. 그러한 식민지 지배체제를 원활하게 가동하기 위해서 철도와 같은 기간시설에 대한 투자가 집중적으로 이루어졌다. 그렇게 해서 부설된 철도는 조선의 유통구조를 일본 경제의 요구에 맞도록 재편하는데 가장 중요한 역할을 담당했다. 철도가 부설되고 철도 운송에 대해 각종 혜택이 주어지면서 물자운송이 철도를 중심으로 재구성되었기 때문이다. 육운에 의존했던 내륙의 상업뿐만 아니라 수운을 바탕으로 한 전통적인 상업조차도 철도를 위주로 재편성되었다.

    철도가 가져온 가장 두드러진 변화는 기존 유통로와 상업 거점의 위상을 약화시킨 것이다. 철도 부설에 의해 기존의 주요 운송로들은 철도를 위주로 한 간선유통로에서 보조적·배양적 지위로 전락했다. 전국 각지에 설치된 철도역들이 새로운 경제적, 군사적, 사회적 중심지로 성장했다. 철도부설은 지방에 대한 치안력 또한 강화시켜 일본인들의 지방이주를 촉진시키는 결과를 낳았다. 철도가 뻗어나간 지방은 어디에서나 전통적인 중심지와는 별개로 일본인들이 집중적으로 정착한 새로운 중심지가 철도역 주변에 조성되었다. 읍·면사무소, 경찰서, 우편소, 금융조합 등의 시설들도 그곳으로 집중되었다.

>   중세적 교통방법에 의해, 조만(粗漫)하고 분립적(分立的)인 강운(江運) 중심의 교통은 전토(全土)를 남북으로 종관(縱貫)하는 철도의 출현에 의해 상호 유대를 강고히 하고, 간선철도을 중심으로 하는 일대 교통계통 속으로 통합되었다. 그 외 종래의 교통기관으로서 철도와 경쟁적 관계에 선 것은 전부 폐절시키고 혹은 그 효용한계를 저하시켜 필요한 정도까지 감축 정돈하여 겨우 철도에 대해 배양적 관계에 있는 것만 구태를 잔존시키게 되었다. 이러한 교통지리의 대변화에 의해 종래의 산업은 조야한 지방적

자급자족적 상태에서 탈각하여 확대된 시장을 목표로 지방적 특산에 대해 증산의 맹아를 순치시키고, 나아가 교통지리적 요소에 새 산업기획을 도입하여 인구의 집결에 새로운 경향을 가져왔다. 이렇게 구래의 요지(要地)를 대신하여 고래(古來) 무명의 땅이 철도의 연선이 됨으로써 갑자기 경제상의 요지가 되고 장래의 번영을 약속받기에 이르렀다.……철도의 개통으로 인해 교통의 안이화(安易化), 거주상의 보안 증대는 개척자로서의 우리 국인(國人, 일본인－인용자주)의 이주자를 급격히 증가시켜 한인과의 사상적 경제적 접촉을 전면적으로 했다.[5]

자부심으로 가득찬 조선총독부 철도국의 평가에서 알 수 있듯이, 철도는 어떤 것과도 경쟁관계를 허용하지 않는 독보적인 교통기관으로서의 위상을 굳혀가고 있었다. 이러한 철도 부설의 영향은 안성장을 비켜가지 않았다. 경부철도가 부설되면서, 이 지역의 기존 거점이었던 안성이 아니라 평택에 철도역이 설치되었다. 평택역이 설치된 곳은 기존의 평택(당시에는 진위군) 군청소재지와도 상당히 떨어져 있는 한적한 곳이었다. 그러나 철도역 부설 이후 평택역으로 인구가 모여들고 경제기관들이 들어서기 시작했다. 결국 1910년을 전후하여 이 인근지역과 원격지와의 상품 이출입은 평택역을 경유하는 체제로 안착되었다. 안성장이 담당하던 원격지 무역의 역할이 평택역으로 넘어간 것이다. 새로 조성된 '신'평택은 철도역 설치를 계기로 형성 발전하기 시작한 전형적인 신시가지였다.

일단 평택역을 매개로 하는 물자운송체계가 자리잡게 되자, 일차 안성장으로 집산되어 서울 등으로 나가던 지역 물자의 상당량이 안성장을 거치지 않고 곧장 평택역 또는 주변의 다른 철도역으로 이출되었다. 이것은 안성장의 집산기능이 그만큼 약화되었다는 것을 의미하며, 전국시장에 영향을 미치는 대시장으로서의 위상에도 변화가 나타났다는 것을 뜻한다. 철도부설 이후 안성장은 지역내 교역을 담당하는 시장으로서, 장시권내 농가에서

---

5) 朝鮮總督府 鐵道局, 『朝鮮鐵道史』, 1937, 596~597쪽.

생산한 농산물이 거래되거나 평택역을 경유하여 이입된 자본주의적 공산품이나 생활일용품을 주변 배후지에 공급하는 '지역내 대시장'으로서 그 성격 제한되었다.

안성의 주민들은 위축된 안성장을 만회하기 위해 1920년대에 경부철도 천안과 안성 및 장호원을 연결하는 철도 부설 운동을 펼쳤고, 마침내 성공했다. 그러나 그것만으로는 재편된 지역 유통 구조를 되돌리기에는 한계가 있었다. 안성장은 지금도 옛 명성을 자랑하는 듯 만만치 않은 규모를 자랑하고 있지만, 1910년대 이후에는 허생의 시대에 누렸던 부흥을 되찾을 수 없었다. 그러나 장시는 여전히 지역주민의 생활이익과 직결되어 있는 중요한 존재였기에, 장시를 지키고 유치하려는 주민들의 노력은 안성에서도, 나아가 전국 다른 지역에서도 계속되었다.

V. 장시의 존속·확산 배경

한국을 강점한 일본의 동화정책에서 전통시장인 장시가 차지할 자리는 좁았다. 조선총독부 당국자들은 장시를 퇴영적이고 비합리적인 제도로 파악했기 때문에 장기적으로 사라질 시장제도로 보았다. 대신 식민지에 대한 일본의 요구에 효과적으로 부응할 새로운 유통기구가 그것을 대체하리라 예상했다. 그러나 현실에서는 한국인의 생활과 밀착되어 있는 장시가 도처에서 만개하고 있었다.

식민당국은 우선 「시장규칙」이라는 법령을 제정하여 장시를 관리했다. 1914년에 공포된 이 법령은 지역 주민들이 자율적으로 관리하던 시장의 운영을 지방자치단체인 부(府)와 읍(邑)·면(面)에 맡겼다. 이들 행정기관은 시장보조원 등을 동원하여 시장세와 시장이용료 등을 걷었다. 한편 한국인들이 운집하고 여론이 조성되는 장시에 대한 통제는 경찰이 담당했다. 위생, 치안, 공안 문제 등은 물론이고 한국인의 여론과 동향에 대한 감시도 장터를 무대로 이루어졌다. 1910년대에는 사복으로 변장한 헌병경찰이 장날에 장터 주막에서 사람들이 나누는 대화를 엿들어 상부에 보고하기도 했다.6) 장시를 합리화 대상으로 규정했기 때문에 그것에 대한 총독부의 정책은 현실과는 거리가 있었다. 그들은 위생과 납세, 치안과 공안, 그리고 행정기관의 관리에 필요한 법률 규정을 만들고 정책 홍보 등을 위한 통치 수단으로 장시를 활용하고자 했을 뿐이다. 조선총독부 차원에서 장시라는 시장제도의 전통성과 대중성, 농가경제에서 그것이 갖는 구조적인 위상을 고려하여 현실적인 정책을 입안하거나 시행하려는 적극적인 의지가 없었다. 그러다 보니 장시를 둘러싸고 빈번하게 일어났던 지역사회의 다양한 갈등을 조정하고 풀어나가는 데도 소극적이었다.

어찌 보면 총독부의 장시에 대한 상대적 무관심이 장시의 확산을 가능하게 만든 하나의 조건이라고 할 수 있다. 장기적으로 장시의 자연스러운 쇠퇴 내지 소멸을 예상했기 때문에, 또 당장은 장시를 대체할 새로운 생활시장 제도를 제공하거나 창출할 의지나 능력이 없었기 때문에, 식민당국은 전국 각지에서 한국인 사회의 관성과 에너지가 장시를 확산시켜 나가는 것을 묵인한 것으로 볼 수 있다. 장시는 한국인의 생활에 필요한 교환 기능을 제공하고, 일본 경제가 요구하는 원료의 수집이나 공산품의 공급이라는 기본적인 교역 기능을 담당하고 있었으며, 더욱이 통치비용의 면에서는 매우 저렴한 제도였다. 장시의 '위험성'은 경제적인 기능에 의해서라기보다는 여론의 형성과 공유, 정보 교환, 집합적 의사 표현의 장이라는 사회문화적 기능에 의해 발산되었다. 3·1운동 당시 장날에 맞추어 만세시위가 벌어지고 퍼져나가자, 식민당국은 장시를 폐쇄하여 사람들의 운집을 사전에 막아야 했다.

장시의 존속과 확산에 대해서는 경제적 요인과 비경제적 요인으로 나누어 설명할 수 있다. 경제적인 측면에서 장시의 존속은 농가경제의 재생산

---

6) 松田利彦, 『日本の朝鮮植民地支配と警察』, 校倉書房, 2009, 179~184쪽.

구조와 관련되어 있다. 식민지 자본주의에 의해 확대되고 있던 상품화폐경제에 편입된 농민들은 장시에서의 교역을 통하지 않고서는 농가경제를 유지하기 어려웠다. 농민들은 생활에 필요한 일용품을 구입하거나 세금으로 납부하는 데 사용할 소액의 현금수입이라도 얻기 위해 불리한 조건을 감수하고서라도 장시에서 잉여농산물을 판매했다. 자가소비에 충당할 농산물조차도 시장에 내어놓는 궁박판매도 심심찮게 이루어졌다.

조세부담의 증가와 상품경제의 확대는 현금에 대한 농가경제의 의존도를 강화했다. 영세한 농가는 농작물 경작으로 얻는 수입만으로는 가구경제를 재생산하기가 어려웠다. 그들은 가족 노동력을 총동원하여 다양한 생계 보충적인 노동을 통해 수입 증가를 추구했다. 따라서 영세한 농가일수록 농가수지에서 부업, 겸업, 기타 임노동 수입이 차지하는 비중이 컸다. 그러한 수입의 기회는 농촌 장시를 매개로 주어지는 경우가 많았다. 따라서 빈농일수록 장시에 대한 의존도가 더욱 결정적이었다. 이처럼 전 인구의 70~80%에 이르는 농민들의 생활은 구조적으로 장시와 밀착될 수밖에 없었다. 일제시기는 물론이고 해방 이후에도 자급자족적으로 생계를 꾸려가는 농민들은, 누구나 쉽게 판매자가 될 수 있는, 다시 말해 진입장벽이 낮은 농촌시장을 필요로 했다.

장시의 존속과 확산을 초래한 비경제적 요인으로 가장 중요한 것은 발전이 더딘 농촌지역에서 장시가 다양한 '정치적·사회적 이익'을 유발시킬 수 있는 매개체로 '인식'되었다는 사실이다. 일제시기에 지역주민들은 장시를 지역발전의 돌파구 가운데 하나로 인식했으며 장시의 번영을 지역발전과 동일시했다.

장시의 유지나 유치를 둘러싼 지역사회의 갈등은 일제시기 내내 전국적으로 확인된다. 지역주민들은 장시 문제에 능동적으로 개입했는데, 무엇보다는 그것이 생활의 이익과 직결되는 문제였기 때문이다. 지역에 따라서는 도로나 철도의 부설, 시구개정(시가지정비) 등의 지역현안을 주민 전체가 동원되어 해결하려는 움직임이 나타나기도 했다. 그러한 사안 가운데 하나인 장시 문제, 즉 장시의 유지, 정비, 이전, 확장, 신설 등을 둘러싼 갈등은 어디서나 확인된다. 그것은, 지역 내부에 존재하는 다중적인 이해관계의 균열에도 불구하고, 지역공동체의 이익을 도모하기 위해 지역주민 전체의 참여와 협력을 끌어낼 수 있는 보편적 사안 가운데 하나였기 때문이다.

장시에 대한 장터 주변 시민들의 관심은 생계의 유지라는 소극적 측면과 지역발전의 추구라는 적극적 측면을 모두 갖고 있다. 다른 지역이나 구역으로의 이권(利權) 유출과 그로 인해 야기될 생존의 위기를 예방하기 위한 공동 방어, 일본인 세력의 침투나 식민당국의 편파적이거나 부당한 간섭 등 민족적 차별에 대한 저항, 지역 영세민의 생존에 대한 공동체적 보장, 교통이나 위생 같은 공공적 가치의 추구, 장시와 기타 근대적 시설의 유치를 통한 경제적 발달에 대한 욕구 실현 등, 장시는 다양한 차원의 집합적 가치를 포괄하고 있다. 그래서 지역사회의 내적 균열에도 불구하고 장시는 시가지의 시민 모두가 공동으로 에너지를 투사할 수 있는 대상이었으며, 그런 의미에서 지역발전을 현실화시키기 위한 수단이라고 할만 했다.

당시 장시갈등을 겪으면서 주민들이 내세운 명분을 정리해보면, 지역발전의 추구, 장시를 둘러싼 기득권 인정, 장시를 매개로 창출되는 이익의 평등한 분배로 압축할 수 있다. 장시를 통해 발생하는 이익이 특정 구역, 특정 계층에 편중되어서는 안 되며, 장시의 기계적 발달 못지않게 그것에 의존해서 생계를 이어가는 영세민들의 보호 역시 중요하다는 인식이 깔려 있는 것이다. 또한 시가지의 시민들은 정치·경제적인 힘을 가진 지역의 유력자가 지역의 발전을 위해서 일반 주민보다는 더 많이 기여할 윤리적 책무가 있다고 믿었고, 유력자들 역시 자발적이든 아니든 그러한 요구를 무시하지 못했다. 따라서 장시 갈등을 유리하게 해결하는 데 필요한 지역 내부의 기부와 모금 등도 비교적 수월하게 이루어졌다. 또한 장시 갈등을 해결하기 위한 비용의 상당부분을 지역민들이 제공했기 때문에 식민당국으로서는 장시에 대한 주민들의 요구를 적극적으로 제지할 필요가 없었던 면도 있다.

장시가 상품판매라는 일반적인 경제기능을 위주로 하는 평범한 시장이라면 시장의 활력을 좌우하는 핵심 주체는 상인들일 것이다. 그러나 장시는 그런 시장이 아니다. 5일마다 돌아오는 장날에 맞추어 여러 장터를 돌아다니는 장돌뱅이 역시 장시의 주인공이지만, 사회경제적인 변화 속에서 전개된 장시의 존속과 확산이라는 현상의 배후에는 장시권의 농민과 시가지의 주민들이 있다. 농가경제를 유지하기 위해 장시를 필요로 하는 농민들, 장시를 통해 생계를 도모하며 지역발전을 모색하는 시가지의 시민들이 그들이다. 그들의 요구와 열정을 배제하고는 일제시기에서 해방 후에 이르는 장시현상을 설명하기는 어렵다.

VI. 해방 후의 장시와 '유통근대화'

물자부족이 극심했던 전시체제기의 일시적인 위축을 만회하기라도 하려는 듯, 해방이 되자 장시가 급증한다. 비록 조선총독부의 법령인 「시장규칙」은 여전히 유효했지만, 식민지적 통제를 벗어난 각 지역의 주민들은 '우후죽순처럼' 장시를 개설했다. 지방자치단체 역시 지방의 발전과 지방세 수입 증대라는 명목으로 장시 개설을 주도했다. 그 결과 남한에만 1950년에 668개소, 1960년에 826개소로 그 수가 늘었으며, 1970년에는 994개소로 증가했다. 이러한 현상과는 반대로 중앙정부 차원에서는 '장시폐지론'이 대두했다. 장시의 남설을 문제 삼아 1950년대 말에 '장시폐지론'이 본격적으로 제기되었으며, 1970년대에 접어들어서는 새마을운동에 방해가 된다는 이유로 비판의 표적이 되었다. 이러한 장시폐지론은 조선총독부의 장시 인식이나 정책과 유사성이 크다. 장시에 관한 일제시기의 법령이 1961년까지 그대로 유지되었던 것처럼, 장시에 대한 정부의 인식 역시 일제시기의 그것이 지속되었다고 할 수 있다. 정부는 장시를 유통 근대화, 농촌 근대화를 위해서 극복해야 할 유제라고 보았다. 1970년대의 정책수립자들은 장시를 폐지하고

상설시장으로 대체시키는 것을 유통근대화로 인식했기 때문에 장시폐지론
을 지속적으로 제기했다. 그 결과 정부는 1975년부터 장시 근대화에 본격적
으로 착수했으며 1976년 9월 25일자로 장시에 대한 개량방침을 공포하기에
이른다. 그러나 일제시기에 장시의 존속과 확산을 낳았던 주객관적 조건에
근본적 변화가 있지 않고서는 장시가 쉽게 사라질 리 없었다. 왜냐하면 일
제시기와 마찬가지로 해방 후에도 장시는 정부가 마음대로 정리해 버릴 수
있는 단순한 경제기구가 아니었기 때문이다.

> '시장'이란 어느 누구의 강제에 의하여 없어질 성질의 것이 아니다. '장'
> 을 설립시키는 그 시장권의 생산력과 생산관계가 변동되지 않는 한 '장'은
> 혹한 속의 보리 싹처럼 죽지 않고 계속 자라왔다는 사실이 일찍이 이조와
> 일제의 시장탄압사가 증명한 바 있다.[7]

　남한의 장시수는 1970년대 중반 절정에 이르렀다가 1980년대에 접어들어
감소세로 전환했다. 1970년대 말부터 1980년대를 거치면서 이루어진 농촌
대중교통의 발달로 벽지에 소재한 장시들이 결정적으로 위축되기 시작했
다. 농민조합 등 장시 이외에 농민들이 이용할 수 있는 상품화의 통로가 제
도화되었으며, 장시가 더 이상 지역발달의 매개체도 아니었다. 산업화와 이
촌향도가 가속화되면서 장시를 필요로 했던 농촌 자체가 빠른 속도로 해체
되기 시작했다. 또한 유통산업의 급속한 발전으로 인해 장시를 포함한 시
장기구 자체의 위상이 전반적으로 약화되었다.
　1980년대 이후 농촌에는 일용필수품을 구입할 수 있는 상설점포 역시 크
게 늘어났다. 지금도 군청 소재지 등에서는 제법 규모 있는 장시가 개설되
고 있는데, 시장의 상설화나 시가지 발달이 더딘 지역이나 교통조건이 불
비한 곳일수록 장시에 대한 의존도가 높은 편이다. 이제 장시는 판매자인

---

7) 김성훈, 「市場施設 및 流通近代化의 方向」, 『도시문제』 13-11, 대한지방행정공제
　　회, 1978, 17쪽.

동시에 구매자이기도 한 농민 중심의 시장에서, 소비자로서의 농민과 전업 상인이 만나는 소비자 중심의 시장으로 바뀌었다. 자급자족적 생활에서 상품소비적 생활로 전환된 농촌이 필요로 하는 시장은 예전과는 다른 것이다. 비록 5일장이라는 정기시장의 형태는 유지되고 있을지언정 그 성격은 예전과 같지 않다.

2003년 관련법령 개정으로 '정기시장'이라는 용어가 법률에서 완전히 삭제되고, 이제는 임시시장의 하나로 관리되고 있다. 이것은 전체 유통업에서 장시가 차지하는 비중이 사실상 무의미해진 현실을 반영한다. 그러나 비록 사회경제적 비중은 줄었지만, 지금도 적지 않은 도시와 농촌에서 5일마다 다가오는 장날이 되면 정해진 장소에서 장이 열린다. 이처럼 놀라운 지속에는, 일제시기에 그러했던 것처럼, 장시의 21세기형 적응력이 발휘되고 있다. 1970년대까지 장시가 가졌던 경제적 기능, 소통과 교류의 사회문화적 기능은 약화되었지만, 이제 장시는 전통과 활력이라는 문화콘텐츠로 새롭게 태어나고 있다.

Ⅶ. 맺는말

장시를 장시답게 만드는 것은 무엇일까? 장시의 힘은 적응력이다. 사람들이 시대의 물결에 부대끼며 변모하듯이 장시는 각 시대의 요구에 부응하며 변화해 왔다.

시장으로서의 성격이나 기능에도 많은 변화가 있었다. 사회문화적 측면에서도 그렇다. 여성의 사회활동이 활발하지 않았던 시절, 1960년대까지만 해도 장시 출입은 주로 남성의 몫이었다. 시장이 여성의 공간이라는 인식은 사실 최근 수십 년 사이에 일반화되었을 뿐이다. 고립성이 강한 농업사회에서, 전화나 텔레비전, 인터넷이 드물거나 없었던 시절에 장시가 수행했던 커뮤니케이션 기능은 오늘날에는 상상하기 어려울 정도로 중요했다. 장시가 제공했던 오락의 기능 역시 마찬가지이다. 더구나 당시에는 장시의 주된 이용자가 가정과 사회를 지배하던 남성들이었으니, 그 영향력은 막강했다. 그러나 오늘날 장시는 그 규모와 상관없이 문화적으로 '소박한' 시장이며 아날로그의 대면접촉에 대한 그리움을 녹여주는 추억의 장소가 되었다.

전통이란 과거 속에 고정되어 있는 어떤 것이 아니다. 강인한 지속성 안에서 혁신을 거듭할 때 전통은 생명력을 얻는다. 근현대의 격변 속에서 장시가 걸어온 길은 결국 사람들의 삶이 지나온 자취를 뒷받침해주고 있다. 그런 점에서 장시는 단순히 전통의 편린에 그치는 것이 아니라, 긴 역사의 시간동안 지속되어 오면서 현재의 사람들이 희망하는 가치를 담아내는 '오래된 미래'가 되어줄지도 모른다. 그러기 위해서 이제 장시와 새롭게 만나는 길은, 다시 동구 밖을 나서서 장터로 향하던 사람들의 그 발걸음이 닿았던 길 위로 나서는 것이 아닐까.

▣ 참고문헌

김성훈, 『韓國農村市場의 制度와 機能硏究』, 1977.

김성훈, 「市場施設 및 流通近代化의 方向」, 『도시문제』 13-11, 1978.

정승모, 『시장의 사회사』, 웅진출판, 1992.

조형근, 「식민지기 재래시장에서 시장갈등과 사회적 관계의 변동」, 서울대학교 사회학과 박사학위논문, 2005.

허영란, 「1910년대 경기남부지역 상품유통구조의 재편」, 『역사문제연구』 2, 1997.

허영란, 「시가지 개조를 둘러싼 지역주민의 식민지 경험 ―안성의 철도·시장·공원 그리고 지역주민」, 『역사문제연구』 17, 2007.

허영란, 「생활시장 관계 법령의 식민지성과 탈식민지화 ―「시장규칙」과 「시장법」의 비교」, 『한국사학보』 34, 2009.

허영란, 『일제시기 장시 연구 ―5일장의 변동과 지역주민』, 역사비평사, 2009.

허영란 외, 『20세기 여성, 전통과 근대의 교차로에 서다』, 두산동아, 2007.

松田利彦, 『日本の朝鮮植民地支配と警察』, 校倉書房, 2009.
朝鮮總督府 鐵道局, 『朝鮮鐵道史』, 1937.

개항장에서
근대 항구도시로 성장해 간 부산

장 선 화

Ⅰ. 머리말

부산은 1876년 강화도조약에 의해 개항된 이후 지금까지 제1의 항구도시로 성장해 왔다. 부산의 근대 도시로서의 모습과 항만시설의 구비는 이 시기부터 만들어지기 시작했다고 할 수 있을 것이다. 부산은 조선시기 왜관이 있던 곳으로 개항과 함께 이 지역이 일본전관거류지로 설정되어 일본인 진출의 중심지가 되었고, 그들의 정치·경제·사회·문화의 중심지로 기능하기 시작했다. 게다가 부산은 일본과 조선을 연결하는 중요 항일뿐 아니라 대륙으로의 진출을 위한 기점이기도 하였다. 그러므로 일제는 이른 시기부터 부산항 수축을 위해 노력하였고, 이는 철도와 연결되면서 대륙 진출의 기반이 되었다. 일찍부터 조선에 진출한 일본인들은 항만과 철도 등 교통시설을 장악하고 그들의 주거지역을 중심으로 도로망 및 기타 시설을 완비해 나갔다. 이런 과정을 통해 근대 식민도시 부산의 모습이 갖춰지기 시작했다. 이제 이 지역의 중심지는 동래가 아니라 부산이 되었다.

여기서는 부산이 개항 후 항만시설을 갖추고 그것을 기반으로 근대 도시로 성장해가는 모습을 보고자 한다.

Ⅱ. 부산의 개항과 일본전관거류지의 형성

부산은 강화도조약(조일수호조규)에 의해 가장 먼저 개항이 되었다. 우리의 근대가 제국주의의 침략과 더불어 시작되었기에 부산은 가장 먼저 그 침략의 손길이 뻗친 곳이라 할 수 있다. 그럼 왜 부산이 최초의 개항장으로 조일수호조규에 명시된 것일까?

먼저 조선 정부의 입장에서 보면, 부산은 지리적으로 중앙과 먼 거리에 있으며, 오래 전부터 왜관이 설치되어 일본인과의 외교와 무역 등 교류가 이루어지던 곳이었다. 그렇기 때문에, 개항을 요구하는 일본에게 새로이 다

른 지역을 개항장으로 정하는 것보다는 기존의 부산을 개항장으로 지정함
이 무리가 없다고 생각되었을 것이다. 그리고 일본의 입장에서도 지리적으
로 일본과 가깝고 이미 교역 근거지로 역할을 하고 있어 익숙한 부산에 자
신들의 전관거류지를 두기 원했을 것이다. 그래서 일본조계지는 조일수호
조규 부록에 의해 1877년 1월 동래부사 홍유창과 일본의 부산주재 관리관
곤도 신수케(近藤眞鋤) 사이에 조인으로 설치되었다. 조계지 위치는 구 초
량왜관의 부지로 하고 지조는 일정액을 매년 납입하도록 했다.[1]

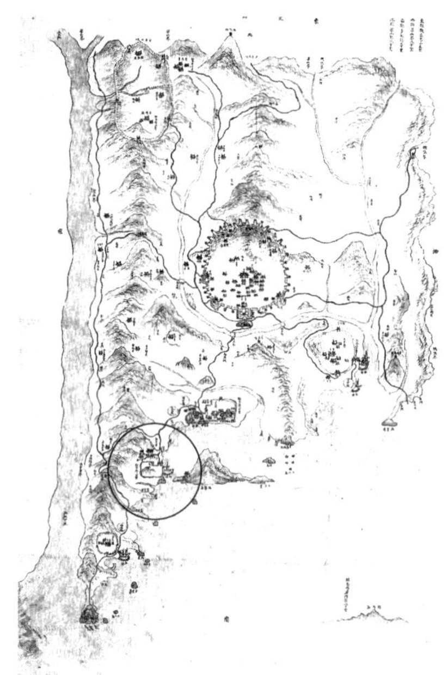

〈그림 1〉 동래부 모습

(1872년 제작된 동래부의 지도. 둥근 표가
있는 곳이 초량왜관이다. 규장각 소장)

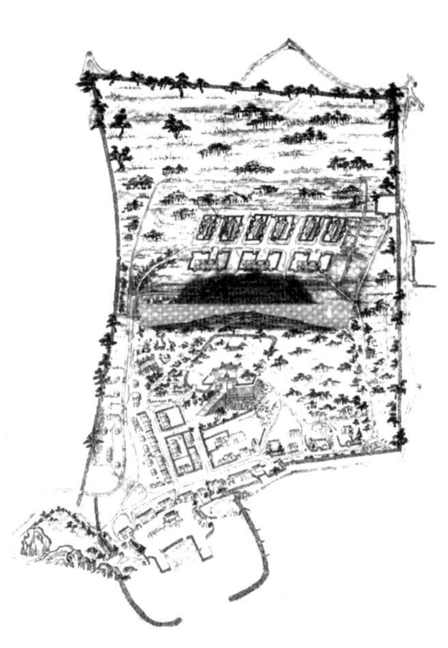

〈그림 2〉 18세기 초량왜관의 모습

(부산광역시, 『부산의 고지도』, 2008, 232쪽)

〈그림 1〉의 1872년 동래부 지도에서 보면 중앙에 보이는 성이 바로 동래

---

1) 부산시사편찬위원회, 『부산시사』 2, 1990, 33~34쪽.

읍성이고 오른쪽 아래의 성이 수영이며 동래 읍성에서 바로 내려가서 왼쪽에 보이는 네모의 성이 부산진성이고 그 아래에 보이는 섬(절영도) 옆에 보이는 곳이 초량왜관이다. 조선시대까지만 해도 동래가 행정 군사의 중심지였고, 왜관이 있던 곳은 중심지인 동래에서 떨어진 변두리에 해당하던 곳이었다. 일본인들은 이 왜관 지역을 조계지로 삼고 자신의 안전한 거주지로 만들어 나갔다. 그들은 안정적 거주를 위해 제 규정을 정하였다. 특히 전관거류지를 일본인들만의 거주지로 확보하기 위해 조계지 내 지소는 일본인에 한해 차용, 양도, 대여할 수 있게 하고 만약 가옥을 외국인에게 대여할 때에는 반드시 일본 영사에게 보고하도록 했다. 거류지는 〈그림 3〉과 〈그림 4〉에서 보듯이 점차 일본식 건물들로 가득 차기 시작했고 관청과 공공건물은 서구식 목조건물들로 지어졌다. 시구 개정을 통해 주변 도로도 정비되기 시작했다. 즉 일본영사의 관할하에 일본인 중심의 독자적인 시가 정비가 이루어졌다.

한편 전관거류지 내 일본인들은 부산거류지회를 조직하여 거류민 총대를 선출하는 등 자치단체를 만들어 재부일본인사회의 여론을 형성하고 교육, 매축, 수도 등 제반사항에 대한 사항을 논의하였다. 이 단체는 일본영사

〈그림 3〉 현 광복동의 1885년경 당시 일본인 건물

(부산광역시중구, 『기록사진으로 보는 부산·부산항 130년』, 2005 수록)

〈그림 4〉 용두산 아래의 일본영사관

(『기록사진으로 보는 부산·부산항 130년』 수록, 이하 『부산항』)

가 부산에 주재하게 된 1880년경에 발족한 것으로 일본의 침략정책에 의한 선도적 역할을 수행하도록 한 단체였다.[2]

거류지 내에서 일본인들의 생활이 안정되어 가고 일본인 이민자 수가 증가하기 시작하자 이들을 위한 편의시설이 만들어지기 시작하였다. 일본인의 증가는 도로 확장, 수도시설의 정비 등이 요구되었다. 특히 거주지 확장이 요구되었다. 그러나 일본전관거류지는 한정되어 있었다. 그러므로 일본인 거주의 확장은 기존의 조선인거주지로 뻗어 가거나 매축 등을 통해 새로운 땅을 만드는 것을 통해 가능하였다. 이것은 경편철도, 도로 확장 등 교통의 발달과 매축 공사 등을 통해 더 활발하게 이루어졌다.

일제는 조선 내륙과 대륙 진출을 위해 항만 시설과 철도부설에 힘을 쏟았다. 그리하여 구한국정부에 교섭해 1889년 9월 8일 한일양국의 공동경영을 전제로 한 경부철도 합동조약을 체결하여 수차에 걸친 답사와 측량을 한 후 1901년 9월 21일 초량에서 기공식 가지고 공사를 착수하였다. 이 철도부설공사에 앞서 일본정부는 한국정부와 교섭하여 부산종착역을 초량 부산진 일대에 부설하기로 하였다. 그러나 이후 종착역은 초량역이 아닌 부산역으로 변경되었다. 초량역이 일본인 거류지와 떨어져 있었기 때문에 부산역으로 위치를 옮기고자 하였다. 그래서 일본은 초량 남쪽 해면의 매립권을 획득하고 1902~1909년에 이르기까지 매축공사를 통하여 방대한 토지를 확보하였다. 이를 통해 철도를 일본인 거류지가 있던 곳과 연결하였던 것이다.

이렇게 부산본역의 위치를 변경하여 철도를 연장하였고 제1부두에 연결시킴과 동시에 부산해관도 신축하여 초량으로부터 이전토록 하였다. 이러한 토지조성공사의 결과 새로운 시가로서 좌등정(佐藤町), 대창정(大倉町), 안본정(岸本町), 경부정(京釜町) 등이 형성되었다. 그리고 계속된 영선산 착평공

---

2) 이 단체는 1906년에 통감부고시 제76호로 거류민단으로 조직되었다. 그리고 부제가 시행되면서 부산부로 통합되었다. 홍순권, 「부산도시사 연구의 기초적 검토」, 『부산의 도시형성과 일본인들』, 선인, 2008 참조.

사로 조선인들이 많이 살던 부산진 지역과 연결되면서 일본인들의 세력이 부산진 지역으로 더 펴져나갈 수 있게 되었다. 이제 새로이 조성된 이곳과 일본전관거류지를 중심으로 인구의 유입이 많아지고 경제활동이 이루어지면서 조선인들도 거류지 주변으로 이동하였다. 인구증가와 도시제반시설의 확충을 통해 지금의 중구지역이 부산의 중심지로 되었다.

　이제 본격적으로 일본인들이 가장 관심을 가졌던 항만시설의 구비를 살펴보도록 하자.

〈그림 5〉 부산역 앞의 모습 (『부산항』 수록)

Ⅲ. 항만 매축 및 항만 시설의 구비

　부산은 이미 개항과 함께 일본인들의 거주가 용인되고 있었고 일본전관거류지의 설치로 이미 그들의 요구에 따른 조사 정리가 이루어지고 있었음을 앞에서 살펴보았다. 부산은 산이 많아 해안가가 좁다. 그런데 물류 이동이 많아지면서 매축의 필요성이 제기되었다. 그것은 부산해관부지 매축으로 처음 나타났다.

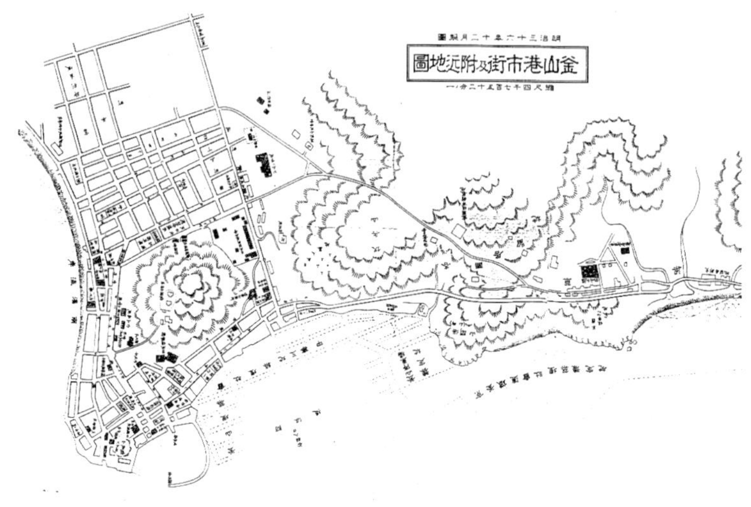

<그림 6> 1903년 부산지도

(항만과 매축 예정지가 점선으로 보이고 있다)

<그림 7> 매축 전 부산항 북빈 해안의 모습

(왼쪽 위에 있는 산이 영선산이고 해안에 보이는 2층 건물은
러시아 동청(東淸)철도회사출장소 모습)

부산해관매축은 당시 해관의 실권을 가지고 있었던 청국 이홍장(李鴻章)과 부산해관장이었던 헌트가 오늘날 부산데파트 위치에 있었던 해관구역이 좁다고 하여 용미산 기슭을 깎아 갯벌과 바다를 메워 해관부지로 사용하려는 계획에서 비롯된 것이었다. 계획을 세운 헌트(조선명 何文德)는 조선정부에 매립허가와 공사비를 요구했다. 이에 대해 조선정부는 우리국토를 다른 나라 사람들이 변형하게 할 수 없다고 거부하였다. 그러나 이홍장의 설득으로 매립허가와 공사비 1천 량을 받아 1887년 청국이 기술자를 초빙해 설계를 하고 우리나라 일꾼으로 공사를 시작하여 1888년 4월 완공하였다. 매축된 자리에 1889년 10월 공사비를 조선정부로부터 교부받아 해관잔교와 보세창고를 세웠다.

이후 부산항의 본격적인 매축이 시작된 것은 일본인에 의해 부산 매축주식회사가 설립되어 오늘의 중앙동 옛 부산역, 부산우체국과 세관부지, 중앙동 일대를 매립한 것이었다. 이를 북빈(北濱)매축공사라고 한다. 그 1기공사는 1902년 7월에 착공해 1905년 12월에 준공되었다. 이때 토건업체는 일본의 청부업 조직인 대창조(太倉組)였다.3) 2기공사는 1907년 4월부터 1909년 8월까지로 이때 사용된 토사는 일본조계지안과 절영도에서 채굴하였다. 원래 용두산과 복병산은 이어져 있었는데 이 공사에 사용할 흙과 돌을 채굴해 바다를 매축하다보니 지금의 부산우체국에서 부민동 동아대캠퍼스(구 부산법원)로 이어지는 평탄한 대청로가 일직선으로 생겨나게 되었다. 이렇게 부산매축공사로 얻어진 땅은 일본인이 소유하게 되었지만 그래도 항만을 가진 서쪽지역이 좁아 경부선 철도와 연계가 불편하였다. 부두는 오늘날 중앙동에 있는데 경부선 종점은 초량에 있어 바다와 육지의 물량 하역이 원활하지 못했고, 일본인 전관거류지 지역인 현재의 중구 지역과 역이

---

3) 이렇게 만들어진 곳에는 대창조와 그 중역들의 이름 등이 마을 이름으로 차용되었다. 이때 만들어진 명칭이 대창정(大倉町), 안본정(岸本町), 고도정(高島町), 좌등정(佐藤町)이다. 이 내용이 당시 부산에서 발간된 신문인 『조선일보』(1905. 1. 27.)에 실려있다. 이 신문은 이후 『부산일보』로 바뀌게 된다.

있는 동구 지역인 초량을 연결해 부산진 지역으로 진출하는 것은 당시 일본인들에게는 중요한 일이었다. 그런데 지금의 중구와 동구 사이에 영선산4)이 가로막혀 있었다. 따라서 철도와 선박의 물동량을 연결시키기 위해 착평 공사가 1909년 5월부터 시작되어 1912년 8월 준공되었다. 이 공사로 초량 앞바다와 제1부두 사이 매축지에 호안의 돌벽과 바다에서 짐을 부리는 물양장이 축조되었다.

〈그림 8〉 영선산 착평공사
(『부산착평보고서』, 부산시민도서관 소장)

〈그림 9〉 영선산 착평공사 모습
(부산역과 그 주변의 모습도 볼 수 있다)

이를 통해 오늘날 중앙동 사거리의 넓은 평지가 마련되어 이곳을 '새마당'이라고 불렀다. 이곳에 경부선 기점인 부산역을5) 두어 중앙동 세관이 있는 제1부두 쪽까지 뻗어 나와 부산항 선박의 물자와 인력이 경부선 철도의 물자와 인력에 바로 연계할 수 있게 되었다. 일본은 이때 영선산 착평과 압록강철교공사(1909.8~1911.10)를 함께 해 철도와 항만을 통해 중국, 한국, 일본을 연결하는 물자수송의 연결망을 완비하게 되었다.

이와 함께 물자수송을 더욱 원활하게 하기 위해서는 항만시설 확충이 또한 필요하였다. 당시 부산의 항만시설은 제1잔교뿐이었던 일제는 1910년에

---

4) 봉우리가 두 개라 쌍산이라고도 불렸다.
5) 이곳에 있던 부산역은 1953년 대화재로 불타 지금의 부산역 쪽으로 옮긴 것이다.

서 1918년까지 8개년 계속사업으로 제1기 부산항 항만시설공사를 진행하였
다. 그 제1기 공사를 통해 제2잔교(뒷날 제2부두) 축조, 항만준설과 방파제
를 쌓았다.[6)]

　제2기 항만공사는 제1기 항만공사가 끝난 1918년에 출입화물량이 늘어나
면서 1919년부터 6개년 계획으로 총 공사비 9,172,000원으로 책정하고 시행
하였다. 그러나 1차 세계대전 후 물가와 노임 폭등, 관동대지진 등으로 공사
비를 줄이고 공사기간도 9년으로 늘어나게 되어 1929년 3월에 완전히 끝나
게 되었다. 이때 주요공사는 항내준설, 제2잔교 입구를 매축해 철도 선로
용지와 상옥 창고 부지 마련이었다. 그리고 제2잔교 계선안벽 위에는 계선

〈그림 10〉 1910년대 중앙동 일대

(부산역과 제2잔교는 미준공 상태이고 부산세
관과 제1잔교는 사용 중인 것을 볼 수 있다.
『부산항』 수록)

〈그림 11〉 1910년대 초반 제1잔교부두

(관부연락선은 대마환(對馬丸),
3층 철도호텔이 보인다. 『부산항』 수록)

---

6) 제1잔교 북쪽인 철도용지 앞바다를 메워 육상시설을 갖추고, 그 메운 자리의 해안
　으로는 물양장을 마련하고 호안석축을 구축했다. 호안석축 끝으로 제1잔교와
　230m의 사이를 두고 제2잔교를 축조하였다. 이 가운데는 철도선로를 깔아 화물운
　송을 화차로 할 수 있게 하였다. 그 위에 평옥과 철도 상옥을 지었고 또 준설하여
　7천 톤급 기선 2척과 2만 톤급 기선 2척이 계류하는데 지장이 없도록 하였다. 제1
　잔교도 준설하여 3천 톤급 4천 톤급 기선이 자유롭게 드나들도록 하였다. 제1잔교
　의 보수공사로 철골 상옥을 설치하고 그 속에 여객대합실, 소화물취급소, 매표소,
　화물장치장, 다과점을 겸한 휴게소를 지어 해륙연락에 편리성을 도모하였다.(김
　의관, 『부산근대도시형성사 연구』, 연문출판사, 1973 ; 최해군, 『내사랑부산바다』,
　부산광역시, 2001 참조)

주(繫船柱)를 설치하고 잔교 가장자리에는 철골콘크리트로 충격 방지재도 마련하고, 기중기 등도 설치하여 근대 부두의 모습을 갖추게 되었다.

이렇게 해서 일제는 개항 이후 일련의 매축공사와 영선산 착평공사, 제1, 2기 항만시설공사를 통해 오늘날 중앙동 일대와 대형 부두시설을 갖춘 근대도시 부산의 기틀을 만들었다. 그리고 부산항 매립공사는 이 외에도 부산진매립공사,[7] 영도 대풍포 매립공사(1916~1926년), 남항매축공사(1930~1940년경),[8] 북빈 연안 매축공사(1928~1931년),[9] 영도대교 가설 및 부대공사(1931~1935년), 부산 제3기 축항공사(1936~1945년)[10] 등이 진행되었고 이

---

7) 부산진 방면은 조선기업주식회사가 고관에서 부산진에 이르는 바다 40만 평을 40만 원에 매수하여 1913년 6월 제1차 공사로 매축을 시작하였다, 1917년에 대체적으로 준공하였다. 제1차 매립으로 생겨난 땅은 144,188평이었고 제2기, 제3기 공사예정지는 회사형편으로 중단되었다. 이후 부산진 매축주식회사가 조선기업주식회사의 제2기, 제3기 공사예정지를 인수하고 1926년에 착공하여 범일동과 우암 앞바다 305,690평을 매립하였다. 3기 매축은 1938년 완성예정이었다.(최해군, 앞의 책, 2001, 260~261쪽)

8) 중심어항의 필요성으로 남항을 전용 어항으로 하는 추진체가 조직되었다. 1915년 남항수축기성회가 설립되고 이를 총독부에 진정하였으나 성과를 거두지 못하였다. 1926년 다시 부산상업회의소 회두인 가시이 겐타로[香椎源太郎]가 남항수축기성회 회장이 되어 남항 매축을 요구하였다. 그러나 조선총독부는 긴축재정을 이유로 받아들이지 않았다. 경상북도 평의원을 지내고 있었던 이케다 사다오[池田佐忠]가 민간차원에서 남항을 매축하여 축항할 계획을 가지고, 1925년 현지조사를 하고 1926년 설계를 완성하여 총독부에 허가신청을 내었다. 일본재계와 실업가를 설득해 자금을 마련한 뒤 1928년 2월 9일 총독부로부터 남항건설 허가를 얻었다. 허가 후 부산축항주식회사를 세워 1930년부터 공사에 착수해 1940년경 완성을 보았다. 이를 통해 남포동에 새로운 땅과 자갈치에 1천 톤급 선박이 정박할 수 있게 되었다.(최해군, 앞의 책, 2001, 262~265쪽)

9) 부산항의 무역이 성장하면서 부두확장 요구로 1928년 11월 기공해서 1931년 준공했다. 북빈에 있었던 좌등정(중앙동 국제회관자리쯤) 앞바다를 매축하고 도로를 설치하였다. 현 중앙동 연안부두터미널 중심 좌우측에 해당한다.

10) 조선총독부가 대륙침략전쟁을 펼치면서 일본, 만주, 중국을 연계하기 위해 해면을 매립하고 제3부두(1941), 제4부두(1943)를 축조하고 중앙부두(1944)와 북방파제를 만들었다.(김홍관, 「일제강점기 부산의 도시개발과 그 성격」, 『항도부산』 15호, 1998, 305쪽)

를 통해 부족한 시가와 항만시설을 갖추게 되었다.[11] 특히 전시가 되면서 대륙침략의 거점으로 부산항의 중요성이 강화되어 항만시설의 확충이 더 빠르게 진행되었다.

〈그림 12〉 1925년 11월 11일 승선장 설비공사 완공

Ⅳ. 맺음말

앞에서 살펴 본 바와 같이 개항 이후 부산은 초량왜관이 일본의 전관거류지로 정해지면서 이곳을 중심으로 일본인들이 자리를 잡았다. 거류지를 중심으로 도로, 병원, 수도, 상점 등 도시 시설들이 갖추어지면서 부산의 중심지는 동래가 아닌 오늘날 중구지역이 부상하게 되었다. 그리고 일제는 대륙진출의 계획하에 일본에서 부산을 거쳐 중국까지 연결하는 망을 갖추고자 하였다. 그 바람은 부산에 철도 건설과 항만시설을 갖추면서 유기적으로 결합되었다. 이러한 관계 속에서 부산은 항만도시로 성장하게 된 것이다.

---

11) 매축관련 지도는 김홍관, 앞의 논문, 1998, 298~305쪽을 참조 바란다.

일본인들의 이주가 늘어나고 도시가 성장하면서 부산은 점차 시역을 확장하였다. 일제강점기 동안 2차례에 걸쳐 확장되었다. 1936년 서면과 송도 일원이 부산부에 편입이 되고 1941년에는 동래읍 이하 사하면·남면 일원이 부산부에 편입되었다. 부산은 토지구획정리사업과 교통과 항만, 상하수도 시설을 갖추면서 근대 도시로 모습을 바꿔갔다. 물론 도시 편의시설은 일본인들을 위한 것이었다.

근대 식민도시 부산과 경제인

전 성 현

I. 조선후기 경제변화와 동래상인

조선후기가 되자, 농업, 수공업, 광업 등 모든 생산 분야에서 전쟁의 피해가 복구되고 산업이 새롭게 발전하기 시작하였다. 특히 농업의 발전은 조선후기의 경제변화에 커다란 영향을 주었다. 농민들은 묵은 땅을 다시 일구었고 바닷가, 강가에 둑을 높이 쌓아 논을 만들거나 산지를 개간하여 밭을 일구어 경지면적을 늘렸다. 이러한 농업의 발전은 농사기술의 발전에 영향을 미쳤다. 이앙법은 조선 전기에도 일부지역에서 시행되었으나 수리문제로 널리 퍼지지 못했다. 농민들은 생산성의 향상을 위해 농사기술과 수리시설을 꾸준히 발전시켜 이앙법의 위험을 줄이면서 전국적으로 보급하였다. 한편 농업도 전문화·분업화되어 쌀을 비롯하여 콩, 보리, 조 등의 곡류작물 외에도 목화, 모시 등의 의류작물과 인삼, 담배, 약재 등의 특용작물을 재배하였다. 정약용의 『경세유표』에 의하면 서북지방의 담배밭, 관북지방의 삼밭, 한산의 모시밭, 전주의 생강밭, 강진의 고구마밭, 황주의 지황밭에서는 논농사 최고 풍작 때의 수입과 비교하더라도 그 이익이 열 배나 된다고 하였다. 이것은 시장에 내다 팔 목적이었기에 상업적 농업이라고 한다.

조선사회는 국가가 농업 이외의 산업을 장려하기보다는 통제하였기 때문에 일상생활에 필요한 물건들은 농민들이 직접 만들어 사용하거나 물물교환 또는 일부는 화폐를 통해 구입하여 사용하였다. 그러나 17세기 이후 농업 및 상업적 농업의 발달은 경제체제 또한 분업적이고 전문적으로 만들었다. 농민들이 농사와 생활에 필요한 물건을 장시를 통해 구입하면서 농민을 상대하는 수공업과 상업이 발달하였다. 원래 수공업자인 장인은 1년에 일정기간 관청에 동원되어 궁중과 양반관리에게 필요한 물건을 만들었다. 관청에서 일하지 않을 때는 주문을 받아 물건을 만들거나 농사를 지어서 생활하였다. 조선후기로 접어들어 장인들이 관청의 무리한 동원에 저항하여 도망을 치는 경우가 생기자, 관청에서도 이를 묶어 둘 수 없게 되었다. 그래서 무기, 사기그릇, 돈 등을 만드는 특수한 분야를 제외하고 관청수공업은 거의 사라졌다. 관청에서는 필요한 물건을 공인을 통해 시장에서 사다 쓰게 되었다. 따라서 시장은 활성화되고 장인들은 도시민이나 농민에게 필요한 물건을 만들어 시장에 내다 팔 수 있게 되었다. 수공업 생산품의 수요가 늘어나자 농민 가운데서도 수공업으로 옮아가는 사람이 많아졌고 전문 수공업자의 마을까지 생겼다. 가마솥·농기구 등 철제품을 만드는 수철점 마을, 옹기그릇을 만드는 옹점 마을, 놋그릇을 만드는 유기점 마을 등이 그것이다. 또한 농민 가운데 일부는 자기 집에서 필요한 물건을 만들던 가내수공업을 시장에 내다 팔기 위한 생산으로 발전시켰다. 전국의 장시에는 농민이 만든 면포, 명주, 마포, 모시 등이 팔리고 있었다. 목화나 모시 재배로 유명한 지역은 동시에 면포와 모시의 명산지가 되었다. 경상도 진주의 면포, 충청도 한산·임천·남포 등지의 모시, 함경도 육진 지역의 베, 성주의 명주 등은 전국적으로 알려진 특산품이었다.

농업을 비롯한 산업의 발달은 상품화폐경제를 확립시켰고 이를 확대시켰다. 17세기에는 동전이 전국적으로 쓰이게 되었으며, 고을마다 5일장이 열렸다. 18세기에는 전국에 장시가 1,000곳 넘게 생겼다. 육로와 수로의 교통요지에 있는 장시는 장시와 장시를 이어주는 유통 중심지가 되었다. 이러한 상품화폐경제는 또한 농업을 비롯한 여러 산업에 영향을 미쳐 산업을 더욱더 분업화·전문화시켰다. 전국 곳곳에 장시가 생기고 이것이 서로 연결되자 전국을 무대로 활동하는 상인이 생겨났다. 경강상인들은 서울에서 소비하는 연간 100만 섬이 넘는 쌀 가운데 절반 이상을 조달하였다. 개성상인들은 전국의 상업중심지에 송방이라는 큰 상점을 차려 놓고 주로 인삼을 재배, 판매하였다. 의주상인과 동래상인은 각각 청 및 일본과의 무역을 통하여 엄청난 돈을 벌었다. 이 상인들은 정부에 물품을 대주는 특권을 가진 공인이나, 정부에 특정한 부담을 지는 대가로 서울에서 독점 판매할 수 있는 권한을 가진 시전상인보다 훨씬 큰 자본을 갖게 되었다.

수공업과 상업의 발달 그리고 화폐사용의 확대는 광업의 발달로 이어졌다. 특히 동전이 널리 쓰임에 따라 구리의 수요가 크게 늘어났다. 또한 18세기에 들어서 일본에서 받아들이던 은이 감소하자 중국과의 결제수단이 줄어들어 은광이 개발되기도 하였다. 18세기 말 수안 홀동 금점과 19세기 개발된 갑산 고진동 광산 등이 대표적이었다.

조선후기 경제의 변화는 각 산업분야에서 이루어졌고 이는 조선사회가 근대 자본주의 사회로 전환할 수 있는 기반을 조성한 것으로 볼 수 있다. 그 속에 근대적인 자본가로 변모할 수 있는 이들도 출현하고 있었다. 이들은 조선후기 경제변화에 적극적으로 편승하여 부를 축적한 자들이었다. 상업적 농업을 통해 성장한 부농들, 수공업을 통해 부를 축적한 수공업자들, 관청에 수공업품을 납품하던 공인들, 국내외 유통과 무역에 종사하던 상인들 등이 그들이었다. 특히 지방에서 성장한 상인들이 조선후기가 되면 중앙의 시전상인들까지 자신의 수하에 두며 상업적 거래뿐만 아니라 수공업과 광업에까지 그 세력을 뻗치고 있을 정도로 성장하였다. 대표적인 상인들이 개성상인, 의주상인 그리고 부산의 동래상인이었다.

부산의 동래상인은 일본과의 교역을 통해 부를 축적한 자들이었다. 1609년 일본과의 국교가 정상화된 이래 해마다 40여 척의 무역선이 은, 동, 납, 유황 등을 싣고 왜관에 들어와 무역하였다. 공무역의 대가는 무명과 쌀로 지급되었다. 조선후기 일본과의 무역은 정기적인 사행무역이나 공무역이 있었지만 사무역이 더욱 활발하였다. 사무역은 조선상인과 대마도 상인 사이에 이루어졌다. 당시 무역활동은 초량왜관의 개시대청(開市大廳)에서 열린 왜관개시(倭館開市)였다. 처음에는 매달 3회 이루어졌으나, 그 후에는 6회로 늘어났다. 사무역에서의 수출주종품은 중국산의 명주실과 비단, 조선산의 인삼과

조선인삼

마른 해삼 등이었고, 수입주종품은 은, 동, 물소뿔, 소목이었다. 이러한 일본과의 무역관계 속에서 동래상인은 성장하였다.

18세기 전반까지 동래에서 사무역을 주도한 상인은 원래 송상이나 경상이었다. 1738년에 동래상인의 우두머리는 송상이고 일반 동래상인도 모두 송상이었다고 한다. 이들은 상고도중(商賈都中)이란 단체를 결성하여 사무역을 관할하였다. 1694년에 동래상인은 주로 활의 원료로 쓰이는 물소뿔의 원활한 조달을 바라는 정부의 의도에 부응하여 궁각계(弓角契)를 결성하고, 물소뿔의 무역을 독점하여 국가에 납부하고 동과 납으로 공가(貢價)를 받기도 하였다. 그러나 청일 간의 직교역의 개시, 대일 인삼수출의 격감 및 일본의 은유출 규제로 인하여 일본과의 교역은 점차 줄어들고 청과의 교역이 늘어나면서 동래상인들의 성장도 멈추게 되었다. 이후 동래상인은 조선의 우피와 일본의 동을 교환하는 한정적인 교역에 종사하였다. 한정적인 대일무역으로 명맥을 유지하던 동래상인은 조선 후기 동래지방의 향리층이나 무임층들이었고 이들은 개항과 더불어 물밀듯 들어오는 세계자본주의체제하에서 변화를 모색하지 않으면 안 되었다.

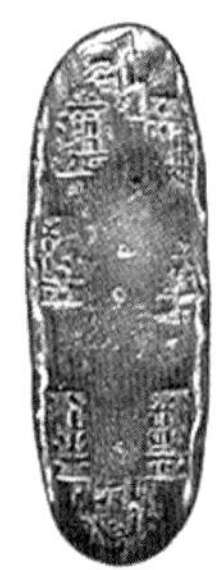

향보정은(享保丁銀)

Ⅱ. 개항장 부산과 박기종의 '근대적' 활동

불평등조약을 통해 개항된 개항장은 외국무역의 거점으로서 번창하게 되었다. 개항장을 통해 들어오는 외래 자본은 아직 자본주의 사회가 정착되지 못한 조선사회를 세계자본주의체제하에 종속시키는 중요한 요인이

되었다. 특히 일본과의 '미
면교환체제'라는 무역체제는
대일 의존적인 무역구조로
조선을 몰아넣어 경제적 종
속을 심화시켰다. 일본과의
종속적인 무역구조 속에서
도 자본을 축적하는 자들이
생겨났다. 개항장이 외국무
역의 중요한 거점이 되자 내

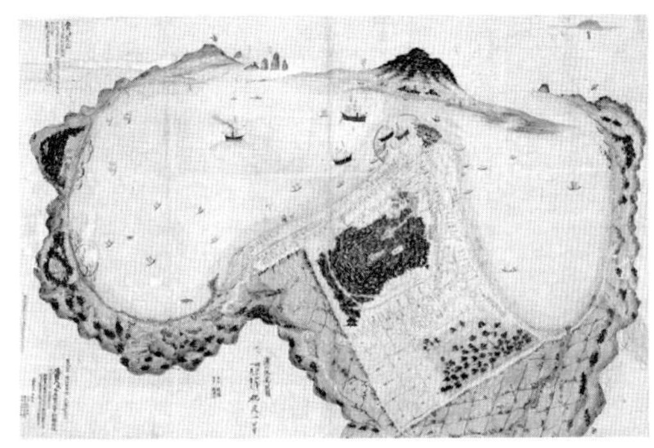

포산항 견취도(1881)

륙시장에서 활동하던 상인들이 개항장으로 몰려들었다. 그 중 객주가 내륙
의 상인이나 농민을 외국 무역상에 연결하는 역할을 담당하면서 가장 활발
한 활동을 보였다. 객주는 이미 개항 전부터 대표적인 상인집단으로 성장
하였고 위탁매매업에 종사하여 그러한 역할을 담당하기에 적합하였다. 개
항장의 객주는 거래에 대한 숙련, 일정한 자금력 및 무역에 대한 특권을 가
졌기 때문에, 조계 또는 거류지에서만 상행위를 할 수 있는 외국 무역 상인
은 초기에 수출입품의 국내 거래를 이들에게 의존하지 않을 수 없었다. 이
러한 배경하에서 개항장 객주들은 성장하였다.

　부산의 경우 일본인 상인과의 교역을 담당하는 개항장 객주들이 번성하
였는데, 이들은 내륙의 객주는 물론 개항 이전부터 조선시기 이래 일본과 무
역을 담당하던 상인들까지 망라되었다. 초량객주와 같은 경우는 원산으로
부터 온 객주들이 많았다. 부산지역에서는 초량, 구포, 엄궁, 하단포 등 내
륙의 물산이 집산되는 곳에서 상업이 번성해지면서 객주들도 성장하였다.
1889년 동래부의 기록에 의하면, 영업세 납부대상이 되고 있는 부산의 객주
는 44명이었다. 1년 뒤인 1890년은 부산항을 중심으로 한 해안의 각 포구와
낙동강 수역에 따른 각 포구의 객주수를 모두 합하면 160명 정도로 늘어났
다. 1897년이 되면 200명이 넘는 등 개항장의 객주는 급격하게 증가하였다.
이처럼 개항을 통한 대일 무역구조의 편입이 자생적으로 성장하고 있었던

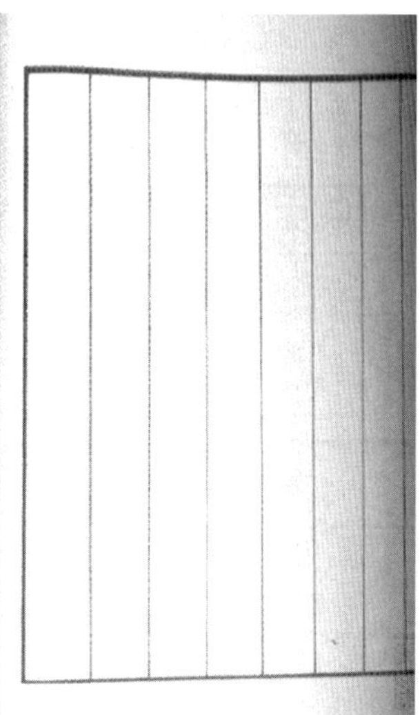

부산항 총무회소 자료집(1901)

조선인 상인들에게 또 다른 자본축적의 장으로 다가왔다. 이 가운데 조선의 문명개화를 달성하려고 한 자가 부산의 박기종이었다.

박기종은 1839년(헌종 5) 11월 지금의 동구 좌천동에서 아버지 박영순과 어머니 오씨 사이에 태어났다. 아버지는 동래부의 무청인 장관청 소속의 초관(哨官)을 역임한 것으로 봐서 무임 집안이었음을 알 수 있다. 한편 일본 대마도와의 무역을 책임지고 있던 8명의 상인집단인 팔상고(八商賈)에 드나들며 상업에 종사했다고도 하는데 그의 사위인 윤상은의 회고담에 의하면, 동래상고도중(東萊商賈都中)에 드나들면서 일본어와 상업을 배워 조선상인과 일본상인 사이에서 거간 일을 맡아보았다고 하니 이를 통해 상업에 종사한 상인이었음도 배제할 수 없다. 그는 개항 전인 1869~1871년 당시 동래부 소통사(小通事)로 활동하였다. 특히 1869년(고종 6)에는 소통사 중에서도 거제도 옥포의 여러 업무를 담당하는 옥포통사였다. 이러한 연고로 1876년 강화도 조약이 체결되고, 정부에서 일본에 수신사를 파견할 때 4명의 통사에 포함되어 일본의 근대화를 직접 목격하고 돌아왔다. 또한 4년 후인 1880년 6월에도 김홍집이 제2차 수신사로서 도일할 때 다시 통사로 임명되어 일본을 다녀왔다. 수신사 일행으로 일본의 근대화를 보고 온 박기종은 조선도 일본처럼 근대화를 해야 한다는 생각을 가졌을 것으로 보이며, 그러한 생각이 이후 그의 학교설립과 근대적 기업설립으로 이어졌던 것으로 추측할 수 있다.

박기종은 이후 주로 부산지역의 치안과 무역 등에 관한 업무를 담당하면서 근대적인 기업설립을 위해 노력하였다. 1886년 부산판찰관(釜山判察官)에 임명되고, 그 재직 기간에 기선회사의 설립에 착수하였다. 기선회사는 1889년(고종 26) 4월에 통리아문으로부터 정식 설립 인가를 받았다. 박기종에 의해 주도된 기선회사는 부산항 감리서 관원과 일본인 등도 참가하였고 1890년부터 운항을 개시하였다. 주로 낙동강 연안의 각 포구를 왕래하면서 1년 반 정도 운항하였으나 낙동강 하구에서 강풍으로 기선이 침몰하자 경영의 위기를 맞게 되고 이를 타개하기 위해 조선 각 연안항을 경유하는 항로를 개설하려고 하였다. 그러자 이 기선회사는 1893년경 일본 오사카상선주식회사와 조선기선주식회사와 협동계약을 체결하면서 사실상 일본인들의 손에 들어갔고, 박기종은 일본 측에 운항권을 양도하고 물러났다.

부산판찰관 시절의 박기종(1887)

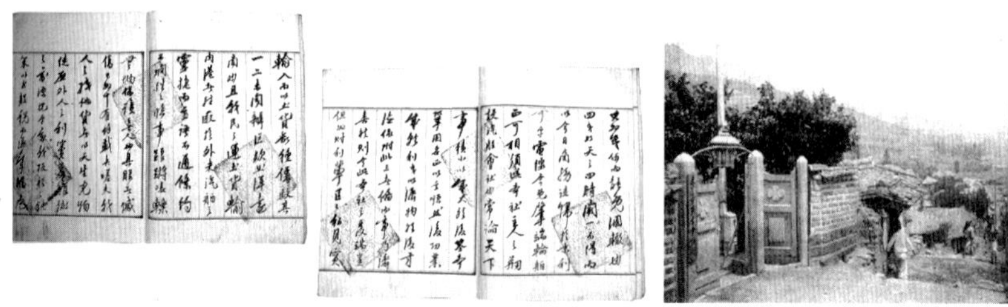

기선회사장정(1889)   동래상업회의소(1908)

개성학교 개교식

　기선회사의 경영에서 손을 뗀 박기종은 1895년에 정부로부터 명을 받고 부산항에서의 영업세 징수기관으로 '상무소'를 설립하였다. 초기 한국 정부의 재정 확보를 위한 징수기관적 성격을 띤 상무소는 점차 그 특권적 권리가 사라지자 조선인 상인들의 이익을 대변하는 상회 조직으로 전환되어갔다. 이후 이 상무소는 조선인 상인들의 이익단체인 동래상업회의소로 바뀌었다고 한다. 그는 또한 학교설립에도 눈을 돌렸다. 당시 조선의 개화 지식인들은 근대적인 문물을 배우고 익히는 근대적인 학교야말로 조선의 근대화를 달성하기 위해 꼭 필요한 일이라고 생각하고 있었다. 박기종도 또한 예외는 아니었다. 박기종은 5명의 공동출자로 부산 최초의 신식학교인 개성학교를 설립하였다. 개성학교는 전국에서 3번째로 설립된 일어학교였는데,

그런 연유로 교장을 비롯한 교사들은 일본인으로 이루어졌다. 또한 1897년 공립학교로 인가를 받아 학부로부터 보조금을 받았다. 하지만 일본 외무성으로부터도 보조금을 받는 등 박기종 등의 최초 설립의도와 점차 달라졌고 점점 일본의 조선 진출과 결부되어 활용되었다.

1898년 박기종은 외부참서관이 되는데 이때부터 철도건설에 주력하였다. 이는 대한제국의 성립과 함께 이루어지는데, 대한제국이 표방한 광무개혁은 자주적인 근대화를 추구하였고 그에 따라 조선인들에 의한 회사설립에 적극적이었다. 특히 관료들의 회사설립이 가장 활발한 시기라고 할 수 있고 이러한 시대적 분위기를 이용하여 박기종은 철도부설과 관련된 회사의 설립에 적극적으로 관여하였다. 박기종은 1898년 윤기영과 함께 "국가를 부강케 함은 상무가 제일이오 상무를 흥왕케 함은 철도가 제일이다"는 취지하에 '부하철도회사(釜下鐵道會社)'를 설립하였다. 부하철도회사는 부산항으로부터 하단포에 이르는 15리(6킬로)의 길에 화물수송을 주로 하는 경편철도를 건설하는 것을 그 목적으로 하였다. 따라서 박기종 등은 부하철도회사의 설립과 함께 경편철도 건설을 위해 농상공부에 그 인가를 청원하였다. 당시 하단포는 구포와 함께 낙동강 연안을 따라 경상남북도의 중요한 물산이 집결하는 포구로서 여기에 집산된 물산은 다시 육로 또는 연안항로를 따라 부산항에 운반되었다. 그러나 하단포와 부산항을 잇는 육로는 높은 고개가 가로막고 있어 운송에 어려움을 겪고 있었으며, 연안항로는 바다와 강이 만나는 몰운대 앞의 험난한 바다로 인하여 많은 선박들이 난파되는 유명한 곳이었다. 이 때문에 박기종은 부산항과 하단포를 잇는 경편철도를 부설하여 이를 통해 경상남북도의 물산을 부산항으로 운반하고자 하였다. 더 나아가 이렇게 운반한 물산은 부산항을 통해 일본 등으로 수출하고자 하였다. 그러나 박기종을 중심으로 하는 조선인들의 이러한 계획은 결국 수포로 돌아갔다. 왜냐하면 철도건설을 위한 자금조달이 제대로 이루어지지 못하였고, 당시 일본에 의해 추진되던 경부선 건설이 하단포의 상류에 있는 구포와 부산항을 연결하도록 계획되는 등 강력한 경쟁선이 존재하였기 때문이었다. 뿐만 아니라 부산항과 하단포 간 철도부설 예정지에는 대티고개라는 큰 고개가 있어 철도건설에 걸림돌로 작용하였다. 그러나 부하철도는 부산을 기반으로 한 조선인에 의해 기획된 최초의 철도라는 점에서 나름의 의미를 지닌다고 할 수 있을 것이다.

1899년 다시 박기종은 정부의 국내 주요철도의 직접 건설 방침과 함께 대한국내철도용달회사의 설립에 발기인으로 참여하고 경원선, 함경선 부설을 신청하여 허가를 받았다. 이 회사의 구성도 당시 대신이었던 이하응, 이재순, 민영철 등이 차례로 사장이 되는 등 고위 관료를 중심으로 이루어졌지만 실무는 박기종이 맡았다. 이와 동시에 대한철도회사라는 이름으로 만료된 프랑스의 경의철도 부설권도 획득하였다. 그러나 철도부설을 위한 자금조달은 문제가 아닐 수 없었다. 고종의 내탕금 하사표명도 있었으나 실제 이루어지지 않았고 관료들의 봉급 중 일부를 주식 형태로 출자하도록 하였으나 실현되지 못했다. 또한 경원철도의 부설도 주식출자가 제대로 이루어지지 않아 완전히 실패로 돌아갔다. 이에 대해 박기종은 일본으로부터의 차관도입을 시도했고 이러한 차관요구에 일본은 부설권의 양도를 목적으로 접근하여 결국 일본에게 부설권들이 이양되고 말았다. 또한 삼랑진과 마산을 연결하는 삼마철도 부설을 계획하여 영친왕궁의 보호요청과 함께 부설을 위한 영남지선철도회사도 설립하였다. 그러나 영남지선철도회사는 처음부터 일본인들에게 출자를 의뢰하는 등 완전히 일본자본에 종속되었다. 결국 삼마선은 일본의 완전출자하에서 일본의 손에 의해 건설되었고, 회사가 부채를 완전히 해결할 때까지는 열차운행도 일본이 담당하였다. 박기종의 철도부설계획은 결과적으로 일본의 조선 진출에 길을 내어준 것으로 끝나버렸다.

박기종은 대부분의 개화지식인들과 유사한 길을 걷다가 자신이 추구하려고 한 조선의 근대화를 이룩하지 못했다. 자주적 근대화에 강한 의지를 표명하였지만 현실적인 자금난으로 말미암아 일본의 조선 진출에 도움을 준 꼴이 되고 말았다. 일본의 조선 진출 야욕에 어두웠던 국제정세관뿐만 아니라 그가 일본과의 관계 속에서 성장하였고 근대화 또한 일본을 통해 배웠다는 태생적인 한계가 일본에 의지하게 만들었던 요인이 아니었을까.

Ⅲ. 식민도시 부산과 윤상은의 사회·경제적 활동

조선을 강제적으로 병합한 일제는 그들의 식량 및 원료 공급지로 만들기 위한 작업에 착수하였다. 토지조사사업을 비롯한 일련의 정책은 조선을 일본의 식량 및 원료 공급지로 만들기 위한 정책의 일환이었다. 개항 이후 특히 대한제국기 자주적 근대화를 위해 많은 조선인 회사들이 설립되었지만 이 조선인 회사들의 성장은 일제의 이러한 식민지 정책에 부합되지 못했다. 또한 조선인 자본의 확대가 식민지 정책에 방해가 될 수 있었다. 그렇기 때문에 식민지 정책이 허용하는 회사에 대한 재편 및 통제가 필요하였다. 일제는 조선회사령을 통해 회사에 대한 통제에 들어갔고 철저하게 조선을 농업을 중심으로 하는 산업에 집중하도록 하였다. 이러한 정책이 조선 내 자본의 성격을 규정하는 요인이 되었고 이러한 속에서 조선인 자본가의 성장이 이루어졌다.

조선후기 이래로 성장하였던 상인층들은 일본상인과의 경쟁에서 몰락하고 새롭게 토지를 통해 성장한 지주들의 기업투자가 활발해 지면서 자본가로 성장하게 되었다. 특히 1차 세계대전을 통한 일본의 호황은 이러한 조선인 지주들의 기업투자를 활발하게 만든 요인이었다. 일제는 더욱 적극적으로 일본으로부터의 투자를 활성화하기 위하여 조선회사령을 철폐하고 관세령 또한 일부만을 남겨두고 철폐하였다.

한말 동래부사와 사천군수를 지낸 윤홍석의 3남으로 태어난 윤상은 또한 이러한 상황 아래 일제 강점기를 살아간 조선인 자본가 중 한 사람이었다. 그의 집안을 살펴보면, 형제는 필은·명은·영은이 있었는데, 큰 형 필은은 동래부사와 경상우도 관찰사, 동래부 감리를 지냈다. 필은의 자식으로 현태와 현진이 있었는데, 현태는 부산에서 각종 사회운동에 참여하였고, 현진은 각종 사회운동에 참여하면서 1919년 3·1운동 이후 상해임시정부에서 재무차장을 지냈다. 둘째 형 명은은 한말에는 고성군수, 일제 강점기에는 울산군수를 지냈고, 동생 영은은 1909년 구포초등학교를 졸업한 뒤 일본에서 유학했으나 건강이 나빠 중퇴하였다. 그의 집안은 한말 관료 집안으로 일제 강점기가 되자 사회운동에 뛰어든 인물들이 많아 이러한 분위기가 윤상은에게도 상당한 영향을 미쳤다.

윤상은은 장인 박기종이 세운 개성학교에서 신학문을 배웠고 장인의 도움으로 1904년에 동래감리서 주사가 되어 주로 회계를 맡았다. 그러나 을사조약의 체결로 감리서가 폐지되자 부모가 남겨 둔 논밭, 갈대밭을 경영하면서 양잠업에도 관심을 기울였다. 이처럼 그는 구포를 중심으로 한 낙동강 유역의 토지에 대한 투자와 경영을 통해 성장하였다. 그 와중에 1906년 부산에서 일본인 상업회의소 주체로 박람회가 열렸다. 박람회는 일본의 근대화와 일본 상품의 우수성을 선전하여 일본의 조선 진출을 도모하려는 기획 속에 열렸다. 따라서 전시된 물품은 일본 내 그리고 조선 내 일본인들이 만

동경유학생과 박기종
(박기종은 중앙, 윤상은은 오른쪽 끝)

든 상품들로 대부분 채워졌다. 그 가운데 윤상은의 양잠업은 은상을 수상하여 그 농업경영의 우수성을 알렸다. 이러한 농업경영을 통해 성장한 윤상은은 구포를 중심으로 부산지역의 중요한 경제인으로 성장하였다.

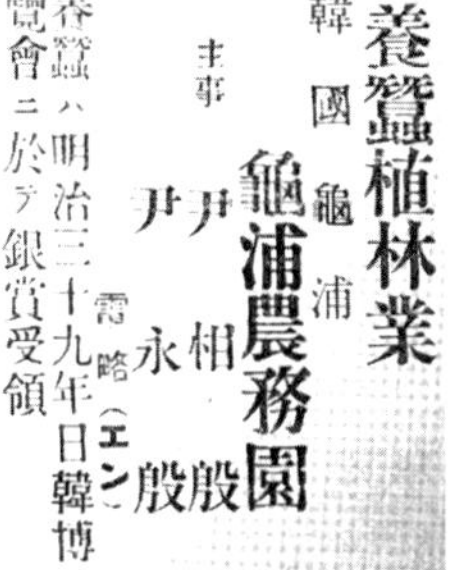

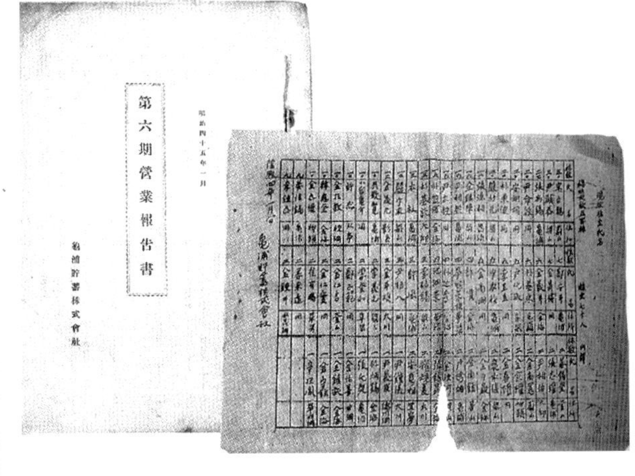

〈상〉 구포저축주식회사영업보고서 제6기와 주주명부(1910)

〈좌〉 윤상은 · 영은 형제와 양잠업 광고

　농업경영을 통해 성장한 윤상은은 구포지역의 조선인 상인을 비롯한 조선인 자본가들의 자금난을 해소하기 위해 1909년 구포저축주식회사를 창립하였다. 당시 조선인 상인들은 일본인 상인들에 비해 자본이 열악하고 금융기관의 미비로 인하여 거의 몰락할 위기에 처해 있었다. 이러한 조선인 상인들의 어려움을 인식한 윤상은과 장우석은 조선인 상인 및 조선인 자본가를 위한 금융회사의 설립을 인식하고 구포저축주식회사를 설립하였다. 이 회사는 일제 강점기로 들어가자 조선회사령과 은행령에 따라 대부회사가 아니라 완전한 은행으로 전환하지 않을 수 없었다. 이 과정에 부산지역의 일본인과 조선인 자본가들이 대거 참여하였고, 인근의 밀양, 창원, 사천 등의 지주들이 주주로 참여하면서 윤상은은 경영에서 밀려나게 되었다. 더 나아가 구포은행은 초량의 조선인과 일본인들의 영향력이 커지면서 1915년 경남은행으로 이름을 바꿨고 본점도 구포에서 초량으로 이전하였다. 순수한 조선인 자본으로 조선인들을 위해 설립된 구포은행은 이제 일제의 조선병합과 같은 운명으로 일본인이 중심되는 은행으로 변질되어 갔다. 이후 윤상은은 다시 경영권을 회복하기 위해 농업경영에 매진하였다. 낙동강 하류 뻘밭이었던 맥도를 매입·개간하여 2천 석 규모의 토지로 만들었다. 그는 이를 기반으로 다시 경남은행의 대주주가 되었다. 그러나 다시 3·1운동 후 조카 윤현진의 상해 임시정부 참여, 독립자금 제공에 대한 경찰의 감시 등으로 인하여 경영에서 물러나면서 경남은행의 경영에 더 이상 참여하지 않았다. 이후 경남은행은 1920년대 경영난으로 대구은행과 합병하여 경상합동은행이 되었다. 경상합동은행은 1941년 한성은행에 합병되고, 한성은행은 1943년 동일은행과 합병하여 조흥은행으로 거듭났다. 결국 구포은행은 일제 강점기 조선인 은행의 맥을 이었던 조흥은행의 한 갈래로 그 명맥을 유지하였다.

이와 같은 경제활동과 함께 윤상은은 교육 및 사회운동에도 관여하였다. 조선의 근대화와 나라의 위기에 대처하기 위해 많은 한말 계몽 운동가들은 실력양성을 주장하며 민족 교육의 필요성을 강조하였다. 윤상은도 한말 계몽 운동가들과 같이 교육의 필요성을 인식하고 구포의 유지인 장우석의 도움으로 구포에 강습소를 마련하였다. 이것이 1907년 개교한 구포구명학교였다. 이후 구포구명학교는 백산 안희제도 교장을 맡을 정도로 이 지역의 민족 교육의 산실로서

구포구명학교 1회 입학식 광경(1907)

수많은 학생들을 배출했다.

한편 윤상은은 농업과 은행 경영을 통해 얻은 이익금을 독립자금과 사회운동에 지원하였다. 1910년대 말 부산에는 제1차 세계대전 후 호황기를 이용해 백산상회를 비롯한 민족계 회사들이 많이 설립되었다. 이들 회사들은 3·1운동을 기점으로 상해 임시정부에 많은 독립자금을 제공했는데, 윤상은은 이들에게 현금대부를 많이 해주었다. 또한 조카 윤현진이 상해 임시정부의 재무차장이었기에 이러한 독립자금 제공과 관련하여 많은 도움을 주었을 것이다. 이 때문에 일제 경찰은 윤상은을 압박하였고, 그는 이를 피해 일본으로 유학가게 되었다.

한편 3·1운동 이후 조선총독부의 식민지 통치형태가 무단통치에서 문화통치로 전환하자 그 기회를 이용하여 부산지역에 많은 사회단체들이 설립되었다. 기미육영회, 부산예월회 등이 부산지역의 대표적 사회단체였다. 윤상은은 기미육영회에 가입하여 인재들을 매년 유학보내는 데 힘썼다. 그중 대표적인 인물은 조선어학회사건으로 유명한 국문학자 이극로였다. 기미육영회의 인연으로 조선어학회사건이 일어나자 윤상은은 홍원 경찰서에 불려가 어학회에 자금을 지원한 사실을 자백하도록 강요받기도 했다.

그러나 윤상은 자신과 같은 처지의 민족주의자들처럼 1930년대 들어가면 일제의 탄압 가운데 적극적인 민족운동에 참여하지 못하고 단순한 온돌개선, 색의착용운동 등 소극적인 문화운동에 참여하였다. 이러한 소극적인 운동으로 말미암아 전시동원체제에 들어가자 일제의 관변단체에 동원되어 조선 민중을 죽음으로 밀어 넣는 일에도 동원되는 수모를 당하였다. 1938년 전국 최대의 황민화운동 단체인 국민정신총동원조선연맹이 조직되자, 윤상은은 동래군 연맹에 다른 유지들과 함께 참가하였다. 물론 일제 말기 관변단체의 참여가 친일화의 증거일 수는 없다. 더군다나 일제의 강권에 의한 강제적인 참여일 경우 어쩔 수 없는 부분도 존재하였다. 한 인물의 친일여부에 신중한 검토가 필요한 이유도 여기에 있다. 하여튼 윤상은의 국민정신총동원조선연맹의 참가는 그의 생애에 가장 큰 오점이었다.

이상과 같이 우리는 한말~일제 강점기 부산지역에서 활동한 자본가를 통해 조선인 자본가의 정치·경제·사회활동을 살펴보았다. 개항 이후 일제 강점기라는 특수한 상황 아래 조선인 자본가는 열악한 환경 속에서도 자본의 확대를 위해 노력하였다. 또한 그들을 보호해줄 '민족국가'라는 큰 울타리가 없으면 자신들의 자본 확대도 이루어지지 않는다는 것을 인식하고 민족국가 수립을 위한 정치·경제·사회·교육 활동을 전개하였다. 하지만 이러한 조선인 자본가들의 노력은 일제의 조선침략이 본격화되면서 점점 무위로 돌아갔고 자신들의 기반도 서서히 몰락해갔다.

부산 또한 조선 전체의 흐름과 다르지 않았다. 부산이라는 지역은 조선 후기 상품화폐경제의 발달과 일본과의 무역을 통해 이미 토착적인 상인들이 성장하고 있었다. 그러나 개항은 부산의 토착상인들을 세계자본주의체제에 적응하지 못하면 몰락할 수밖에 없는 상황으로 내몰았다. 대부분의 조선인 자본은 외압의 크기가 점점 강해지자 개항 이후 뿌리를 내리고 있던 일본자본과의 경쟁 속에서 몰락을 경험해야만 했다. 조선인 자본가들은 이러한 경제적 환경에 살아남기 위해 조선인 간의 연대를 시도하였고 교육을 통해 극복하려고 애썼다. 하지만 이러한 조선인 자본가들의 노력은 일본의 조선 병합과 함께 무위로 돌아갔다. 이제 조선 민족을 위해 투쟁하거나 아니면 일제의 동화정책에 포섭되어 일제의 식민지 정책에 순응할 수밖에 없었다. 이 갈림길에서 일부의 조선인 자본가들은 자신들의 경제활동을 통해 독립운동에 기여하는 자들도 있었지만 대부분은 일제의 정책 속에서 자신의 자본을 유지·확대하고자 하였다. 결국 일제의 회유와 억압이 강해지자 조선인 자본가들은 점차 노골적으로 일제에 협력하는 자들이 생겨나게 되었고 이러한 움직임이 전국적으로 확대되었고 부산도 예외가 아니었다. 물론 이와 달리 일제 강점기 경제활동을 통해 생긴 수익금을 독립운동에 사용하여 일제의 감시와 투옥이라는 고통을 받으면서도 이러한 활동을 멈추지 않은 자도 있었다. 하지만 이러한 예는 극히 일부에 지나지 않았다.

■ 참고문헌

권오현, 「한국 최초의 철도·기선왕」, 『어둠을 밝힌 사람들』, 부산일보사, 1983.
김동철, 「19세기 우피무역과 동래상인」, 『한국문화연구』 6, 1993.
김동철, 「내달리지 못한 '근대의 꿈' 박기종」, 『시민을 위한 부산 인물사』 근현대편, 부경역사연구소, 2004.
藤永壯, 「開港後의 '會社'設立問題를 둘러싸고」, 『韓國近代社會經濟史의 諸問題』, 부산대학교출판부, 1995.
부경역사연구소, 『부산, 역사향기를 찾아서』, 부산은행, 2005.
역사학연구소, 『함께 보는 한국근현대사』, 서해문집, 2004.
전성현, 「일제시기 동래선의 건설과 근대 식민도시 부산의 형성」, 『지방사와 지방문화』 12-2, 2009.
차철욱, 「근대 부산경제의 견인차 윤상은」, 『시민을 위한 부산 인물사』 근현대편, 부경역사연구소, 2004.

■ 사진출전

1. 조선인삼 – (일본 나고야성박물관 소장 : 『부산근대역사관』, 2003)
2. 향보정은(享保丁銀) – (일본 나고야성박물관 소장 : 『부산근대역사관』, 2003)
3. 포산항 견취도 – (대전 아드리아호텔 소장 : 『부산고지도』, 2009)
4. 부산항 총무회소 자료집 – (부산시민시립도서관 소장 : 『부산근대역사관』, 2003)
5. 부산판찰관 시절의 박기종 – (『기록사진으로 보는 부산·부산항 130년』, 2005)
6. 기선회사장정 – (규장각 소장 : 『부산근대역사관』, 2003)
7. 동래상업회의소 – (『부산근대역사관』, 2003)
8. 개성학교 개교식 – (『시민을 위한 부산인물사』 근현대편, 2004)
9. 동경유학생과 박기종 – (『어둠을 밝힌 사람들』, 1983)
10. 윤상은, 영은 형제와 양잠업 광고 – (『시민을 위한 부산인물사』 근현대편, 2004)
11. 구포저축주식회사영업보고서 제6기와 주주명부 – (개인 소장 : 『부산근대역사관』, 2003)
12. 구포구명학교 1회 입학식 광경 – (『시민을 위한 부산인물사』 근현대편, 2004)

부산의 근대건축과
문화유산의 보존과 활용

김 기 수

* 이 글은 2009 · 2010 부산문화관광해설사 교육 교재를 재편집한 것이다.

근대도시 부산은 한반도의 동남단에 위치한 천혜의 부산항을 모체로 발달한 우리나라 제1의 항구도시이자 동남경제권의 중심도시로 일찍부터 해양문화를 기반으로 발전해 왔으며 근대 한국의 경제성장을 주도해 왔다. 신라시대 왜(倭)를 방어하기 위한 전략적 요충지였던 부산은 조선시대에는 해상방어를 위한 요충지이자 대일(對日)외교의 중추적 역할을 하였다. 조선의 국제도시였던 부산은 1876년 외세에 의해 개항된 이래 항만을 중심으로 근대도시의 모습으로 탈바꿈했다. 특히 일제강점기 일본은 부산에 부산부(釜山府)를 설치하고 식민정책을 실현키 위하여 전차·수도·항만시설 등 도시 기간시설을 집중적으로 건설하기도 하였다. 이와 같이 도시부산은 근대기에 접어들어 급격히 성장한 탓에 근대적 특성을 지닌 많은 건축문화유산이 남아있지만 타 도시에 비해 근대문화유산에 대한 관심과 활용에는 소극적인 편이다.

우리나라에서는 1980년대에 들어서 근대유산 보존에 대한 관심을 가지면서, 1996년 문화재보호법(文化財保護法)에 근대건축물 등의 보존을 위한 제도를 도입하였다. 특히 근대 건축물에 대한 문화재의 가치를 '지정문화재(指定文化財)'라는 용어를 대신하여 '등록문화재(登錄文化財)'라는 용어를 사용하여 근대건축물에 대한 보호 가능성을 열어두었다. 이는 기존개념에 의한 문화재보호가 아니라 사용자가 건물기능을 정비, 확충하는 동시에 사용자의 의사를 최대한 존중하고 현대적인 용도를 수용하면서 보존한다는 의미를 갖고 있다. 한편 이 제도는 도시 맥락적 관점에서도 근대유산이 다양한 활용 가능성을 가지고 있음을 시사하고 있지만 아직은 초기 단계로 근대건축물의 보존과 활용을 둘러싼 논란이 일어나고 있다.

I. 부산의 근대건축

1. 초량왜관(草梁倭館)과 건축

부산은 조선정부의 외교관을 비롯해서 일본사절, 그리고 조선과 일본, 중국 등 국내외의 많은 상인들이 찾았던 국제무역 도시로 일찍부터 일본인 거류지(居留地)인 왜관(倭館)이 설치되었다.

태종 7년(1407)에 처음으로 부산포(富山浦)와 제포(薺浦)에 설치된 왜관(倭館)은 시대에 따라 많은 변천이 있었지만 1544년 이후 부산에만 존속하였다.[1] 최초, 부산포(富山浦)왜관은 현재 부산항의 동북쪽에 있는 자성대(子城臺)의 동쪽에 있었으며 이곳에 거주하였던 가구는 67호로 323명 정도의 일본인(日本人) 마을을 형성하고 그들의 사찰까지 세웠다고 한다. 조일(朝日) 간의 격한 역사의 흐름 속에서 증설과 이전, 폐쇄를 반복하였던 부산포(富山浦)왜관은 임진왜란이 일어난 1592년까지 남아 있었다. 임진왜란(壬辰倭亂, 1592)으로 왜관을 폐쇄한 조선은 1603년부터 1607년까지 약 5년간 절영도(현 영도의 대한조선공사 일대)에 임시로 왜관을 설치하기도 하였다. 이후 조일(朝日) 양국 간에 국교가 재개되면서 1607년 두모포(지금의 수정시장과 고관일대)에 정식으로 1만여 평 규모의 왜관을 설치하여 1678년 초량으로 왜관이 옮겨가기까지 71년간 지속되었다. 초량왜관(草梁倭館)은 숙

〈그림 1〉 通信使行列圖(1711년)

---

1) 김의환, 『부산근대도시형성사연구』, 연문출판사, 8쪽.

종 2년(1676) 대마도에서 150여 명의 목수와 기술자들을 데려와 공사를 시작하여 1677년 7월 낙성식과 함께 이주하였다.

초량왜관은 남쪽과 동쪽은 바다에 접하고 11만여 평 대지에 '동관삼대청(東館三大廳)'과 '서관삼대청(西館三大廳)' 및 왜측 개인객사 등 56종류 796칸의 가옥를 포함하여 1천 명 이상이 거주하였다. 현재의 용두산을 중심으로 서관(현재 신창동)은 정례사절이 체재하던 곳, 동관(현재 광복동·동광동)은 관리의 숙소 겸 집무소인 관수옥(館守屋)이 자리하고 있었다. 당시 조선정부는 왜관의 건물들이 일본식 일색으로 될 것을 우려하여 왜목수에 의한 공사를 반대했으나, 상당수의 왜목수와 각종 건축재료, 공구 등의 반입이 허용되었고 일부 건축물들은 일본식으로 지어졌다고 한다.[2]

한편, 초량왜관은 1876년의 강화도 조약에 의거 부산조계조약(釜山租界條約 - 1877년)이 체결되어 왜관 내에 있었던 조선정부의 일부 건물도 일본인에게 매각되면서 일본인들의 전관거류지(專管居留地)로 변하게 된다. 특히 1894년의 '부산일본제국전관거류지 지소대도규칙(釜山日本帝國專管居留地地所貸渡規則)'에 의해 부산의 일본인 전관거류지는 매매 및 양도가 자유로워 마치 일본의 영토와 같아 많은 일본식 건물과 서양식의 건축들이 축조되기 시작하였다.

〈그림 2〉 1910년 부산항전경

---

2) 夫學柱, 「초량왜관에 관하여」, 한국역사학회 2004년 한일국제학술발표, 43~47쪽.

〈그림 3〉 왜관의 위치변화

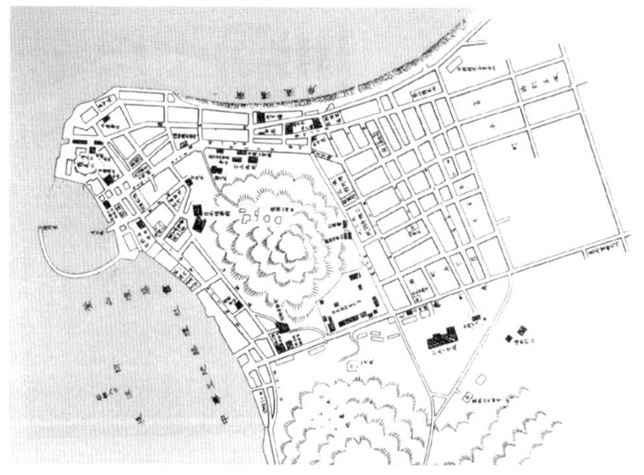

〈그림 4〉 초량왜관(1903)

2. 부산의 근대건축

근대기 부산에 건설되었던 건축물의 특징을 정리해보면 다음과 같다. 개항초기 대부분의 주요건물은 관청 위주로 건설되었으나, 이후 거류지내 일본인의 수가 증가함에 따라 학교, 병원건물이 건설되기 시작하였다. 이어서 부산을 거점으로 경제적 침략과 대륙침투를 위한 근대식 상업건물과 공공

건물이 건설되기 시작하였으나 건축물의 형태는 목구조 서양풍의 건축이 다수를 이루었다. 1910년 이후에는 본격적인 근대식 건물이 건립됨에 따라 조적식 구조의 서양풍(르네상스양식) 건축양식이 선보이기 시작하였다. 건물 규모는 상품진열관을 제외하고는 대부분 2층 이하였으나 부산우체국에는 지하실이 있었다고 한다.

1920년대 초반부터 본격적으로 진출한 일본기업들은 부산에 은행을 중심으로 한 상업건축물을 건설하기 시작하였다. 당시 상업건축물의 경우 기능주의, 합리주의적 경향의 디자인이 선보이기도 하였으나 여전히 일본식 서양풍 건축이 주류를 형성하였다고 보인다. 주요 건축재료는 목조와 함께 조적조, 그리고 대규모 공사의 경우 철근콘크리트가 사용되었으며, 특히 근대 건축물의 등장과 함께 부산에는 지역별로 건축물이 군집하는 현상이 나타나게 되었다. 그 예로 광복동과 동광동에는 상가와 사무소, 은행 건물이 주를 이루며 오피스가를 형성하였고 신창동에는 양조장, 부평동은 미곡상과 시장, 대교동에는 창고, 충무동에는 어시장 등 상가와 창고가, 초량동이나 대신동, 보수동 등에는 주택가가 형성되었다.

1) 주요 관청건축물

- 구 이사청: 우리나라 최초의 서양식 건축물이자, 부산에 처음 지어진 일본공관(1909년 신축). 2층의 목조건물로 르네상스풍의 외관에 주현관 상부에 발코니가 있었다.
- 구 경남도청: 경남도청은 붉은 벽돌의 2층 건물로 서구식 르네상스 양식으로 한국동란 당시 임시정부청사(臨時政府廳舍)로, 이후 부산지방법원 및 검찰청사(1984~2001)로 사용되기도 하였다.
- 부산경찰서: 사각형의 2층 목조건물로 서양식의 창과 일본식 기와지붕을 가졌다.
- 부산세관: 1910년에 지어진 세관은 2층 벽돌 건물로 영국풍의 르네상스 양식이었다.

2) 주요 공공건축물

- 구 부산유치원: 1987년 우리나라에서 최초로 일본인에 의해 지어진 유치원 시설로 일본인 고급관료의 자제나 부잣집 자녀들을 위해 건립된 교육기관이었다.
- 구 부산역: 1910년에 지어진 부산역은 르네상스식의 아름다운 조형미를 자랑하던 건물로 맞은편의 세관청사와 함께 부산의 대표적 근대 건축물이었다.
- 부산우편국: 1910년에 준공된 2층 건물로 전형적인 르네상스 양식의 석조마감의 건축물이었다.
- 제생병원: 부산에 최초로 건립된 근대병원으로 1876년에 지어졌다.

3) 주요 상업건축물

- 부산 상품진열관: 부산상공회의소의 모태인 상품진열관은 개항 이후 부산에 모습을 드러냈던 서구식 건축물 가운데 가장 완벽한 형태를 갖는 건물이었다.
- 구 조흥은행 영주동 지점: 1927년에 준공되어 안전은행 부산지점으로 사용하였던 건물로 2층 조적조였다.

〈그림 5〉 부산부청(멸실)

〈그림 6〉 구 경남도청

〈그림 7〉 부산세관(멸실)

〈그림 8〉 부산유치원(멸실)

〈그림 9〉 부산역(멸실)

〈그림 10〉 부산 상품진열관(멸실)

Ⅱ. 부산의 근대문화유산

1. 근대문화유산 조사

　전통과 현대를 잇는 가교 역할을 하는 근대문화유산에 대한 재조명과 정당한 가치를 부여하고 보존·관리하기 위하여 2004년 4월부터 2005년 2월까지 약 10개월 동안 부산지역 4개 대학 8명의 연구원과 16명의 연구 보조원이 근대문화유산 조사작업에 참여하였다. 공간적 범위로는 행정구역상 부산광역시 전역을 대상으로 하였고 시간적 범위 서양문물의 유입시기인 19세기 말부터 일제강점기와 한국동란을 전후한 사회적 과도기인 1960년까지로 한정하여 조사를 실시하였다. 내용적으로 근대문화유산은 건축물, 산업구조물, 생활문화유산, 역사유적, 인물유적 등의 유형으로 구분하여 목록을 작성하였다. 조사결과 시기별로는 1930년대가 61건으로 많았고 연대의 추정이 불가능한 경우도 13건이 있었다. 종류별로는 건축물이 116건으로 가장 많았으나 항만 철도 등 도시기반시설이 68건으로 비교적 많이 남아있다. 당시 지역별로는 중구가 43건, 도시 외곽에 위치한 강서구에서 29건의 문화유산이 조사되었지만 현재 일부 멸실된 근대문화유산들도 있다.

〈표 1〉 연대별 지역별 분포 현황표

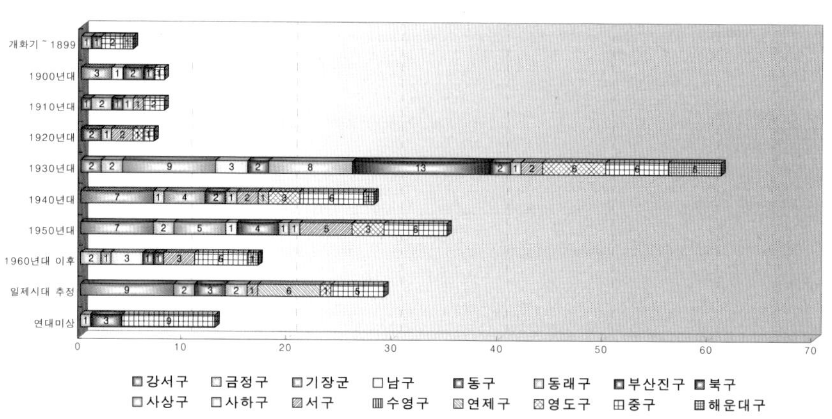

〈표 2〉 부산지역 근대건축물 문화재 현황(2008.1)

시도지정문화재 (유형문화재)				
연번	건물명	건립연대	지정일	지정현황
1	가덕도등대	가덕도등대	1909	2003.9.16	부산시유형문화재 50호

시도지정문화재 (기념물)				
연번	건물명	건립연대	지정일	지정현황
1	구. 동양척식부산지점　현. 부산근대역사관	1929	2001.5.16	부산기념물 제49호
2	구. 부산지방기상청　현. 부산지방기상청	1933	2001.10.25	부산기념물 제51호
3	구. 경남도지사관사　현. 임시수도기념관	1926	2002.5.6	부산기념물 제53호
4	구. 부산진일신여학교　현. 부산경남교역자연수원	1905	2003.5.6	부산기념물 제55호
5	구. 부산대교　현. 영도대교	1934	2006.11.26	부산기념물 제56호

등록문화재				
연번	건물명	건립연대	지정일	지정현황
1	구. 부산임시수도정부청사　현. 동아대학교 박물관	1925	2002.9.13	등록문화재 제41호
2	구. 송정역　현. 송정역	1934	2006.12.4	등록문화재 제302호
3	구. 복병산배수지　현. 복병산배수지	1910	2007.7.3	등록문화재 제327호
4	구. 경남상업고등학교본관　현. 부경고등학교 본관	1927	2007.7.3	등록문화재 제328호
5	구. 남선전기　현. 한국전력 중부산지점	1932	2007.7.3	등록문화재 제329호
6	구. 정란각　현. 정란각	1939	2007.7.3	등록문화재 제330호
7	구. 다나카 주택　현. 일맥문화재단	1925	2007.9.21	등록문화재 제349호
8	구. UN 묘지　현. 재한유엔기념공원	1951	2007.10.24	등록문화재 제359호

2. 부산지역의 주요 근대문화유산

　1948년 한국정부의 통계에 따르면 부산지역의 일식주택은 6만여 건 이상으로 통계에 산입되지 않는 경우를 합치면 약 10만여 건 이상으로 추정되며 이는 부산시의 두 집 건너 한 집이 일식주택이었다고 해도 과언이 아니다. 따라서 부산은 개항 이래 일본인들이 가장 많이 거주했던 지역이었던 만큼 일본식 건축의 비율도 어느 도시보다 높았던 것으로 보이며 현재까지도 상당한 수의 건축물들이 남아 있다. 현재 부산지역의 근대건축물 보존 현황을 살펴보면 시도지정문화재로 기념물(記念物) 5건 지정되어 있으며 등록문화재(登錄文化財) 2건이 등록되어 있다. 지난 10개월 동안 조사된

총 214(추후 3개 건축물 추가)건을 근대문화유산 조사목록으로 정리한 바 있다. 이 중에서 25건 32개의 건축물을 부산지역 근대문화유산으로 등록하기 위하여 문화재청에 추천한 바 있다. 또한 해당 관리 주체에게 주요 건축물로 특별 관리를 권고한 건축물이 5건(7개) 있다. 주목할 만한 건축물로는 한국 최초의 도개교인 영도대교와 최초의 수도시설인 성지곡수원지가 비교적 양호한 상태로 현존하고 있으며, 항만도시 부산의 특성을 잘 보여주는 시설인 제뢰등대, 방파제 시설 등도 남아 있다. 또한 해안가를 중심으로 군 시설과 근대식 공원인 용두산 공원이 남아 있다.

1) 구) 일신여학교

연도	명칭	소재지	용도	구조 및 규모	보존상태	기타
1905	구. 일신여학교 현, 부산경남교역자 연수원	동구 좌천동	구. 교육시설	석조/ 목조 지상2층	외형보존 전시시설로 공사 중	기념물 55호

부산에서 현존하는 가장 오래된 근대건축물로 선교사 Menzies에 의해 1905년 준공되었다. 건물은 1층은 석조, 2층 목구조위 벽돌로 마감한 서구식 건축양식으로 전면 발코니를 갖고 있는 정사각형에 가까운 평면이다.

2) 부산임시정부청사

연도	명칭	소재지	용도	구조 및 규모	보존상태	기타
1925	구. 경상남도청사 현 동아대 박물관	서구 부민동	구. 공공시설 현. 교육시설	조적조 지상2층	외형보존 박물관	등록문화재 41호

1925년 진주에서 이전한 경상남도청사는 한국동란 당시 임시수도정부청사로 사용되었으며 현재는 동아대학교 박물관(博物館)으로 사용하고 있다. 건물은 2층 규모이며 외장은 붉은 벽돌로 르네상스 양식으로 평면은 수차

에 걸쳐 증축되었다. 인근에는 상무관이 있었으나 현재 철거되었다.

3) 임시수도기념관

연도	명칭	소재지	용도	구조 및 규모	보존상태	기타
1926	구. 경남지사관사 현. 임시수도기념관	서구 부민동	구. 주거시설 현. 전시시설	목조 지상2층	원형보존 내부전시시설	기념물 53호

현재 임시수도 기념관으로 사용되고 있으며 화양식(和洋式)의 근대주택으로 지하 1층, 지상 2층 규모로 부산시 기념물 제53호(2002. 5. 6)로 지정되어 보존되고 있다.

4) 구. 동양척식주식회사 부산지점

연도	명칭	소재지	용도	구조 및 규모	보존상태	기타
1929	구. 동척부산지점 현.부산근대역사관	중구 대청동	구. 업무시설 현. 전시시설	철근 콘크리트 지상3층	외형보존 내부전시시설로 개조	기념물 49호

일제강점기 동양척식주식회사의 부산지점 건물로 사용되었던 곳으로 3층의 콘크리트 건물이다. 외부는 전형적인 합리주의 양식으로 부산시 기념물 49호(2001. 5.16)로 지정되었으며 현재 부산근대역사관으로 사용되고 있다.

5) 부산지방기상청

연도	명칭	소재지	용도	구조 및 규모	보존상태	기타
1933	구. 부산지방기상청 현. 부산지방기상청	중구 대청동	구. 업무시설 현. 업무시설	철근 콘크리트 지상3층	외형보존 일부개조	기념물 51호

1904년 부산에 최초로 측우소가 생긴 이후, 1933년 준공된 현 부산지방기상청 청사는 3층의 철근콘크리트 건물이다.

6) 영도대교

연도	명칭	소재지	용도	구조 및 규모	보존상태	기타
1934	구. 부산대교 현. 영도대교	중구 남포동 영도구 연선동	구. 도시시설 현. 도시시설	철근 콘크리트	외형보존	기념물 56호

영도대교(개통 당시 釜山大橋)는 영도와 부산을 잇는 연육교로 1932년 4월에 착공하여 1934년 11월에 개통된 최초의 연육교이다. 길이 214.7m, 폭 18.3m로 교량 면적은 3,948㎡, 도개 면적은 1,044㎡이며 도개 속도는 1분 30초~4분으로 도개 동력은 22마력이다. 총길이 214.7m 중 도개 부분은 부산측 31.30m 부분으로 1천 톤급 기선이 운항이 가능하도록 건설되었다.

7) 송정역

연도	명칭	소재지	용도	구조 및 규모	보존상태	기타
1934	구. 송정역사 현. 송정역사	해운대구 송정동 299-2	구. 철도시설 현. 철도시설	목조 1층	외형보존	등록문화재 302호

송정역은 1934. 12. 16 역원이 없는 무배치 간이역으로 영업을 시작하였으나 1941. 6. 1 보통역으로 승격되었다. 그리고 1976년 7월 차급화물업무를 중지하였다. 송정역은 운산, 단촌역과 유사한 형태로 1940년대의 전형적인 역사 건축의 모습을 보이고 있다.

〈그림 11〉
구)일신여학교

〈그림 12〉
부산임시정부청사

〈그림 13〉
임시수도기념관

〈그림 14〉
영도대교 전경

〈그림 15〉
부산근대역사관

〈그림 16〉
부산기상청

Ⅲ. 근대건축물의 재생 및 활용

1. 근대건축물의 보존가치

건축물을 보존하는 가장 좋은 방법은 원래의 용도로 사용하는 것이 최선책이지만 최근 급변하는 사회적 요구에 맞는 용도의 변경 혹은 일부 내부 공간의 변화를 허용하고 있다. 특히 서양의 국가들은 이미 1931년 아테네 헌장에서 국제적 기구의 창설을 주장하며 체계적인 복구계획의 필요성을 주장한 바 있다. 1964년 유네스코에 의해서 개최된 제2회 역사기념건조물 관계자인 건축가기술자 국제회의에서는 베니스 헌장을 채택한 바 있으며, 1994년 이코모스 회의에서는 보다 구체적인 보존 및 보수방법이 제시되었다. 특히 보존개념에는 형태와 의장, 재료와 재질, 용도와 기능, 전통과 기술, 입지와 환경, 정신과 감성, 그 밖의 내적 외적 요인을 포함하게 되었다. 보존과 복구를 위한 조건으로는 주변과의 조화와 역사적 경관의 형성 지역사회와 나아가 국가의 지역성과 역사성이 그 바탕이 되며 이들은 과거와 미래의 연결고리가 되고 있다. 이미 선진국은 1960, 1970년대 이후 연구자들을 중심으로 문화재 지정시 가치 평가방법에 대한 다양한 시각이 도출되면서 기존의 문화재활용의 기준이었던 역사적 상징성(象徵性)뿐만 아니라, 향토적인 의미, 건축역사의 이해, 디자인의 우수성 등 다양한 가치기준이 등장하고 있다. 이러한 의미, 도시적 맥락, 이미지 재생 등도 근대문화재의 활용 방법 범위에 포함한다. 따라서 건축물의 가치평가 기준의 변화와 함께 재생의 중요성이 강조되고 있지만, 보존 및 재생작업에 있어 문화유산의 가치를 어디에 둘 것인가에 의해 그 방법과 개념에 차이를 보이게 된다. 특히 역사적 건축물이 갖는 가치로는 시간이 흘러 건립초기의 모습이 사라졌음에도 여전히 그 의미를 유지하고 있는 역사적 가치와 시대의 건축적 유형, 도시의 기억과 지역의 역사성을 회복시키기는 건축적 가치가 중요한 의미를 갖는다. 가치를 갖는 건축물을 평가하는 중요한 개념은 진정성(authenticity)으로 이는 역사적 건조물의 보존활용에서 하나의 국제적 기준이 되며 근대건축물의 복원, 보존, 활용에 중요한 의미를 갖는다. 세계문화유산 일람표에는 이를 6개의 크라이테리어(criteria)와 4개의 오센티시티(authenticity)로 규정하고 있다. 먼저 Criteria로는 (1) 창조적 재능의 걸작 (2) 건축 발전에 커다란 영향을 끼친 것 (3) 현존하는 또는 소멸한 문화적 증거 (4) 시대양식의 견본 (5) 전통적 집락 혹은 토지이용의 예 (6) 사건, 전통, 사상, 신앙, 예술·문학작품 등에 관련한 것으로 규정하고 있다. Authenticity에는 (1) 재료 (2) 공작기량 (3) 디자인 (4) 환경이 있으며 이 가운데 재료가 결정적 요인이 된다.

2. 근대건축물 보존과 재생의 유형

보존의 일반적인 유형은 전체보존과 부분보존으로 나누고 있는데 여기서 부분보존은 파사드보존, 실내보존, 부재보존이며 이는 재생 활용을 위한 기법에 가깝다고 볼 수 있다. 재생의 경우 의미재생, 맥락적 재생, 이미지 재생으로 분류할 수 있으며 특히 원형보존이 아닌 그 외의 보존방법에서 새롭게 복원하는 방법이 사용된다면 이는 재생기법일 것이다.

〈표 3〉 근대건축물 보존의 유형

보존 유형		개념
전체 보존	현상보존	원래 건물의 기능을 변경하지 않고 그대로 계속 사용하는 것을 말한다. 이것은 종교적인 건축물의 보존이 중심이고 도심부의 건축물에 있어서는 토지의 유효 이용중시의 경향 때문에 곤란한 점이 많다.
	복원보존	이전에 있었던 개조나 변경의 제거에 의해 그 건조물의 전체 또는 일부를 건설 당시 또는 특정한 시기의 모습에 가깝게 해서 보존하고자 하는 개념
	이전보존	건축이 그 토지에서는 이미 존재할 수 없게 되고 그 토지가 다른 용도로 이용되는 경우에 건물 자체만은 보존하고자 하는 개념
부분 보존	파사드보존	건물 내부에 관해서는 필요에 따라서 개수가 허용되고 외관에 대해서는 철저한 보존을 하려고 하는 것으로 경관을 구성하는 하나의 요소로서 파사드를 취하며 파사드의 보존에 의해 경관구조의 변화를 방지하여 뛰어난 도시경관의 형성을 계획하는 것을 그 의도로 한다.
	실내보존	건물을 새롭게 재건축할 지라도 그 속의 유서 있는 특정한 한 실만을 보존하고자 하는 수법으로 신축된 건물 속에 그 실을 복원하고자 하는 것이다.
	부재의보존	건물 그 자체에 대해서는 보존이 불가능한 경우 장식기둥이나 아치 등 이미지를 남길 수 있을 것 같은 부재를 이용하여 새로운 건물의 장식으로 이용한다고 하는 것으로 비교적 간단하게 가능하기 때문에 자주 행해지고 있다.

〈표 4〉 근대건축물 재생의 유형

		재생의 유형
재생	의미의 재생	의미재생은 과거에 있었던 건축물이 완전히 사라졌음에도 지역의 역사와 기억이 남아 있어서 건축물의 이름만으로도 역사성과 의미를 가지는 것이다. 과거 도시의 기억을 새롭게 태어나는 건축물에 어떻게 담을 것인가가 의미재생에 있어서 중요한 개념
	맥락적 재생	근대건축물을 증축하거나 개축하기 위할 때 근대건축물의 입면 파사드의 일부분 또는 장식, 패턴 등을 증축하면서 과거와 현대건축물과의 조화를 이루게 하는 방법
	이미지 재생	이미지 재생은 건축물의 역사적인 보존가치가 높아서 본래의 형태와 기능을 유지하면서 보존하는 방법과 근대건축이라는 이미지와 형태만 남아있고 내부 공간의 기능은 완전히 바뀌어 사용하는 재생방법, 또한 실제로는 건축물이 남아있지 않지만, 원래 그 장소에 있었던 건축물의 이미지나 기술 등 건축의 근저에 있는 중요한 요소를 보존하려고 하는 개념

〈표 5〉 근대건축물 재생유형과 사례

재생유형과 사례						
유형	국내			국 외		
	건축물	사 진	내 용	건축물	사 진	내 용
의미 재생	조양 회관		일제시대에 건립된 건물임에도 불구하고 독립정신을 함양하려는 민족자본에 의해 한국인의 손으로 직접 건립되었다는 점에서 역사적 의미를 가진다.	도쥰칸		도시를 향한 훌륭한 경관과 디자인은 당시만해도 생소했던 소개인 콘크리트를 사용했다는 점에서 이 아파트는 일본 건축사에서 대단히 중요한 의미를 가진다.
맥락 의 재생	서울 시립 미술관		르네상스식 건물인 옛 대법원 건물의 전면부와 현대식 건물의 후면부가 조화를 이룬 건물이다.	교토 문화 박물관 별관		뒤쪽에 새로 건축한 건물이 과거건축물의 띠장과 재료의 패턴들을 증축한 건축물에 반영함으로 해서 조화를 이루게 만들었다.
	일민 미술관		과거의 것과 새로운 것, 불투명한 것과 투명한 것을 연결하는 새로운 문과 아트리움을 만들었고 이는 기존 건축물에 대한 존중과 일민미술관의 지향점을 보여준다.	일본 화재 요코하마빌딩		돌의 가공과 돌쌓기에 전통기술을 사용하여 석조부분이 알루미늄과 유리를 주재료로 쓴 상층부와 대비를 이루면서도 위화감을 주지 않고 조화를 이루고 있다.
이미 지 재생	부산 임시 정부 청사		관공서 건축의 원형이 보존되어 있는 건축물로 중요성을 가지며 2002년 4월부터 현재까지 박물관으로 사용하기 위해 복원공사를 진행 중이다.	오사카 공회당		2002년에 재탄생한 건축물로 창건 때의 모습을 살려 현재도 여전히 시민들의 크고 작은 강연회와 세미나, 지역 문화교류의 장으로 이용되고 있다.
	애양 병원		1999년에 대대적인 개보수 공사를 하여 2000년도에 애양역사박물관으로 개관하였다.	모지항 일대		지역 전체를 근대건축들이 모여 있는 장소성과 역사성의 영역으로 만들어 주면서 지역의 이미지를 살리기 위한 중심적 역할로 디자인한 방법이다.

3. 부산임시정부청사(釜山臨時首都政府廳舍)의 보존과 활용 사례(등록문화재 제41호)

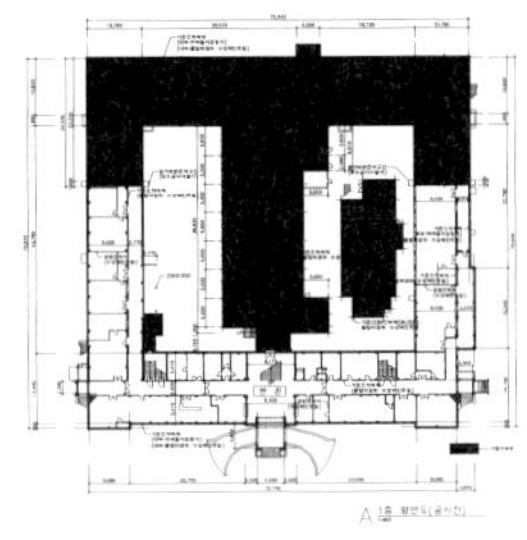

〈그림 17〉
부산임시정부청사
변경전 1층 평면

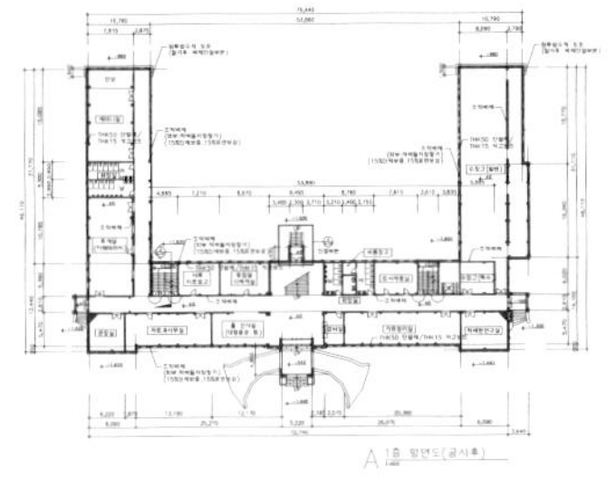

〈그림 18〉
부산임시정부청사
변경후 1층 평면

〈그림 19〉
복원된 원형 굴뚝

부산임시정부청사(釜山臨時首都政府廳舍)는 지나온 80여 년의 시간 속에 축적되어 온 역사적 가치를 유지하는 동시에 동아대학교의 박물관으로 미래의 시간을 담기 위한 공간을 확보하기 위해 우리는 두 가지의 원칙을 설정했었다.

1) 방법1 - 흔적의 재생복원(Method1 - Regeneration of trace)

부산임시수도정부청사 건물이 갖고 있는 시간의 흔적을 발굴하고 남기는 작업으로 건물외관의 복원, 조적벽체의 보수 및 보강작업 그리고 잃어버린 공간을 복원하는 작업을 실시하였다.

건물형태와 양식, 벽돌의 질감과 스케일, 그리고 디테일 등은 조적조 건물이 갖는 예술적 가치를 결정하게 된다. 사라졌던 원통형 굴뚝을 복원하고 오랜 세월로 파손된 벽돌을 제거하는 동시에 기존재료가 갖는 스케일과 질감을 살린 새로운 벽돌을 사용한 것은 예술적 가치들을 복원하기 위한 작업이었다. 특히 조적건물의 벽체는 미적 기능뿐만 아니라 구조 기능을 동시에 수행하기에 부산임시수도정부청사 건물의 벽체가 갖는 구조적 불안감을 해소하기 위하여 구조와 재료에 대해 정밀진단 작업과 일부 벽체들에 대하여 보수·보강작업을 실시하였다.

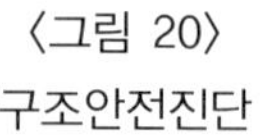

〈그림 20〉
구조안전진단

〈그림 21〉
벽체 보강작업

〈그림 22〉
새롭게 사용된 외부 벽돌

겉에서 보면 모두 새 벽돌로 지은 건물로 보이지만 전시장을 확보하기 위하여 철거했었던 벽체의 일부를 하나의 전시물로 활용하기 위해 본래의 위치에 남겨두는 등 식민지 시대의 고통과 전쟁의 아픔을 고스란히 간직한 흔적들을 지하 수장고부터 전시장 곳곳에 남겨두었다. 수차례의 증축과 변경과정에서 잃어버렸던 옥탑공간을 복원하고, 이를 상징적인 요소로 활용하기 위하여 부산임시수도정부청사의 역사를 전달하는 전시공간으로 사용하기로 하였다.

〈그림 23〉
전시시설 내부
기존 벽체 구조물

〈그림 24〉
굴뚝 내부 전시

〈그림 25〉
기존 벽을 활용한
카페테리아

〈그림 26〉 복원된 옥탑

〈그림 27〉 옥탑 내부 전시공간

2) 방법2 – 전환과 자국남기기(Method2 – Conversion and Palimpsest)

동아대학교 박물관으로 미래의 시간을 담기 위한 작업으로는 내진 보강 구조를 도입하고 기능에 따른 공간과 내구성을 고려한 새로운 재료들을 사용하여 내부공간을 구성하였다. 기존의 조적벽체가 일부 구조적 기능을 수행한다 하더라도 박물관이 가져야 할 충분한 내구성을 확보하기 위하여 과학적 공학기술(조적조+보강철골구조)을 반영하기로 하였다.

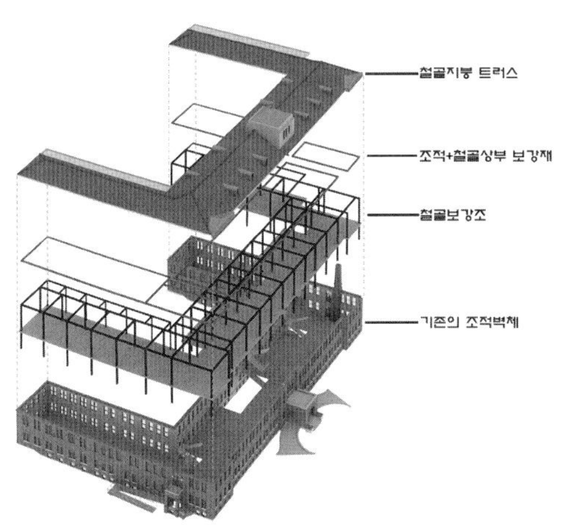

〈그림 28〉 구조보강시스템

〈그림 29〉 3층 우물박스위
스프링쿨러헤드

〈그림 30〉 3층 비상유도등 및 감지기

자연적(지진), 인위적(화재, 도난) 재해로부터 건물을 보호하기 위한 안전
장치를 마련하고, 이들을 효율적으로 통제 및 제어할 수 있는 첨단기능을
갖추는 동시에 건물의 역사성을 해치지 않도록 시각적인 배려를 하였다.
역사를 담는 시설인 동시에 지역의 문화시설로 활용하기 위하여 사람들의
편의성을 고려하여 여유 공간들을 충분히 확보하고 때로는 인접 건물과 연
계하여 활용할 수 있도록 기능성을 우선적으로 고려하였다.

〈그림 31〉 중정을 통한
배면 강의동과의 완충공간

〈그림 32〉 전시시설을 통한
배면 강의동과의 완충공간

또한 부산임시수도정부청사 건물이 갖는 기억들과 박물관 유물을 통해
얻게 될 기억들이 서로 충돌하지 않도록 동선을 구성하였다. 새로운 기능

에 의해 설치된 벽체와 기존의 벽체가 만나는 곳에는 그 흔적을 그대로 남겨두어 각각의 재료가 갖는 시간성을 존중하면서 공존하도록 디자인하였다. 이와 함께 기록에 대한 중요성을 잊지 않도록 지나온 모든 기억들을 상세하게 기록하는 동시에 미래의 시간들을 기록하기 위한 디지털 시설들을 설치하였다.

Ⅳ. 맺음말

부산은 역사적 전통을 갖고 있는 도시로 특히 조선시대 이후 대일외교 및 무역의 창구로 국제적 도시의 면모를 갖추어 왔다. 하지만 근대 이후 일제의 침탈과 강점으로 '자력 근대화'의 기회를 잃게 되었고 부산에는 전통건축 대신 일본식 건축과 화양풍(和洋風)의 건물이 도시를 채워 왔다. 이로 인해 일제강점기 부산건축은 설계에서 시공, 재료의 생산과 조달에 이르기까지 건축의 중요부분은 일본인들이 담당하여 주요 공사재료까지 일본으로부터 수입하였다. 특히 근대기 부산의 건축은 지나친 대일 의존도와 지리적 여건으로 인하여 타 지역에 비해 자생력이 떨어지는 원인이 되기도 하였다. 이 같은 건축분야의 높은 대일의존도는 해방 이후까지 부산지역에 영향을 미쳐 일본인 건축기술자들의 공백을 메우기 급급한 상황이었다. 한편, 당시 동래일대를 중심으로 자생적인 한국 근대건축이 있었던 것으로 알려져 있으나 그 실체가 정확히 밝혀지지 않고 있으며 유물도 확인하기 힘든 형편이다. 하지만 부산 근대건축의 실상을 정확히 파악하기 위해서는 이에 대한 연구가 필수적으로 동반되어야 할 것이다. 나아가 근대기 부산의 문화유산 발굴과 보존 그리고 활용에 대한 효율적 연구를 위해 타 영역과 해외 연구자들과의 공동연구가 요구된다.

■ 참고문헌

〈釜山府市街圖〉, 武田廣文堂, 1936.
김기수, 「일제강점기 부산중구지역 근대건축물 실태에 관한 연구」, 대한건축학회 부산경남학술발표대회 논문집, 2003.
김기수, 「동아대학교박물관」, 『공간』, 2009. 2.
김대상, 『개항직후 부산의 사회문화』, 항도부산, 1967.
김의환, 『부산 근대 도시형성사 연구』, 연문출판사, 1973.
김정동 외, 「근대건축물 보존과 활용방안 연구: 1876년부터 1960년까지 국내 근대건축물을 중심으로」, 한국과학재단 기초과학연구사업 연차실적, 계획서, 2003.
대한건축학회 부산·경남지회 역사·이론분과위원회, 2005년도 제1차 학술 세미나 및 한·일 공동 심포지엄, 「근대건축의 보존과 활용방안의 모색」, 2005.
류전희, 「근대 건축교육 학제의 형성과 특성에 관한 연구」, 서울대 박사논문, 1993.
부경역사연구소, 『시민을 위한 부산의 역사』, 도서출판 선인, 2003.
釜山, 『朝鮮總督府』, 1919.
釜山居留民團役所編纂, 『釜山上水道誌』, 釜山印刷社, 大正3年.
부산민학회, 『부산을 배웁시다』, 2004.
釜山府, 『釜山府勢要覽』, 1924.
釜山府, 『釜山府立病院小史』, 1936.
부산직할시, 『釜山市史』 제1~4권, 1989.
부산직할시, 『근대문화유산조사 및 목록화 사업보고서』, 2005.
徐致祥, 「해양수도와 부산의 건축」, 부산대학교 건축공학과 개설 50주년 기념 학술세미나, 2005. 3.
안성호, 「일제강점기 속복도형 일식주택의 이식과 영향에 관한 연구」, 부산대 박사논문, 1997.
염용태, 「근대건축의 보존과 재생활용의 디자인 수법에 관한 연구」, 동아대학교 석사학위논문, 2007.
이원균, 『부산의 역사』, 도서출판 늘함께, 2000.
허만형, 「한국부산의 도시형성과정과 도시시설에 관한 연구」, 경도대학교 박사논문, 1993.

영도대교 가설의 전말

강 영 조

　영도대교는 1934년 완공되었다. 그때는 부산대교라고 했다. 그리고 2010년인 지금은 76세가 되었다. 콘크리트 다리로 치면 그리 고령은 아니라고 하지만 영도의 발전에 따라 그동안 누적된 과다한 교통량과 인프라 시설의 병치 등으로 나이에 비하여 노쇠한 모습이다.

　이 다리는 어떻게 해서 여기에 있게 되었는가. 이 다리가 건설되기까지 어떤 논의가 있었으며 누가 이 다리 건설에 관여했는지에 대한 논의는 이 다리의 문화재적 중요성의 성가(聲價)에 비하면 거의 무시된 듯한 느낌이다. 그것이 오히려 이 다리에 대한 이해의 깊이를 심화시켜주지 못한 이유이기도 했다.

〈그림 1〉 다리를 들어 올린 영도대교의 모습

Ⅰ. 영도대교의 구상

1. 영도대교의 필요성─1920, 30년대 영도 부산 간의 도선 이용 현황

영도대교가 건설되기 전, 부산과 영도(당시에는 마키노시마[牧ノ島]라고 했다)는 도선(渡船)으로 연결되어 있었다. 이 도선의 이용객이 점점 늘어 부산부가 운영하는 도선만으로는 원활한 교통이 힘들게 되자 영도와 부산을 잇는 다리의 건설이 현안으로 대두되었다(『동아일보』1926.8.15). 물론 이 도선은 영도대교가 건설되면서 사라지게 된다.

『동아일보』1934년 11월 30일자 "목도 도선의 운항을 폐지, 50년간에 얼마나 실었노? 부산대교의 개통으로"라는 기사에 의하면 부산 영도 간 도선은 명치 9년(1876년)에 운항되기 시작했다. 하지만 그 도선은 적은 목선으로 동력은 인력이었던 것으로 보인다. 그러던 것이 명치 33년(1900년)에 발동기선으로 변경하였다. 대정 8년(1919년)에 부산부가 이를 인수하여 부영(府營)으로 운영하기 시작한다.

도선은 수환(코토부키 마루, 壽丸), 상반환(토키와 마루, 常盤丸), 송도환(마츠시마 마루 松島丸), 목도환(마키노시마 마루, 牧島丸), 주갑환(스사키 마루, 洲岬丸) 등 총 5척으로 새벽 5시부터 밤 12시까지 선원 32명이 운행하였다. 뱃삯은 5전. 하루에 왕복하는 선객은 1만 명. 1930년도 국세조사로 파악한 부산의 인구가 14만 6,124명이었다고 하니 단순히 계산하면 부산 인구의 약 3.5%가 이 도선을 이용하

〈그림 2〉 1912년 부산
(Texas University Texas University
Perry-Castaneda Library Map Collection)

고 있는 셈이었다. 또 영도대교가 개통될 1934년 무렵 영도의 영선동에 인구 18,000명이 거주하고 있었다(하야미즈(速水)토목기사, 『부산일보』1934. 11.24). 도선의 이용객수와 도선 운항시간이 하루 19시간이라는 점으로 보아 교통수단으로서 도선의 의존도를 짐작할 수 있다. 그러니 영도주민은 도선보다는 편리한 교통수단을 갈망하고 있었던 것이었다.

2. 구상

영도 주민의 숙원 사업인 영도와 부산과의 육로 연결이 본격적으로 검토되기 시작한 것은 1926년경이다. 시간적인 순서에 따라 정리하면 다음과 같다.

1) 세키 노부오(関信雄)안 = Transporter Bridge의 검토

영도와 부산 간을 연결하려는 기술적인 검토가 신문지상에 보도된 것은 1926년 8월 15일이 처음이다. 동아일보 1926년 8월 15일자의 "부산 목도 간 연락(釜山牧島間連絡) 동양 제일(東洋一)의 도진교(渡津橋) 세키(關) 박사 조사차 내부(來釜)"라는 기사에 의하면 부산부는 영도와의 연락을 위하여 동경제국대학 공학부 교수인 세키 노부오(関信雄)를 초청하여 기술적인 검토를 한다.

세키 교수는 현장을 둘러보고는 이렇게 말한다.

> 본 문제의 요지는 오직 공사비가 얼마나 될는지 하는 경제 문제다. 공비는 지반의 상태에 따라 만흔 차이가 잇을 것이고 계획의 정도 즉 인도만 할는지 그 외 자동차와 인력거 등까지도 통하게 할는지 또 초선(草線)으로 할는지 복선의 준비를 할는지 하는 것으로 정하게 될 것이며 장치는 쌍방에 대철주를 세우고 그기에 철난간을 걸치고 그 난간에다 전차 갓은 것을 다는데 전차의 마루는 육지와 고(高)가 같게 함으로 승강에 편리하고 선박의 교통에는 난간을 놉히 함으로 선장(船檣)에 대이지 안케 하면 무방할 것이

고 전차의 속력은 경제 속도로 2분간 쯤 일 것이다.[1]

〈그림 3〉 세키 박사의 의견을 싣고 있는
『동아일보』 1926년 8월 15일자 신문 기사

그런데 이 기사만으로는 단언하기는 힘들지만, 적어도 세키 박사가 제안한 것은 지금의 영도대교와 같은 구조의 가동교는 아닌 듯하다. 기사의 모두에 "최근 도선을 폐지하고 소위 해상을 '트란스 초토아 브릿이(渡津橋)'로 연결하자는…… 이것은 동양에서 처음 시설되는 것이라 하여 그 공사에 관한 조사"를 세키 박사에게 의뢰한 것이라고 하고 있다. 따라서 세키 박사에게 영도와 부산 간을 연결하는 교량의 구조를 자문한 것이 아니라, 부산시는 이미 영도와 부산은 '트란스 초토아 부리이'라는 시설로 연결하기로 하고 그 구상의 타당성을 세키 박사에게 타진한 것이다. 그도 그럴 것이 세키 박사는 항만공학의 전문가였다. 동경대학에 남아 있는 기록에 의하면 세키 박사는 1919년 동경제국대학 토목공학과는 졸업한 후 1932년 수공학 제2 강좌(항만공학)의 조교수로 취임한다. 당시 그가 맡고 있던 과목은 '측량', '토목 제도', '하천항만실험', '항만 제1', '항만 제2', '항만계획 및 제도'였다. 그리고 그는 1924년에 『河海工學』이라고 하는 345페이지의 저서를 출간하였다. 그가 부산에 온 것이 그로부터 2년 뒤인 1926년 8월 10일이니 그때 그는 항만공학의 전문가로서 초빙된 것이다. 다시 말해서 세키 박사는 가동교의 전문가로서가 아니라 항만계획의 관점에서 영도와 부산 간을 연결하는 데에 있어서 기술적인 문제점을 검토

---

1) 『동아일보』 1926년 8월 15일자.

한 것으로 보인다. 그러면 세키에게 검토를 부탁한 '트란스 초토아 부리이'
란 도진교는 어떤 구조의 교량인가. 이것을 좀 더 자세하게 언급한 총독부
토목과장의 인터뷰 기사를 우선 훑어보고 난 후 그 구조를 검토해보자.

2) 신바(榛葉) 안 = 제방과 도선가교(Transporter Bridge)의 비교

세키 박사가 다녀간 6개월 후인 1927년 2
월 5일자 동아일보에는 조선총독부 토목과
장인 신바(榛葉)의 의견이 게재되어 있다.

신바는 1879년 생으로 당시 48세였다.
1903년 동경제국대학 토목공학과를 졸업하
고 1911년 조선총독부 기사로 우리나라에
와서 토목국 부산출장소장으로서 부산항
건설을 지휘하였다. 1918년 1기 공사를 완
료하고 2기 공사를 90% 정도 완공한 1925년
봄에 총독부 토목과장으로 부임한다(국사
편찬위원회, 2006). 부산항을 건설한 신바의
경력으로 보아 영도와 부산 간의 연결 문
제에 대단한 관심을 가지고 있었을 것으로
짐작할 수 있다. 그는 부산부에서 이미 도

〈그림 4〉 부산대교(영도대교)가
완성될 당시의 신바(榛葉)
(釜山府, 1935)

진교 안이 총독부에 올라와 있으며 그것을 검토하고 있다고 말하면서 영도
와 부산 간의 연결 방법으로 두 가지를 검토하였음을 내비친다. 그 두 가지
라는 것은 "해면 매립을 하여 폐쇄 장치로 하는 것과 도진교"(『동아일보』,
1927.2.5)였다. 그는 이 두 가지 방법에 대하여 다음과 같은 분석을 내놓
는다.

먼저 해안 매립 후 제방 안은 "남빈 목도 약 200간의 거리를 양안으로부
터 매립하여 축제를 설(設)하고 중간에 선박의 통행이 될 정도의 갑문을 설
하는 계획"(『동아일보』, 1927)을 말한다. 이 안은 "인력거의 왕래와 특히 전

<그림 5> 신바의 의견을 싣고 있는
『동아일보』 1927년 2월 5일자 기사

차로도 부설"(『동아일보』, 1927)할 수 있는 이점이 있다는 점을 들었다. 하지만 "이 본 계획의 결점이라고 칭할 것은 선편 사람이 일정한 시간에 내왕하게 됨으로써 종래 제한이 없이 항행하던 것으로 생각하던 것이 부자유를 느낀다고 하는 것과 축제(築堤)로 막아놓음으로 하여 해외와의 교통이 조치 못하게 됨으로 부산항내의 해변이 드럽게 되는 것이 걱정"(『동아일보』, 1927)이라고 하여, 이 계획은 선박의 자유로운 항해의 제한과 항내 해수면의 정체로 인하여 수질의 오염이라고 하는 결점을 지적하고 있다. 그가 이 제방 안에 부정적인 것은 "장래 부산항으로서 거대 선박이 출입하고 항내의 복진(輻輳: 붐비다) 시가(市街)의 팽창에 수(隨)하여 해면이 불결하게 됨으로 풍광상 위생상으로 보아 매립 안은 대(大)히 고려를 요(要)할 문제이다"(『동아일보』, 1927.2.5)라는 말에서 보듯이 해수의 오염이 항구의 풍경상, 위생상 좋지 않기 때문이라고 한다.

그래서 그가 대안으로 제안한 것이 도선(渡船)가교(架橋)안이다. 이 도선 가교라는 것을 그는 이렇게 설명하고 있다.

"철주를 입(立)하여 차(此)에 철선을 2본(本)을 장(張)하고 전동력으로 큰 근저(根底)에 도(渡)할 사람이나 우마나 화물 적재의 제차(諸車)나 그대로 운전하여 공간을 도(渡)하게 되"(『동아일보』, 1927.2.5)는 시설이다. 그는 이 시설의 장점으로 선박의 자유로운 왕래에 지장이 없음을 들고 있다. 다만, 장래 영도가 발전함에 따라 교통량이 증가하게 되면 육교(陸橋)에 비하여 시간이 많이 걸리고 전차를 부설할 수 없다는 약점이 있다고 분석하고 있다. 이것은 세키가 언급한 도진교를 보다 자세하게 설명한 것이다. 다시 말해서 이 도진교 안이야 말로 부산부가 영도와 부산 간을 연결하는 교량의 구조로 추천하고 있는 것이었다. 그런데 이 교량의 형식은 가동교가 아니다. 육교가 아니라 영도와 부산에 각각 철주를 세우고 그것을 붐으로 연결하고, 그 붐 아래에 철선으로 연결한 전차(곤돌라)를 매달아, 이 전차에다 사람과 화물을 적재한 차량을 실어 운반하는 시설이다. 이런 교량을 Transporter Bridge라고 한다. 1904년에 건설된 영국 웨일즈 지방에 있는 뉴포터 브릿지가 이 형식의 교량이다. 아마 신문에서 말하는 '트란스 초토아 부리이'는 이 교량의 영어명을 오기한 것으로 보아야 할 것이다.

〈그림 6〉 뉴포트 트랜스포터 브릿지 (웨일즈, 영국)

3) 총독부 또 다른 안 = 페리 선

부산에서의 도진교 안에 대한 신바의 인터뷰 기사가 실린 지 한 달 보름 만에, 이번에는 총독부 내부의 의견이 보도된다. 『동아일보』 1927년 3월 20일자의 "도진교는 상조(尙早), 도선 개량으로 충분하다고 총독부측에서는 관측"이라는 기사에 의하면 신바 토목과장이 말한 것처럼 영도와 부산을 연결하기 위하여 어떤 식으로든 시설은 필요하지만, "총독부 의견은 재원 문제 및 목도의 경제적 가치 문제로 보아 차라리 현재와 가까운 장래의 시설로서는 도선(渡船)의 개량으로 충분하다는 설이 유력하다."(『동아일보』, 1927.3.20)고 하면서 그 도선의 개량이라는 의미는 "자동차 화물자 등을 운반할 수 있도록 설비"라고 한다. 그리고 신바가 말한 도선가교의 건설에 대해서는 "이 도선에 의한 선박의 출입에 불편하다고 인(認)할 때에 비로소 실현하는 것도 늦지 않다"라고 하는 일종의 타협안을 제안하였다. 하지만 이런 논의가 어느 시점에 절충되고 또 현재와 같은 가동교 안이 성립되었는지는 알 수 없다.

다만 확실한 것은 트랜스포터 브릿지 안은 폐기된 것이다.

Ⅱ. 영도대교의 설계 :
설계안 완성 시기와 설계에 관여한 기술자

영도대교의 설계는 적어도 시공사가 결정되던 1931년 12월 28일까지는 완성되었다고 보는 것이 옳을 듯하다. 그런데 영도대교의 설계에 참가했다고 주장하는 최규용은 1929년 6월에 설계가 완성되었다고 한다. 물론 그의 얘기는 믿을 만한 자료에 의하여 검정되어야 한다. 왜냐하면, 1930년 3월 17일자 『매일신보』의 "목도 도진교 실현을 강구, 미야자키(宮崎) 부윤(府尹)의 장지(壯志)"라는 기사에는 도진교의 구조를 "연장 150간(間), 폭원 11간의 교량을 가설하여 그 중간에 16간(間)을 도상식(跳上式)으로 하여"(『매일신문』, 1930)라고 설명하고 있다. 이것으로 이 시기에 교량의 상판을 들어 올리는 도상식(跳上式)교량이라고 하는 구조는 결정되었지만, 도개 부분을 현재와는 달리 교량의 중간에 설치하는 것으로 되어 있는 것으로 보아 여전히 교량의 형식 등에 대한 논의가 진행되고 있음을 알 수 있기 때문이다.

하지만, 적어도 1931년 4월 28일 무렵에는 다리의 경간장과 도개부의 위치가 결정되어 있었다. 여기서는 먼저 1931년 4월 48일 총독부 내부국장이 진해요항 사령관에게 보낸 공문 속에 포함된 영도대교의 측면도와 완공 후의 그것과를 비교하면서 영도대교의 설계 시기를 추정한다. 그리고 최근 일본에서 발견된 영도대교의 도면과를 비교하면서 영도대교의 설계안과 설계자를 정리한다.

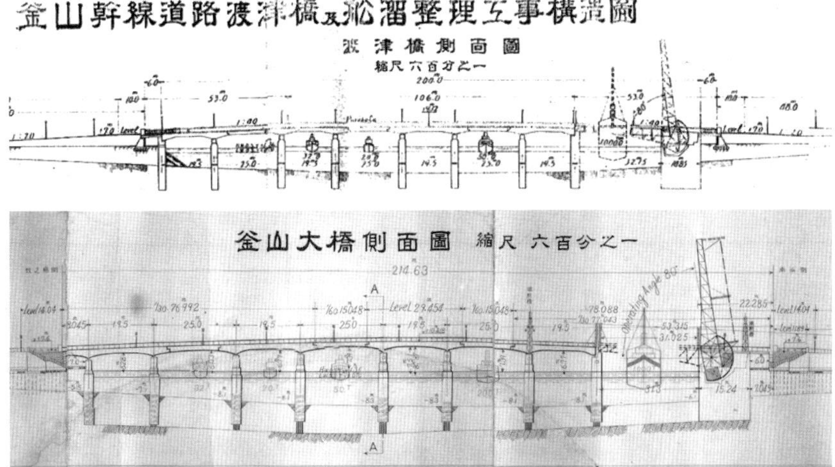

<그림 7> 1931년 4월 28일 공문서 속의 측면도(위)와 완공 후의 측면도(아래)
(釜山府, 1935)

1) 영도대교 설계의 완성 시기

1931년 4월 28일 조선총독부 내무국장 이마무라(今村武志)는 진해요항사령관 우치미츠(內光政)에게「부산 간선도로 축조 도진교 가설 및 선류 정리 공사에 관한 건 조회(釜山幹線道路築造渡津橋架設及船溜整理工事ニ関スル件照会」라고 하는 공문서를 보낸다. 거기는 "부산에서 다음과 같은 요령으로 공사를 시행하려고 하니 여기에 대한 의견을 받으려고 설계도를 첨부하여 조회함"이라고 하면서 계획의 개요에 이어 도진교의 구조에 대하여 설명하고 있다. 그리고 말미에 도면을 첨부하였다.

첨부 도면은 영도대교의 측면도가 실려 있는 <부산 간선도로 도진교 급선류정리공사 구조도(釜山幹線道路渡津橋及船溜整理工事構造図)> 외 2점이었다. 그 도면과 완성 후의 측면도와를 비교해보면, 경간장과 게르버의 위치, 도개 장치의 위치, 도개부의 카운터 웨이트가 교축에 포함되어 있는 것 등 대부분이 완공 후의 모습과 다름이 없었다. 다만, 도개 장치를 숨겨

놓은 교대부분의 크기가 14.85m에서 완공 후에는 15.24m로, 도개 부분의 경간장이 32.75m에서 31.3m로 줄어든 것이 다를 뿐이었다.

이 두 도면의 차이가 이 정도로 경미한 것으로 보아 영도대교의 설계는 늦어도 1931년 4월경에는 이미 완료되었다고 보아도 될 것이다. 그러면 이 다리는 누가 설계에 관여 했는가. 영도대교의 설계에 관계한 교량설계자는 현재까지 마스다 준과 야마모토 우타로 두 사람이다. 마스다는 영도대교의 도개부분의 설계도를 남기고 있다. 그리고 야마모토는 영도대교의 시공을 맡은 야마모토 공무소 사장으로 당대 가동교의 제1인자로 알려져 있다. 그

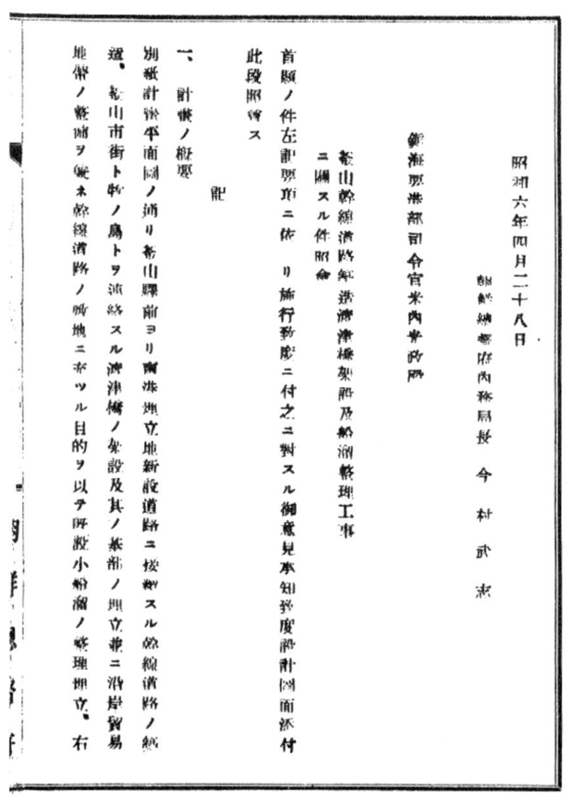

〈그림 8〉 영도대교 설계의 시기를 가늠할 수 있는 공문서

런 그의 회사가 시공했으니 설계도 다른 사람에게 맡기지 않았을 것이라고 가정하면 이 둘을 영도대교의 설계에 관계한 교량설계자로 볼 수 있다. 그리고 부산 지역의 유력지 국제신문에서는 최규용이라는 사람을 한국인 설계자로서 발굴하고 하고 있다.

2) 마스다 준(增田淳)

마스다 준(1883~1947)이 영도대교 건설에 관계했다는 사실은 최근에야 알려졌다. 2003년 일본의 토목건설연구소의 창고를 정리하던 중 마스다 준의 설계사무소가 소장하고 있던 도면함이 발견되었고 거기에서 영도대교와 대저 수문의 설계도가 발견되면서 마스다가 관계한 것이 알려졌다.

〈그림 9〉 마스다 준과 그가 설계한 나가하마 대교

참고로 마스다 준에 대해서 간단하게 설명하면, 그는 1907년 동경제국대학교 토목공학과를 졸업하고, 다음 해 미국으로 건너가 교량 컨설턴트로 유명한 캔서스 시티의 헤드릭 교량 설계 사무소에 취직한다. 그 후 14년간 체재하면서 30개소 이상의 교량 건설을 경험한다.

1922년 일본으로 돌아와, 동경에 설계사무소를 개소한 후, 영도대교의 설계안을 만든 1931년까지 일본 전국에서 55개의 교량을 건설한다. 모든 구조 형식의 교량을 설계하였다고 해서 천재적 교량 설계가라는(中井, 2001) 평가를 받고 있다. 1930년 이후 전쟁에 돌입하는 일본의 정세에 따라 교량 건설의 일감이 줄어들어 1947년 그가 세상을 떠나기까지 특별한 업적은 확인되지 않는다(福井, 2003).

마스다가 남긴 설계도에는 설계 완성일을 1931년 10월 29일과 11월 4일로 명기하고 있는 것으로 보아, 이 두 도면은 같은 시기에 작성되었으며 따라서 도개 장치로서 서로 다른 구조를 제안하기 위하여 작성된 것으로 여겨진다. 먼저, 10월 29일에 설계한 도면을 보면, 교각 위에 세워진 지주 위에 카운터 웨이트를 가설하고 이것을 스틸로 상판과 연결하여 끌어 당겨 올리는 구조로 되어 있다. 이런 가동 구조는 마스다가 1935년에 준공한 나가하매長浜]대교와 같다.

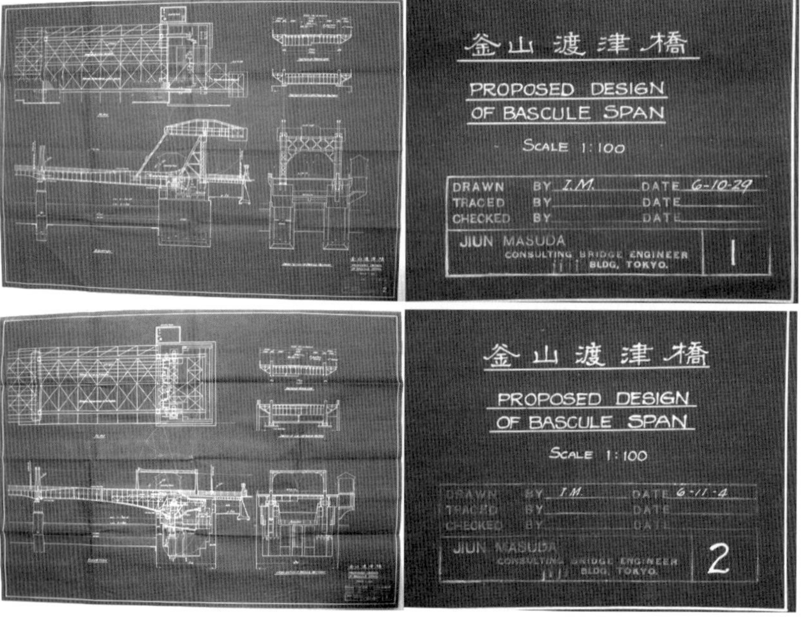

〈그림 10〉 마스다 쥰이 제안한 도개 장치

제2안은 가동장치의 구조가 1안과 전혀 다른 것이다. 가동부의 교축이 도로의 노반에 돌출되어, 이른바 하프 스루(중로: half through)의 상판이 되어 있으며, 카운터 웨이트는 교축의 후방에 매달아 교대 내부에 숨겨 놓았다. 다리가 열릴 때, 카운트 웨이트는 교축 아래를 지나 교대의 벽까지 내려와 가장 낮은 곳에서 멈추어 서게 하였다. 그때 가동부의 교축이 이루는 회전 각도는 72도가 된다. 하지만, 이 구조는 현재의 영도대교와 교축을 중로로 하고 카운터 웨이트를 교대 속에 감추는 등 디테일은 닮아 있지만 도개의 중요한 시설인 카운트 웨이트의 위치가 교축 뒤에 매달려 있어서, 그것이 교축에 포함되어 있는 현재의 영도대교와 크게 다르다. 그런데 영도대교의 설계안이 이미 1931년 4월 이전에 완성되었다고 하면, 6개월이나 지난 이 시점에서 마스다 준이 왜 이런 도면을 작성했는지 의문이다.

3) 야마모토 우타로(山本卯太郎)

영도대교의 설계자는 야마모토 우타로(1891~1934)다. 야마모토 우타로가 이 다리를 설계한 것으로 여기는 것은 우선, 부산시가 소장하고 있는 영도대교의 준공도면철에 야마모토 우타로 공무소의 고무인이 찍힌 도면이 다수 발견된 것과 이 공사의 시공을 그의 회사 '야마모토 공무소'가 청부했다는 점이다. 그리고 『부산대교 기타 공사 준공 사진기념첩』에도 공사에 참여한 기술자로서 게재되어 있으며 준공식 행사를 보도한 『부산일보』 1934년 11월 23일자에 스기야마(杉山) 이사관의 담화에도 "도개 장치 일부의 특허권자"로서 야마모토의 이름을 거론하는 것으로 보아 그가 이 다리의 설계자로 보아야 할 것이다.

야마모토는 1914년 나고야 공고를 졸업한 후 그 다음 해 미국으로 건너가 아메리칸 브릿지 컴퍼니에서 가동교의 설계 제작에 종사하는 한편 일리노이 대학 등에서 강구조학을 배웠다. 그 후 1919년에 귀국하여 동경에서 야마모토 공무소 설립하여 가동교를 전문으로 설계, 제작한다. 그는 가동교

의 전문가로서 기존의 가동교에 비하여 동력을 4,5배 절감할 수 있는 이른
바 야마모토식 가동교(山本, 1928)라고 하는 것은 개발하여 특허를 가지고
있었다.

〈그림 11〉 야마모토 우타로(釜山府, 1935)와 1931년 야마모토 공무소가 건설한
수에히로교(末広橋) (등록문화재)

〈그림 12〉 영도대교의 도개부 상판
카운터 웨이트가 교축의 후방에 포함되어 있다. 왼쪽에서 두 번 채 모자를 쓰고 서 있
는 사람이 야마모토 우타로로 추정됨 (釜山府, 1935)

　야마모토 우타로가 설계한 영도대교와 마스다 쥰의 안과 크게 다른 것은 앞서 말한 대로 도개부의 카운터 웨이트의 처리다. 영도대교의 경우 교축의 후방에 카운터 웨이트가 포함되어 일체가 되어 있다. 상판이 열릴 때에는 카운트 웨이트는 다리의 상판과 함께 움직이도록 되어 있다. 이것은 마스다 쥰의 2안에 비하여 카운터 웨이트의 수납공간을 줄일 수 있는 장점이 있다. 하지만, 이것이 야마모토의 독창적인 구조인가. 다시 말해서 어느 부위가 그의 특허에 의하여 설계된 것인지 자료의 부족으로 밝힐 수 없지만, 적어도 분명한 것은 이 카운터 웨이트가 교축에 포함되는 것은 그의 독창적인 발상은 아니라는 점이다. 교축에 카운터 웨이트를 부착한 코오베시[神戶市]의 타카마츠 교[高松橋]가 영도대교가 건설되기 전인 1927년 6월에 기공하여 1928년 10월에 준공되어 있었다. 카운터 웨이트의 위치뿐 아니라 도개의 각도가 80도라는 점 등 영도대교와 흡사한 부분이 많다. 이 다리의 설계자는 마스다 쥰이다. 마스다 쥰이 이미 설계한 다리와 흡사한 형식의 다리를 이번에는 야마모토 우타로가 설계 시공했다는 점이 흥미롭다.

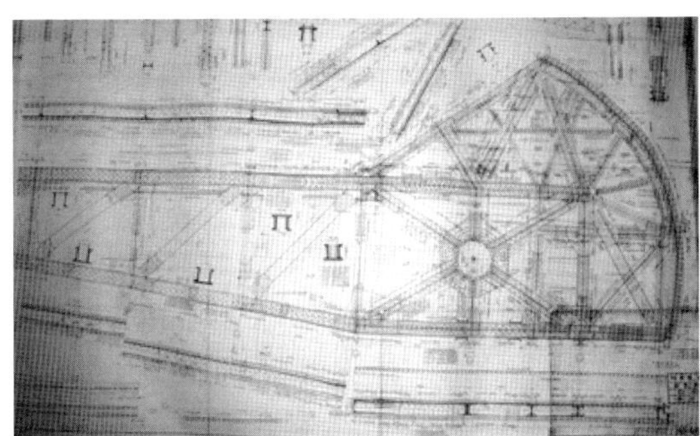

〈그림 13〉 부산시가 소장하고 있는 영도대교 준공도와 그 속에 날인되어 있는 고무인
(이것으로 영도대교는 야마모토 우타로의 야마모토공무소가 설계한 것을 알 수 있다)

4) 최규용

『국제신문』 2001년 5월 31일자에는 영도대교의 설계자로 최규용을 발굴한다. 국제신문 조봉권 기자가 작성한 기사에 따르면, 최규용은 1903년생이다. 기사가 보도될 당시 그는 우리 나이로 99세였다. 그는 1920년에 일본 와세다 대학 부속 고공(高工) 토목과를 졸업했다고 한다. 기사에 의하면 그는 영도대교 설계에 참여하게된 것과 설계 당시의 상황을 다음과 같이 진술하고 있다.

> 그 때는 토목전공자가 아주 드물었습니다. 나보다 다섯 살 위이고 경성공업학교를 나온 민완식씨와 둘이서 설계 작업을 했어요. 민완식씨가 제 상관이었던 셈인데 아마 벌써 타계하셨을 겁니다. 1929년 1월 2일에 기본조사와 지질조사에 들어가서 그해 5월에 설계를 모두 마쳤어요. 당시 일본 고베에 있는 한 교량의 형식을 많이 참조했고 공사는 일본의 노바야시쿠미사가 낙찰 받았습니다. 그 때 부산인구가 영도 구포 동래 합쳐서 14만~15만 명이었습니다. 지질을 우선 면밀히 조사하고 하루 교통량, 통행인 수를 예측해 캔틸레버식 교각이 받을 하중을 계산하고 예산을 산출하는 것이 가장 힘들었습니다. 다리의 도개 부분은 일본 나고야의 히로세박사에게서 특허권을 사 와서 그대로 시공했기 때문에 오히려 크게 어렵지 않았습니다.[2]

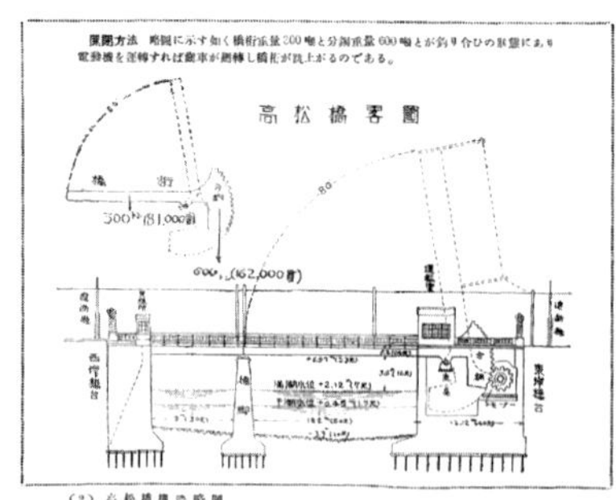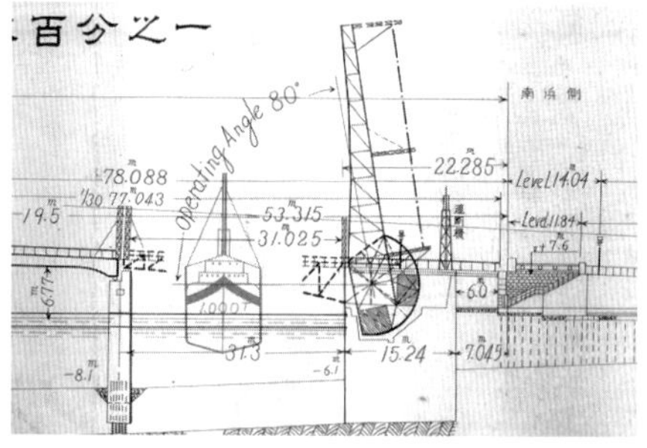

〈그림 14〉 타카마츠교와 영도대교의 도개 장치가 흡사하다

(工事画報, 1929 ; 釜山府, 1935)

---

2)『국제신문』 2001년 5월 31일자.

최규용이 진술한 것은 당시의 상황과 잘 맞아 떨어진다. 다만, 이 기사의 '노바야시쿠미사'는 '오바야시 쿠미'의 오기로 보인다. 코베의 교량을 참조 했다는 말은 아마 마스다 쥰이 설계한 타카마츠 교[高松橋]가 아닐까 한다. 그리고 도개의 특허를 '히로세 박사'에게서 구입했다고 하는 데 이것 역시 야마모토 우타로를 잘못 말한 것이 아닌가 한다.

〈그림 15〉 영도대교의 한국인 설계자로 알려진 최규용 (『국제신문』, 2001)

기사는 영도대교의 설계자로 최규용을 발굴하지만, 위의 기사만으로 보면 그는 설계를 위한 기초 조사 작업을 도와준 것으로 보인다. 이것을 두고 그를 영도대교의 설계자로 볼 수 있을까. 최규용을 영도대교의 설계자로 볼 것인지에 대해서는 좀 더 논의가 필요하다. 그가 참여한 부분이 구체적으로 영도대교의 어떤 부분인지에 대하여 자료의 발굴 등 추후 연구가 기다려진다.

Ⅲ. 기공

드디어 영도대교 가설이 결정되었다. 공사 시공자는 지명 입찰로 선정하였다. 응찰 회사는 총 9사. 그 중에서 오바야시 쿠미(大林組)에게 낙찰되었다. 공사 금액은 91만 6천 원. 1931년 12월 28일이었다(『매일신보』, 1932.1.1). 그리고 이듬해 4월 20일 기공한다.

"축(祝) 대부산(大釜山) 건설 중요 공사 기공식"

기공식 상황을 보도한 『부산일보』(1932.4.20)의 머리기사 제목이다. 이날 신문에는 기공식의 식순과 현장 상황, 공사 관계자의 사진과 부산부윤인 오시마(大島良士), 부산부 이사관 스기야마(杉山茂一)의 담화문이 실려 있다. 부산일보가 보도하는 기공식 상황은 다음과 같다.

　기공식은 2부로 진행되었다. 1부는 오전 10시 30분 폭죽을 신호로 신관이 집전하는 신도식으로 거행되었다. 그리고 부윤의 식사와 총독, 도지사 축사, 내빈 인사의 순으로 진행되었다. 2부는 공사의 안전을 기원하는 기석(基石)을 바다에 던져 넣는 기석 침전(沈奠) 행사다. 역시 폭죽을 신호로 식이 시작되었다. 가로 세로 45㎝, 높이 75㎝의 기석에는 당시 조선총독이었던 우가키가 쓴 '진호(鎭護)'라는 글자가 음각되어

〈그림 16〉 기석
(釜山府, 1935)

있었다. 공사의 안전을 기원한다는 의미다. 기석의 제막은 경상남도 지사의 딸이 맡았다. 기중기가 기석을 들어 교각이 세워지는 깊은 바닷물 속에 던졌다. 12시 30분 폭죽을 신호로 식을 마쳤다. 이어서 축하회가 시작되었다.

Ⅳ. 영도대교의 시공

1. 시공회사

1) 오바야시 쿠미(大林組)

　영도대교와 함께 간선도로 등을 일괄 수주한 오바야시 쿠미는 오사카에 본사가 있는 토목 전문 회사다. 이 회사는 메이지 25년(1895년)에 창업한 회사로 1898년에는 오사카 항을 축항하는 등 일본 관서지방의 유력 토목회사였다. 칸사이 공항을 건설하는 등 지금도 여전히 유력한 건설회사 중 하나다.

2) 야마모토 공무소

교량의 시공은 설계자인 야마모토 우타로가 사장으로 있는 야마모토 공무소가 맡았다. 야마모토는 미국에서 돌아와 주로 가동교를 건설하였다. 지금 남아 있는 것 중에서 등록문화재로 지정된 것이 미에현[三重県] 요츠카이치시[四日市]에 있는 수에히로교[末広橋]가 유명하다. 이 다리는 1931년 12월에 건설된 것으로 현존하는 야마모토의 대표작이다. 이 회사는 일본 각처에서 가동교를 제작했다. 영도대교의 중요한 부분인 도개부는 일본의 오사카에 본사를 둔 오사카기차회사[大阪汽車会社]가 제작했다.

〈그림 17〉 오사카기차회사(大阪汽車会社)에서의 도개 장치의 기계 설비 제작 과정
(왼쪽이 설계자인 야마모토 우타로로 보인다. 釜山府, 1935)

오사카기차회사는 1896년 창업한 이후, 주로 기관차를 생산한 회사다. 1901년 객차, 화물차의 제조 회사인 히라오카공장[平岡工場]과 합병한 후, 회사 이름을 '오사카 기차 제조 합자회사'로 개명하고, 오사카 본점에서는 기관차를, 동경지점에서는 객차와 화차를 주로 생산했다. 1972년 카와사키 중공업(川崎重工業)에 흡수 병합되었다(フリー百科事典『ウィキペディア(Wikipedia)』).

도개부의 강 트러스 거더와 기계부를 오사카기차회사에서 제작한 것은, 여러 가지 이유를 생각할 수 있겠지만, 무엇보다도 기차를 제작하는 회사라는 점에서 철 구조물의 제작에 익숙한 점, 그리고 야마모토 공무소가 오사카에 소재한다는 점을 들 수 있겠다.

여담이지만, 야마모토 우타로는 영도대교의 완공을 보지 못한다. 다리가 완공된 것이 1934년 11월 23일인데 그 보다 약 7개월 전인 4월 20일에 세상을 떠난다. 당시 토목 건축 분야의 전문잡지에 "일본의 가동교 공학의 권위자이며 유력한 업자이기도 한 오사카 야마모토 공무소의 주인 야마모토 우타로 씨는 시모노세키 방면에 출장 중 발병, 입원 가료 중이었는데 4월 20일 오전 11시경 결국 서거했다. … (중략) 현재 조선 및 관서 방면에 많은 현장을 가지고 있었는데 영면한 것은 더할 나위 없이 슬픈 일이다."(『工事画報』, 1934)라고 그의 죽음을 전하고 있다. 여기서 말하는 조선의 현장이란 부산의 영도대교를 가리키는 것이다. 그러나 갑자기 죽은 것은 아닌 듯하다. 준공식 당일 자 신문에 실린 스기야마 이사관의 담화에 "도개교의 일부 장치에 대한 특허권자이며 본 공사의 청부 실시자인 고 야마모토 우타로 씨가 병을 밀어내고 공사 감독으로 와 주셔서 자기 병고를 잊어버리고 조원을 지휘"하였다고 한 것으로 보아 이미 지병이 있은 듯하다. 하지만 본거지인 오사카가 아니라 부산과 가까운 시모노세키에서 타계한 것은 아마도 부산을 오가다가 병세가 급변한 탓으로 보인다. 사망에 이르게 한 병명은 알려지지 않았다. 향년 48세였다.

2. 부산대교 준공 사진첩으로 본 영도대교의 시공과정

영도대교의 시공과정을 1935년 부산부 발행 『부산대교 기타 공사 준공기념사진첩 소화 10년 3월 준공(釜山大橋其他工事 竣工記念写真帖 昭和十年 三月竣工)』으로 살펴본다.

〈그림 18〉 교각 거푸집

〈그림 19〉 완성된 교각

〈그림 20〉 시트 파일 굽히기

〈그림 21〉 교각 시트 파일 세우기

〈그림 22〉 고정교 가설 상황

〈그림 23〉 도개교 기초 공사

〈그림 24〉 도개교 교대 콘크리트 타설

〈그림 25〉 도개교 가설작업

〈그림 26〉 고정교 가설 현황(위)과 도개교 가설 작업 상황

〈그림 27〉 도개교 가설 작업 상황

<그림 28> 전차 가공선, 도개교 위를 지나는 전차

3. 시공 중 안전사고

영도대교와 도로 축조, 그리고 방파제 및 방파 호안 시설의 공사에 참가한 연 인원은 438,405명이다. 그중 부산부가 공식적으로 집계한 사상자는 사망자 17명, 부상자는 41명이다(釜山府, 1930).

사고와 관련한 최초의 신문 보도인『동아일보』1932년 8월 4일자 기사 "도진교 공사 현장서 공부 참사 빈출 4개월간 사상 23명"에 의하면 '지난 1일 오전 9시경 흙 구루마에 치어 작업 중이던 인부 박삼천이 머리가 깨어져 즉사하였다. 이로서 착공 이후 불과 4개월간에 23명(참사(慘事) 12명, 부상 11명)의 희생자를 내었다.'라고 되어 있다. 공사장에서 교통사고로 사망한 사건을 보도하고 있지만, 이전에도 많은 사상자가 발생했음을 알 수 있다. 당시 신문 기사를 실마리로 해서 교량 건설과 관련하여 사상자와 사고 내역을 정리하면 교통사고와 토취장에서의 토사 붕괴가 주된 사고 원인이었고,

교량 공사 중 추락 사고는 2건이었다. 공사 중 발생한 사상자를 신문에 보도된 것만으로 집계하면, 사망 19명, 부상 14명이다.

<표 1> 신문 기사로 본 사상자 수와 사고 원인

사고일자	사상자수(누적 사상자수)	사고원인	게재 신문 및 일자
1932.8.1	사망 1(사망 12, 부상 11)	교통사고	『동아일보』 1932.8.4
1932. 4월경	부상 1	교량 공사 중	『동아일보』 1932.10.23
1932.10.21	사망 1	추락	『동아일보』 1932.10.23
1933.2.2	사망 1, 부상 1	토사 붕괴	『동아일보』 1933.2.5
1933.11.15	사망 2, 부상 1	토사 붕괴	『동아일보』 1933.11.17
1933.1.12	사망 1	전동기 사고	『동아일보』 1933.1.17
1933.1.15	사망 1	토사 붕괴	『동아일보』 1933.1.17
총계	사망 19, 부상 14		

4. 준공

"축 부산간선도로 도진교 및 선류정리공사 준공"

1934년 11월 23일자 부산일보는 4면과 5면을 할애해 이 공사의 준공을 알리고 있다. 지면의 중앙에는 하늘 높이 들려 올려진 다리의 상판 아래로 배가 지나가고 있는 광경을 싣고 있다. 도개교의 기능을 한 눈에 알 수 있는 사진이다.

준공식은 오전 10시 30분 폭죽을 신호로 시작되었다. 신관이 집전하는 준공식은 참석자 전원이 착석한 후, 수발(修祓: 머리를 숙인 참석자 머리 위에 종이나 대마 형겊을 묶은 빗쭉이나무 가지로 쓸어내듯이 좌우로 흔들어 심신을 맑게 하는 의식)과 강신식, 신찬(神饌) 공여, 그리고 제주가 축사를 하였다. 그리고 제주가 먼저 타마쿠시[玉串: 신목에 동이나 천을 묶어둔 것]를 올린 후, 부윤이 마찬가지로 타마쿠시를 올렸다. 이어서 참석인 대표들이 타마쿠시를 올렸다. 그 다음이 초도 행사에 초대된 아동 대표가 타마쿠

시를 올렸다. 이어, 승신식이 있고 난 후에는 부윤의 식사와 공사 보고, 총
독의 고사, 도지사 축사, 내빈의 축사로 준공식은 거행되었다.

도교식(渡橋式)은 준공식이 끝나고 난 후 11시 50분부터 거행됐다. 초도
식(初渡式)은 신관이 앞장서고 그 뒤를 이어 소학교, 보통학교에서 선발된
우량한 아동 124명이 다리를 건너는 것으로 시작되었다. 이는 그 지역에서
최고령자가 완공된 다리를 가장 먼저 건너는 우리나라의 초도(初渡) 관습
과는 다른 것이었다. 그 뒤에는 관리들과 내빈, 공사관계자 700여 명이 차
례로 다리를 건넜다. 맨 마지막에는 아이들이 깃발을 흔들며 지나갔다. 오
후 12시 30분, 또 한 차례 폭죽이 터지고 축하 공연이 시작되었다.

축하 공연의 광경은 준공식이 있은 그 다음날 부산일보 1934년 11월 24일
자에 자세히 보도되어 있다. 기사의 제목은 "관민 500여 명 초대의 대축하
연회 선발한 예기(藝妓)여급(女給) 초 서비스로, 축복된 그레이트 부산"이었
다. 기사 제목대로, 유곽 등지에서 선발된 기생이 출연하여 춤과 노래를 불
렀다. 그리고 부산부내의 전 카페에서 선발된 여자 종업원의 서비스로 준
공식의 축하연이 성공리에 마무리되었다. 축하연은 1시 30분경에 마쳤으니
약 1시간가량 진행된 것이다.

그날 이 다리를 건넌 사람은 5만 명에 이르렀다. 이어 부산을 상징하게

〈그림 29〉 준공식 당일 5만 명이 다리를
건넜다 (釜山府, 1935)

〈그림 30〉 아동 대표의 타마쿠시 봉전
광경 (釜山府, 1935)

되는 그 다리 위에는 밤늦도록 제등행렬이 이어졌다. 영도대교가 탄생한 날은 저물 줄 몰랐다.

5. 영도대교의 이름

영도대교는 처음에는 도진교로 불렀다. 그야말로 나루터를 건너는 다리라는 의미의 일반명사다. 특별히 부산의 영도대교에만 붙여진 이름이 아니라는 것을 보다 확실하게 알려주는 것이 있다. 『동아일보』 1928년 10월 20일자에 "김해 부산 간 요로인 도진교 가설문제"라는 기사에서 "김해 구초 사이의 낙동강 도진교 가설문제"라는 구절을 보면, 도진교라는 것은 나루 사이를 이어주는 다리라는 의미로 사용하고 있음을 알 수 있다. 물론 이 말은 일본인들이 사용하던 것으로 그들은 와타츠하시[渡津橋]라고 발음한다.

이 도진교가 부산대교라고 하는 교명을 얻게 되는 것은 기공식 무렵으로 생각된다. 신문 기사에는 줄곧 이 영도대교를 도진교라고 부르고 있다가, 기공식을 보도하면서 부산대교로 부르고 있다. 그러나 기공식 이후, 공사를 진행하면서도 이 다리에 관한 보도, 예를 들면 사고 소식이나 교량 공사에 관련한 보도에는 여전히 도진교로 부르고 있다. 부산대교라는 이름이 그다지 널리 알려져 있지 않았던 모양이다. 그러나 준공식 이후에는 부산대교라는 명칭을 일관되게 사용하고 있다.

이 부산대교는 지금의 부산대교가 건설된 1980년 이후 영도대교로 개명한다. 영도대교의 정식 교명은 영도대교다.

V. 영도대교의 완공 당시 제원[3]

1. 전체 제원

1) 하중

군중하중 : 590kg/㎡, 자동차 8톤, 전차 25.14톤, 도로 포장용 롤러 14톤

2) 교량 종류와 길이, 유효 폭원, 면적

종류 : 강구(鋼構: 강 트러스) 도개교(거더 및 I형 트러스 강 형교)
길이 : 전장 214.63m, 폭원 : 18m(보도 양측 2.7m, 차도 12.6m)
교량면적 : 3,948.2㎡(도개교 : 1,044.4㎡, 고정교 : 2,903.8㎡)

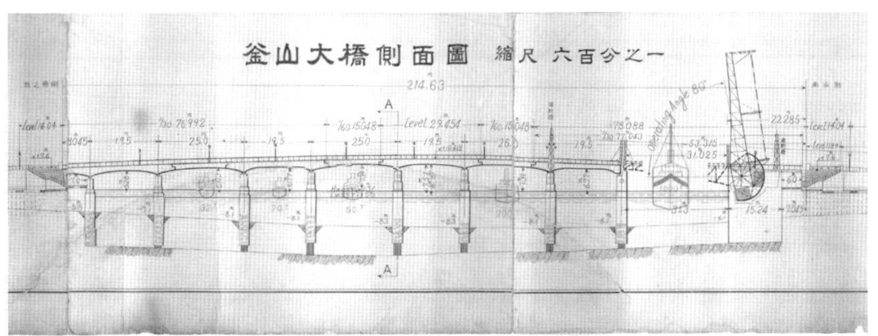

3) 교량구간별 제원

도개교 : 연장 31.3m, 폭 18.0m(차도 12.6m, 보도 양측 각각 2.7m), 교대
(길이 15.24m)
게르버 식 거더교(고정교) : 연장 153.0m, 폭 18.0m(차도 12.6m, 보도 양
측 각각 2.7m), 경간(19.54m, 25.03m ; 게르버 구간)

---

3) 『本邦道路橋輯覽』, 内務省土木試驗所, 1935.

육교 : 연장 15.09m, 폭 18.0m(차도 12.6m, 보도 양측 각각 2.7m), 경간(부
　　　산쪽 7.0451m, 영도쪽 8.0451m)

4) 교량 구배

교량 중심구간 29.454m : 수평, 해발 10.418m

그 좌우 구간 각각 15.048m구간 : 1/60

그 좌우 양끝으로 부산 쪽 78.88m, 영도쪽 76.992m 구간 : 1/30, 끝단의
해발 7.6m

5) 형하 높이

중앙부에서 만조 때 수면에서 7.51m, 간조 때 8.76m

6) 도개교 성능

도개앙각도 : 80도

도개 속도 : 고속; 1분 30초, 저속; 4분

도개 소요 마력 : 고속; 50마력, 저속; 22마력

카운트 웨이트 : 795톤

7) 교면 구조(포장재료)

도개교 : 판재 깔기 포장

육교 : 철근 콘크리트 상판

8) 난간재료

강관(鋼管) 파이프 및 각철(角鐵), 주강(鑄鋼) 난간

2. 하부구조

1) 교대

부벽식 철근 콘크리트 구조, 폭 4.0m, 길이 19.8m

2) 교각

둥근 시트 파일, 철근콘크리트 구조, 3본 문형

3) 지질

자갈 포함한 모래, 경 점토, 암반

VI. 영도대교의 토목사적 가치

1. 유일성

영도대교의 가치는 무엇보다도 근대기에 건설된 교량 가운데 한국에 잔존하고 있는 유일한 도개교다.[4] 또 그 규모는 영도대교가 건설될 당시, 가장 긴 도개교였다. 물론 카치토치바시[勝鬨橋]가 도개교로서는 더 긴 다리이지만 그것은 복엽식이었다. 단엽 도개교로서는 영도대교가 훨씬 더 길고 따라서 더 거대하다. 따라서 영도대교는 단엽식 도개료로서는 당시 최대 규모를 자랑했던 교량이었다.

---

4) 가동교로서는 압록강 철교가 있지만 그것은 선회교이며 또 북한에 잔존하고 있다.

2. 자기 역사적 공간

영도대교가 건설될 때 영도와 부산의 해안선을 정비하고 또 선류장과 간선도로로 아울러 정비했다. 1930년대에 비로소 영도와 부산은 육로로 연결되었고 그 결과 오늘날과 같은 영도의 발전이 가능하게 된 것이다. 부산이라면 누구나가 떠올리는 것이 영도대교가 들어 올려지는 광경이다. 이 잊을 수 없는 풍경 이미지가 형성되는 시기도 바로 이 무렵이다.

근대 부산의 형성과 함께 영도대교는 부산이라는 장소의 중요한 이미지 자원이 되는데 한국전쟁 때 피란민의 남하와 헤어진 혈육이 만나는 장소로 이 영도대교가 이용되면서 전쟁의 이미지, 만남과 헤어짐의 이미지가 겹쳐졌다. 이때부터 영도대교는 도시의 사회기반에서 개인사의 역사적 공간이 되었다. 그러면서 이 다리가 부산 시민 뿐 아니라 전국민이 체험하는 공간이 되었다. 영도대교의 보존 운동에 다른 지방이 더 적극적이었던 것도 이런 사정을 대변하고 있다.

전쟁과 피란, 그리고 생활의 공간이라고 하는 자기 역사적 공간으로서 이 다리가 지니고 있는 가치는 지대하다.

3. 저명 작가의 작품

영도대교에는 당시 일본에서 가동교의 대가라고 알려져 있던 교량설계가들이 설계 혹은 시공에 참여하였다. 비록 실현되지는 않았지만 근대 일본의 천재적 교량 디자이너라고 알려져 있던 마스다 준과 가동교의 특허권자로서 영도대교를 설계한 야마모토 우타로 역시 일본 근대 교량사에서는 중요한 인물이다. 이들이 설계한 교량들은 현재에도 일본 각처에 잔존하고 있으며 많은 것은 문화재로 등록되어 있다.

◼ 참고문헌

『국제신문』, 2001.5.31

『동아일보』, 1926.8.15.

『동아일보』, 1927.2.5.

『동아일보』, 1927.3.20.

『동아일보』, 1932.8.4.

『동아일보』, 1932.10.23.

『동아일보』, 1933.2.5.

『동아일보』, 1933.11.17.

『동아일보』, 1933.1.17.

『동아일보』, 1934.11.30.

『每日申報』, 1930.3.17.

『每日申報』, 1932.1.1.

『釜山日報』, 1932.4.20.

『釜山日報』, 1934.11.23.

『釜山日報』, 1934.11.24.

국사편찬위원회, 『한국근현대사인물자료』(http://db.history.go.kr)

山本卯太郎, 「鋼索型跳上橋の一考察」, 『土木学会誌』 14(6), 1928, 1~13쪽.

アジア歴史資料センター所蔵：官房第171番電 6.11 釜山幹線道路築造渡津橋架
        設及船溜整理の件(目録) 41画像(公文備考 昭和6年 Ｊ 警戒計画 卷6)

工事画報(1934) 「工事タイムス」, 工事画報昭和9年5月,249

工事画報(1934) 「工事タイムス」, 工事画報昭和9年6月,328

釜山府(1935) 『부산대교기타공사 竣工記念写真帖 昭和十年三月竣工』

「本邦道路橋輯覽」(1935) 內務省土木試験所

中井裕(2001) 「プロフェショナルの表現 樺島政義と増田淳(二)」, 建設業界

福井次郎, 「橋梁設計者・増田淳の足跡」, 『土木史研究講演集』vol.23, 2003, 385~
        393쪽.

フリー百科事典『ウィキペディア(Wikipedia)』

B. R. Mawson, B. Lark, Newport Transporter Bridge-an historical perspective, *Civil Engineering* 138, 2000, pp.40~48.

한국전쟁과 부산

차 철 욱

Ⅰ. 들어가면서

‘국가는 전쟁을 만들고, 전쟁은 국가를 만든다’라는 말이 있다. 전쟁을 일으키는 주체가 국가이며, 전쟁의 수혜자도 국가라는 말이 된다. 특히나 전통적인 질서를 해체하고 새로운 질서를 목표로 하는 국가로서는 전쟁이 더욱더 필요하고, 결과는 국가를 굳건히 하는데 커다란 역할을 한다는 의미이다.

그러면 전쟁터에서 목숨을 바친 국민이나, 아무런 이유없이 삶의 근거지를 떠나 낯선 땅에서 뿌리를 내린 국민은 전쟁으로 무엇을 얻었는가. 전쟁을 일으키고 전쟁의 덕을 톡톡히 본 국가를 위해 무대위에서 재주를 부리다가 어떤 보상도 받지 못한 불쌍한 배우에 지나지 않는다.

한국전쟁 당시 국가로부터 어떤 보호도 받지 못하고 죽음의 위협에 내몰린 국민들이 모여든 부산, 그리고 국민들을 버린 정부가 만든 임시수도 부산, 버린 자와 버림받은 자가 만들어 가는 부산의 모습은 어떠했을까.

한국전쟁 시기 부산에 대해 누구는 ‘임시수도’였던 점을 강조하는가 하면, 누구는 ‘피란민 도시’를 강조하기도 한다. 아무튼 이 두 가지 요소가 오늘날 부산을 만드는데 커다란 역할을 한 것임에 틀림없다. 전쟁은 부산의 도시구조, 도시 구성원, 문화, 경제질서 등에서 커다란 영향을 미쳤다. 여기서는 피란시기 부산을 만들어가는 두 축이었던 피란민과 국가, 이들의 상호관계에 대해서 정리해 보도록 하겠다.

Ⅱ. 부산으로 모인 피란민[1]

일제시대 식민지 지배자가 농촌경제를 몰락시켜 농민들을 도시로 추방한 것과 유사하게, 한국전쟁이라는 국가의 폭력행위가 국민을 생활근거지에서 분리시켰다. 하지만 국가가 대규모 피란민을 위해 할 수 있는 일이라고는 피란민 수용 관련 법을 만들어 준수를 바랄뿐이었다. 국가의 법이 모든 피란민을 보호할 수 없었다. 턱없이 모자란 수용시설, 부족한 구호양곡 등으로 국민은 국가의 보호를 받지 못하고 스스로를 지키지 않으면 안되었다.

한국전쟁 동안 부산으로 몰려든 피란민은 약 40~50만 명으로 판단된다. 이들 가운데는 일부만이 국가가 마련한 수용소에서 생활할 수 있었고, 나머지는 불법으로 판잣집을 짓거나 빌리든지, 다리 밑, 큰 건물 주위 등에서 추위를 이겨야 했다. 판잣집은 국제시장을 중심으로 한 용두산, 복병산, 대청동, 부두를 배경으로 한 부두주변, 영주동, 초량동, 수정동, 범일동, 영도 바닷가 주변인 태평동, 보수천을 중심으로 한 보수공원과 충무동 해안가 등에 집중하였다. 집단수용소에서는 구호식량을 공급받았지만, 그 외 자유 피란민들은 스스로 생계를 마련하지 않으면 안되었다. 피란민들은 부두노동자, 행상, 지게꾼, 걸식 등으로 먹거리를 해결해야 했다. 그래서 부두, 시장, 역, 버스터미널 등이 가까운 곳에 살지 않으면 안되었다.

이런 여건에서 만들어진 판잣집은 1953년 10월 현재 도로변과 하천변에 2만 2천 호, 산마루에 1만여 호가 있었다. 1953년 7월 4일 당국이 조사한 판잣집이 2만 8,619호였는데, 다소 규모가 큰 판자촌을 보면 영주동 산기슭에 약 1천 호, 영도 대교로 해안가 7백호, 보수동에 약 6백 호, 송도에 약 3백 호, 국제시장에 약 1,200호 등으로 대체로 부두와 시장 가까운 장소였다.

---

1) 차철욱·공윤경·차윤정, 「아미동 산동네의 형성과 문화변화」, 『문화역사지리』 22-1(통권 40호), 2010, 4~5쪽.

한국전쟁이 끝나 피란민들이 원래 거주지로 돌아가도 판잣집 수는 줄지 않았다. 복귀 피란민들의 빈자리를 채우는 자들이 있었기 때문이었다. 1952년 흉년과 풍수해 등 자연재해로 농촌에서 몰락한 유랑민과 경남 각 지역에 수용되었던 피란민, 특히 거제도에 수용되었던 피란민들이 생활난을 해결하기 위해 부산으로 다시 유입되었다.

〈그림 1〉 감천동 판자집

어렵사리 마련한 피란민들의 판잣집 시설은 열악했다. 교통, 위생, 상수도 등 사회기반시설은 피란민 생활을 힘들게 하는 하나의 요인이었다. 피란민들을 더 불안하게 만든 것은 다리 뻗고 쉴 수 있는 판잣집이 언제 철거당할지 모르는 위협 속에서 살아야 한다는 점이었다. 정부나 부산시는 도시미관이니 위생문제니, 교통난이니 하면서 틈만 나면 판잣집을 철거하였다. 판잣집 철거는 1950년 11월부터 확인되고 있다. 철거에 반발하는 피란민들의 대응과 계절적인 요소 등이 합쳐져 철거는 그다지 원활하지는 않다가 1953년 11월 28일 부산역전대화재 이후 본격화되었다.

화재는 그 자체로 피란민들을 고통스럽게 했다. 한국전쟁 동안 부산에는 '났다하면 불'이라는 유행어가 생길 정도였다. 1952년 1년간 화재가 490건에 피해액 355억 원에 이를 정도였으니, 화재는 피란민들을 위협하는 가장 큰 요인 가운데 하나였다. 1953년 11월 일어난 부산역전대화재로 그동안 모은 재산을 모조리 잃은 어느 피란민의 자살 이야기는 화재가 피란민에게 준 고통을 잘 보여준다. 화재는 그 자체로 어렵게 마련한 보금자리를 잃게 했고, 철거명분이 되기도 해 피란민들에게는 이중 삼중의 폭력이었다.

철거는 정부나 부산시의 행정적인 문제와 관련있었으나, 재력가들의 영향력도 중요하게 작용했다. 1953년 부산역전대화재 이후 시내 중요 건물 소유자들이 부산시에 진정서를 제출해 판잣집 철거를 요구한 사실은 이를 잘 설명해 준다. 이런 이유에서 시작된 철거는 1953년 12월부터 본격화되었는데, 우선 복병산, 동광동, 보수천 주변, 해안가 등지에서, 그리고 1954년에는 초량, 영도, 부산진까지 확대되었다.

부산시는 화재로 터전을 잃었거나 철거당한 사람들을 이주시킬 공간을 마련하였다. 영도 청학동, 진구 양정동, 사하구 괴정, 남구 감만동 등이었다. 청학동과 양정동에는 원조자금으로 후생주택도 건설하였다. 후생주택은 이주민들이 부담해야할 비용이 너무 비쌌다. 그렇다고 이곳이 교통문제, 식수문제, 위생문제 등이 해결된 장소도 아니었다. 모든 철거민들이 이주하기에는 한계가 많았다. 이들 지역은 철거당한 지역에서 상당히 먼 거리에 위치해 있어, 먹고 사는 문제를 해결해야 했던 이주민들이 선택하기는 어려운 곳이었다. 이주민들은 부산시가 알선하는 장소로 가지 않으려면 스스로 적당한 거처를 마련해야 했다.

〈그림 2〉 보수천 피란민과 판자집

Ⅲ. 한 많은 피란생활

전쟁 때문에 피란온 피란민들에게 닥친 모든 위기는 스스로 책임지지 않으면 안되었다. 정부는 어떤 책임도 없었다. 피란민들에게 가장 필요한 것은 무엇보다 의식주해결이었다. 우선 급한 것이 추위를 피할 집이었다. 피란민들은 용두산이나 인근의 대청산, 수정산 등 공간만 있으면 판자집을 만들기 시작했다. 재료는 드럼통을 편 양철판이나 미군용 물자를 담은 종이박스에 콜타르 칠을 한 것이 고작이었다. 먹거리는 갑자기 해결될 수 있는 게 아니었다. 직장을 구해야 했기 때문이었다. 부두하역 일, 국제시장이나 자갈치시장의 인부 일이 피란민들이 당장 선택할 수 있는 직업이었다. 이들은 매일아침 40계단 아래에서 일꾼을 구하러 오는 사람들에게 애원해 가며 간신히 하루 일자리를 구했다. 뿐만 아니었다. 자신이 지닌 음식재주로 음식장사를 하기도 했다. 원산에서 내려온 사람은

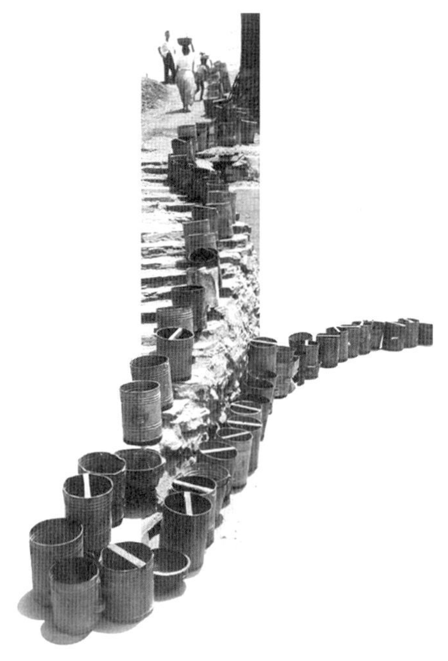

〈그림 3〉 길게 늘어선 물동이

'원산면옥'을, 냉면을 만들 재료가 귀했던 당시 그나마 원조물자로 들어온 밀가루로 만든 것이 '밀면'이었다. 북쪽에서 피란온 사람들로부터 배운 순대국밥이 '돼지국밥'으로 변하기도 하였다. 이것들은 고급이었다. 흰 우유 끓는 물에 보리쌀을 넣어 만든 우유죽이나, 미군부대에서 나온 음식찌꺼기로 만든 '유엔탕'은 당시로선 고픈 배를 달래는 좋은 음식이었다. 하지만 1951년 흉년은 피란민들의 생활을 더욱 어렵게 만들었다.[2]

피란민들을 더욱 어렵게 만든 다른 하나는 '물'문제였다. 부산의 상수도 시설은 30만 명 정도에 맞춰져 있었다. 그래서 100만 명에 육박한 인구를 감당할 수 없었다. 수도꼭지 앞에 물동이를 뱀 꼬리처럼 이어서 세워 놓는 광경은 일상이었고, 수도꼭지 주위에 나무로 통을 만들어 열쇠로 채워 놓

---

2) 부산일보사, 『임시수도천일』(하), 1984, 245~248쪽.

는 것은 이곳이 아니면 볼 수 없는 신기한 풍경이었다. 얼마나 물이 부족했던지 '밥 한 그릇은 그냥 줘도, 물 한 사발은 줄 수 없다'는 말이 유행할 정도였다.[3]

여기에 부족한 전력난은 촛불을 상용케했고, 촛불 사용은 판자집에 살던 피란민들에게는 위험천만한 행위였다. 화재의 중요 원인이었던 셈이다. '낮다하면 불, 섯다하면 교회'라는 재미있는 말처럼, 전쟁기 부산의 화재사건은 일상사처럼 보였다. 주택가는 말할 것도 없이, 국제시장대화재, 부산역전대화재, 전쟁 이후이긴 하지만 용두산공원대화재 등 피란민들을 더 어렵게 만든 것은 대형 화재들이었다.

Ⅳ. 부산 이미지, 국제시장

국제시장이 모습을 드러내는 시기는 해방 이후였다. 시장 자리는 일제강점기 때 대체로 주택지였다. 그보다 앞서 조선시대 때는 일본인들이 들어와 살던 왜관의 변두리였다. 이곳에 장(場)이 선 것은 해방 때문이었다. 해방이 되자 일본인들은 일본으로 돌아가야 했다. 예상못한 패전과 갑작스런 귀국에 당황했던 일본인들은 부산 와서 모은 재산을 한푼이라도 더 챙기려 했다. 공장에 쌓아 두었던 고무신이며, 옷 같은 생활필수품을 시장에 가져나왔다. 팔려고 시장에 내 놓는 물건에는 가정용품도 포함되었다. 한꺼번에 엄청난 물자가 쏟아져 나오자, 원래부터 상설시장이었던 부평동시장만으로는 모자랐다. 물건을 팔 자리를 찾아 옆으로 옆으로 이어지다 보니 국제시장까지 옮겨오게 되었다. 국제시장에서 장사하는 사람들이 일본인들만은 아니었다. 일본인들이 물러나는 만큼 징용이나 징병 등 각종 수탈로 끌려나갔던 조선인들이 부산항을 통해 고국으로 돌아왔다. 무작정 고국이라

---

3) 위의 책, 188~193쪽.

고 돌아왔으나 살아갈 방도가 없었다. 궁여지책으로 외국에서 가지고 들어온 쓸만한 물건을 시장에 들고 나갔다.[4]

　해방 당시 이곳은 돗데기시장 혹은 도떼기시장으로 불렸다. 일본어 토루(取る)에서 왔다고 한다. 도매로 나온 물건을 한번 경매로 모두 '취한다'라는 의미를 지니고 있다고 한다. 이 시장은 1948년 4월 해방 후 자유주의 분위기 속에서 '자유시장'이라는 이름을 얻었다. 1949년 '국제시장'으로 명칭을 변경하였다. 국제시장은 미군부대에서 흘러나오거나, 일본에서 밀수입되는 물건들로 손님을 끌었다. "국제시장은 사람 빼고는 모두 외제"라는 말이 유행할 정도였다. 시장에 유통된 부정물자를 둘러싼 정부기관과 상인들의 쫓고 쫓기는 생존 경쟁도 치열하였다.

　1953년 1월 30일 국제시장 대화재가 일어났다. 오후 7시 30분경 신창동의 술집 춘향원에서 시작된 불은 약 10시간 만에 신창동과 부평동 일대를 휩쓸었다. 조그마한 판자집들이 문제였다. 식당 주인이 석유 등불을 엎질러 일어났다. 이 화재는 '국제시장 대화재'로 불렸다. 재산·인명피해로 상인들의 절망감은 이루 말할 수 없었다.[5] 회복할 수 없는 충격 속에서도 상인들은 국제시장을 부산뿐만 아니라 한국 경제의 중심으로 발전시켰다. 국제시장에서 장사하다가 재벌로 성장한 인물 가운데는 한일합섬 창업주 김한수, 동양그룹을 일군 이양구가 대표적이다. 국제시장에서 양복지 판매업으로 돈을 모은 김한수는 1956년 경남모직을 세웠고, 이후 한일합섬으로 발전시켰다. 설탕 도매상이었던 이양구는 이병철

〈그림 4〉 국제시장 대화재(1952.1.)

---

4) 『동아일보』 1952.2.29(2)1 ; 1952.3.3(2)1 ; 1952.3.2(2)1.

5) 『국제신보』 1953.2.1(2)1.

의 제일제당 설탕 판매 독점권을 얻어 엄청난 돈을 벌었다. 동양시멘트, 동양제과로 동양그룹의 기반을 다졌다. 상인들의 노력으로 1969년 1월 '사단법인 국제시장'이 탄생하였다.[6]

국제시장 하면 언급하지 않을 수 없는 것이 밀수이다. 이 당시 밀수는 불법적인 거래행위였지만, 엄연히 우리의 소비를 책임지는 경제행위였다.[7]

1950년대에는 밀무역이 다양한 형태였다. 해운공사 소속 선박, 유엔군 물자 수송선, 비행기 등의 교통수단을 활용한 밀무역이 있었으나, 일본 쓰시마 섬을 거점으로 하는 개인 밀수꾼들의 활동이 대표적이었다.

일본 쓰시마섬을 매개로 한 밀수선은 부산, 마산, 여수 등 남해안의 주요 도시를 거점으로 활동하였다. 밀무역은 1950년대 중반 국내 수요의 증가와 일본 내 무역형식의 변화 즉 정상무역으로 인정되면서 계속 증가하였다. 밀수꾼은 무역업자, 재일교포, 정치인, 선원, 밀수전업자 등이었다. 이들은 다양한 형태로 밀수자금을 수집하여 자금으로 활용하였다.

이 시기 대표적인 밀수입품은 직물, 화장품, 장신구, 학용품 등이었다. 국내 생산이 적었던데 비해 수요가 많았던 품목들이었다. 이들 품목들은 국내 산업의 발달과 함께 밀수품목에서 제외되기도 하였으나, 생산품의 품질이 낮을 경우에는 밀수입이 계속 유지되는 특징을 보이기도 하였다. 밀수 출품은 고철, 놋쇠, 우뭇가사리, 김 등이었다. 철강제품은 일본 산업에 필요했으나 수출이 금지된 품목이었고, 수산물은 일본 수요는 많았으나 일본 측 수입이 제한되었다.

밀수품들은 철저하게 공급과 수요의 원칙에 따라 변동하였다. 1950년대 국내 공산품 생산이 빈약했던 데 비해, 소비자들의 소비욕구 증가는 항시적으로 밀수품 수요가 존재하는 중요한 이유였다. 그리고 정상적인 방법으로 수출되기 힘들었던 고철이나 수산물의 밀수출도 동일한 이유로 밀수출

---

6) 『국제신문』 1991.7.22(19)1.

7) 차철욱, 「1950년대 한국−일본의 밀무역 구조와 상품」, 『역사와 경계』 74, 2010.

되었다. 여기서 상품시장에 적용되는 다양한 논리가 국가의 경제정책 내로 포섭될 수 없음을 잘 말해 준다.

밀수품은 밀수꾼과 중간 운반업자 등 복잡한 단계를 거쳐 시장에서 유통되었다. 특히 부산의 국제시장은 밀수품 유통의 중심이었다. 신문기사나 당시 상인들의 회고담을 통해서 국제시장이 밀수품의 중요한 유통망이었음을 알 수 있다. 밀수를 통제해야 할 정부 또한 형식적인 단속만 할 뿐 적극적으로 밀수품 유통을 금지하지 못했다. 형식은 비합법적일지라도 부족한 국내 생산품을 보충하는 국제시장의 기능을 무시하기란 어려운 일이었다.

V. 피란지에 드리워진 권력

부산의 중심에 위치한 용두산 또한 피란민들과 하나가 되었다. 조선시대에는 초량왜관을 왕래하는 상인들의 안녕을 비는 신사가 있었으나, 일제시대에는 일본 제국주의를 잘 봐 달라는 신사가 들어서 제국주의 권력의 상징이 되었다. 이 때문에 해방과 함께 조선인들이 태워버렸다. 일본 제국주의의 권력으로부터 벗어나고 싶은 때문이었다.

한국전쟁으로 용두산의 빈땅은 모두 피란민들의 생활터가 되었다. 용두산에는 더 이상 일본 천황의 권력이 미치지 않았다. 용두산에 모여살던 사람에게 하루하루 살아가는 문제가 중요했지 과거 이곳이 어떤 장소였던지는 중요하지 않았다. 전쟁이 끝나고 고향으로 갈 사람은 가고, 가지 못하던 피란민들만이 남아있던 1954년 커다란 불이 용두산을 휩쓸었다. 판자집들은 물론이고 그

〈그림 5〉 용두산 판자촌과 어린이들

래도 옛 모습을 지니고 있던 소나무들이 잿덩이로 변했다.

이승만은 대통령이 되면서부터 백성들을 자신을 섬기는 국민들로 만들어 갔다. 한국전쟁은 반공이데올로기를 만들어 냈을 뿐 아니라 민족영웅을 찾게 만들었다. 전쟁에 참전했던 영웅들을 숭상하고, 이들의 업적을 기리는 방식으로 과거의 영웅들이 되살아났다. 그 영웅의 정점에는 이승만 자신을 올려 놓았다. 용두산공원에도 한국의 영웅을 대표하는 이순신장군의 동상이 1956년 건립되었고, 전쟁 영웅을 기억하게 하는 충혼비가 1957년 등장했다.[8] 이들 전쟁 영웅과 더불어 국난을 극복한 '국부(國父)' 이승만이 그 위에 있었다. 그래서 용두산공원의 이름을 그의 호를 따서 '우남공원'으로 바꾸었다. 서울 남산에는 이승만동상이, 남한산성에는 이승만의 만수무강을 기원하는 송수탑이 세워지기도 했다. 이처럼 이승만시대 용두산공원은 또다시 일본 천황이 조선국민을 현혹했던 것처럼 이승만 대통령을 우상화하는 장소로 변했다. 부산 사람들로 하여금 이승만만을 섬기도록 하는 공간으로 바꾸어 놓았다. 하지만 1960년 4·19혁명 이후 공원의 명칭은 다시 '용두산공원'으로 되돌아왔다.

〈그림 6〉 1957년 건립한 충혼탑

용두산공원이 오늘날의 모습을 띠게 되는 것은 1973년 부산탑이 건립되면서이다. 서울의 도원관광주식회사가 20년 상환을 조건으로 만들었다. 탑의 모양은 경주 불국사 내 다보탑의 상륜부를 본떠 팔각형으로 만들었다. 그리고 그 옆에는 팔각정이라는 정자를 만들어 여유를 부리면서 놀이를 즐기도록 하였다. 동양에서 '팔

---

8) 조은정, 『권력과 미술─대한민국 제1공화국의 권력과 미술』, 아카넷, 2009, 198~231쪽.

각'은 하늘과 땅을 잇는 도형이어서, 천자를 자칭하는 자만이 사용할 수 있었다. 1897년 대한제국을 선포한 고종이 원구단 옆에 팔각 황궁우(皇穹宇)를 지어 천신, 지신, 태조의 신위를 모신일이나, 탑골공원에 팔각정을 만든 일은 고종 스스로 천자를 자처한 때문이었다. 부산 용두산에 팔각형의 탑을 세우고 정자를 만든 것은 박정희가 천자까지는 아니지만 우리나라 백성들의 천자로 군림하겠다는 의미로 받아들여진다. 국보 다보탑을 본 뜬 것은 부산의 이미지보다 한국의 최고 작품을 형상화하여 한국적인 이미지를 강조해, 이곳을 다녀간 사람들로 하여금 부산 시민이라는 의식보다 대한민국 국민임을 일깨우게 하려는 정치적인 이미지가 포함되었다. 그리고 탑 아래에서 120m 위까지 돈만 내면 올라갈 수 있다는 것을 보여줘, 지금 밑바닥 인생이지만 노력하면 맨 꼭대기까지 다다를 수 있다는 의식과 위에서 내려다 보는 부산의 경관은 자신이 부산을 지배하는 것 같은 착각을 일으키게 해, 1위, 가장 높은 곳을 지향하려 했던 우리의 근대적인 의식을 대리 만족시키기에 충분했다.

VI. 이승만정권의 정치테러 '부산정치파동'9)

1952년 5월 25일 계엄령과 국회의원의 체포 후 2개월간 이승만과 국회측이 대립한 사건이다. 이 사건은 이승만이 재선을 위해 경찰력과 테러조직을 동원해 헌법개정을 강행한 사건으로 한국 헌정사상 최초의 오점으로 알려져 있다. 동시에 미국이 이 사건을 계기로 이승만 제거를 처음 고려하기 시작했다.

1948년 대통령에 당선된 이승만은 1952년 임기종료를 맞았으나, 재선 가능성이 낮았다. 왜냐하면 초대 헌법에는 대통령은 국회에서 선출하게 되어

---

9) 박태균, 「1952년 부산정치파동은 왜 일어났는가」, 『내일을 여는 역사』 8, 2002.

있었는데, 1950년 4월의 총선거에서 민주국민당(구 한국민주당)을 비롯한 반 이승만세력이 다수를 점했기 때문이다. 게다가 전쟁 수행 과정에서 드러나 정부의 무능, 무대책, 비능률, 게다가 국민방위군사건, 거창양민학살 사건이 반이승만정서를 확산시켰다. 1951년 5월 부통령 이시영이 사임하고, 김성수가 국회에서 임명되었고, 미국대사 장면이 귀국해 국무총리에 임명되면서 반이승만세력에 의해 대통령후보로 거론되던 분위기였다. 그런데 이승만은 반이승만세력인 신태영국방장관과 조병옥내무, 김준연법무를 해임시켰다. 미국의 반발이 거셌다. 이에 이승만은 1951년 8월 재선을 위해 자유당을 원내, 원외 자유당으로 만들고, 11월 대통령직선제 개헌안을 국회에 제출했다. 하지만 143대 19로 부결되었다.

개헌안이 부결되자 이승만은 대중동원에 의한 가두정치에 호소했다. 원외자유당과 대한청년단은 개헌부결반대항의민중대회를 열고 항의운동을 전개했다. 이승만 자신도 국회를 비난했고, 무엇보다 '민족자결단' '백골단' 등으로 부르는 정치 깡패가 국회해산, 국회의원 리콜을 요구하는 데모와 협박이 시작되었다.

한편 야당은 1952년 1월 18일 의원내각제로의 개헌안을 122명의 서명을 얻어 국회에 제출하였다. 이에 이승만은 4월 20일 장면국무총리를 해임하고, 5월 14일 경찰을 통괄하는 내무장관에 이범석을 임명하면서 정면 돌파를 시도했다. 그리고 5월 25일 계엄령을 발령하고 국회의원을 체포하였다. 이에 대응해 국회는 5월 28일 부산시 계엄령 해제 결의안을 96 대 3으로 가결시켰으며, 부통령 김성수는 쿠데타라고 규정하면서 사표를 제출했다. 군부에서도 이종찬 육군참모총장이 계엄 수행을 위한 군대를 부산으로 파견할 것을 요청받았으나 거부하였다.

이승만은 6월 3일 국회를 해산했으나(당시 헌법상 대통령이 국회를 해산할 권한이 없었음), 미국대통령 트루만의 요구로 번복하였다. 미국 내에서도 이승만의 이런 행동을 어떻게 해결할 것인가가 논란이 있었고, 특히 한국에 와 있던 미국인 관리들 사이에 혼란은 더욱 심했다. 6월 12일 국회 내

에서 장택상이 주도하고 있던 신라회와 친이승만계열인 삼우장파는 발췌
개헌안의 기초를 완료했다. 하지만 국회의원들 사이에서는 발췌개헌안에
대한 반응이 적었고, 계속된 관제데모와 이승만의 타협 요구가 계속되었다.
이승만은 7월 4일 경찰력을 동원해 도피해 있던 국회의원을 끌어오고 구속
중인 의원까지 데려다 기립표결로 개헌안을 통과시켰다. 발췌개헌안의 주
요 골자는 대통령선거를 직선제로 바꾼다는 것이었다. 이승만이 처음 기대
했던 가장 중요한 것을 얻었고, 1960년 권좌에서 물러날 때까지 자리를 지
킬 수 있는 계기를 마련했다.

Ⅶ. 피란 고통의 반작용, 문화

전쟁은 피란민들을 전쟁 피해가 없는 대구와 부산 주변으로 모이게 했
다. 서울은 물론이고, 북한에서 내려오는 사람들도 있었고, 부산에서 이웃
한 마산, 통영 등에서 들어오는 경우도 허다했다. 이들의 문화활동은 전쟁
기라고 멈추지 않았다. 그들이 만들어내는 끼는 전쟁의 고통을 조금이나마
해소시켜주는 역할을 하였다.

1. 음악

이 시기 음악은 충분한 격식을 차릴만한 것이 없었다. 연주회는 대체로
군악대가 담당했다. 육군정훈악대, 해군정훈악대, 한미군악합동연주회 등이
대부분이었고, 개인발표회나 오페라 등이 간혹 있었으나, 음악인들이나 음악
을 즐기는 사람들의 욕구를 충족시키기에는 한계가 있었다. 이 가운데 클
래식 분야에서 당시를 대표한 인물은 윤용하, 윤이상, 금수현 등을 손꼽을
수 있다. 윤용하는 개인 발표회도 많았고, 우리 귀에 익숙한 〈보리밭〉은 거
제리 방면이 무대였으며, 시인 박화목의 〈옛 생각〉이 원제목이었다고 한다.[10]

부산으로 몰려든 음악인들에게 가장 많이 배려한 사람은 금수현이었다. 금수현의 집은 영주동 비탈에 있었다는데, 음악인들의 연락장소, 음악인들이 음악을 즐기는 장소이기도 했다.[11]

2. 대중음악

전쟁이 일어나자 대중음악인들은 군위문단을 조직하였다. 군위문단은 크게 국방부 정훈국 선전과와 8사단 21연대 소속으로 나뉜다. 전자에는 유호, 박시춘, 황문평, 남인수, 신카나리아, 금사향 등이, 후자에는 이인권 이순옥 부부, 김문희, 서영은, 주경선 등이었다. 이 외에도 1사단에는 김희갑이, 6사단에는 고복수 등이 활동하였다. 이들이 위문활동을 하고 부산으로 모이는 시기는 대체로 1952년 무렵이었다. 박시춘이 만든 〈삼다도소식〉, 〈굳세어라금순아〉, 〈슈샤인 보이〉, 〈이별의 부산정거장〉, 〈꿈꾸는 백마강〉 등이 히트를 쳤다.[12] 무엇보다 이 시기 대중음악에서 최고는 남인수와 현인이었다. 두 사람을 사랑하는 팬들은 서로에게 주먹다짐까지 하면서 자기가 좋아하는 가수의 노래를 즐겼다.

대중음악인들은 단순히 노래를 부르는 것만으로 생활을 유지할 수 없었다. 이 시절 많은 사람들의 마음을 울리면서, 피란시절의 고통을 잊게 해준 것은 역시 '악극'이었다. 1930년대 생겨난 악극은 배우가 노래를 부르면서 의사를 전달하는 일종의 뮤지컬이었다. 백조가극단, 현대가극단, 무궁화악극단, 은방울악극단, 김해송악단 등 유명했다. 이 가운데 백조가극단은 눈물의 여왕이라 불리던 전옥이 이끌었다. 전옥은 최민수의 외할머니에 해당한다. 이 악극단은 〈항구의 일야〉, 〈눈나리는 밤〉 등의 작품으로 유명했다. 악극 중간중간에는 윤부길의 '부길부길쇼', 손목인과 그 악단, 박시춘악단이

---

10) 최화수, 『최화수의 문화기행』, 청산, 1987, 101~104쪽.
11) 『부산일보』 2004. 9. 15. 「제갈삼의 잊을 수 없는 음악인」.
12) 이영미, 『한국대중가요사』, 민속원, 2006, 129~132쪽.

특별쇼를 하기도 했다.[13) 하지만 대중음악가들의 생활 또한 말로 표현할 수 없을 정도였다. 그들의 생활 모습을 잘 보여주는 사건이 1952년 있었던 손목인을 필두로 한 가수들의 집단 밀항이었다. 이들이 일본으로 밀항하다 체포되면서 사건이 밝혀졌는데, 일본에서 공연을 추진하기 위해서였다고 털어놓았다. 당시 이들은 밀항한 이유를 "먹고 살수 없었기 때문이다"고 했다.[14)

3. 영화

이 시기 부산의 영화 또한 대단히 활발한 움직임을 보였다. 전쟁기임에도 불구하고 기록영화 혹은 반공영화 형식으로 조금씩 영화제작이 있었다. 우리에게 잘 알려진 신상옥이 〈악야〉를 제작했고, 유현목감독이 조연출을 맡은 〈고향의 등불〉 등이 제작되었다. 하지만, 제작에

〈그림 7〉 한국전쟁 당시 부민관 (이후 시민관)

필요한 필름과 마무리 작업을 위한 시설 부족으로 완성도는 떨어졌다. 당시 영화상영은 국산영화의 경우 대부분 부민관(시민관)에서 상영되었다. 그 외 부산극장과 동아극장은 외국영화만 상영하였다.[15)

영화제작자들의 생활은 어렵기만 했다. 오히려 영화관만 돈을 벌었다. 입장객들이 제시하는 입장권을 계속 돌리는 통에 총 입장객은 만원이어도 공식적으로 체크되는 입장객은 몇 안되었다. 자연히 제작자의 수입은 적을 수밖에 없었다. 영화관은 돈을 벌고 제작자는 망했다. 영화인들은 광복동

---

13) 차철욱, 『피란시절 부산의 문화』, 해암, 2006, 63~73쪽.

14) 『국제신보』 1952년 6월 20일 2면.

15) 유현목감독 증언.

주변 다방에 죽치고 앉아 정보를 교환했다. 영화배우 최은희가 창선파출소 뒷골목 녹원다방에서 얼굴마담을 했다는 설, 이민자는 그 옆 망향다방에서 얼굴마담을 했다는 설이 당시에는 누구나 아는 이야기였다.

4. 문학

전쟁이 일어나자 조지훈, 서정주 등 문인들은 문총구국대를 조직하고, 대구에서 종군활동을 시작했다. 부산에 도착한 문인들은 박종화, 김동리, 이선구, 유동준, 모윤숙, 황순원 등이었다. 문학인들은 부산에 도착하자 부산의 유치환, 김말봉, 오영수, 조향 등으로부터 후한 대접을 받았다.[16]

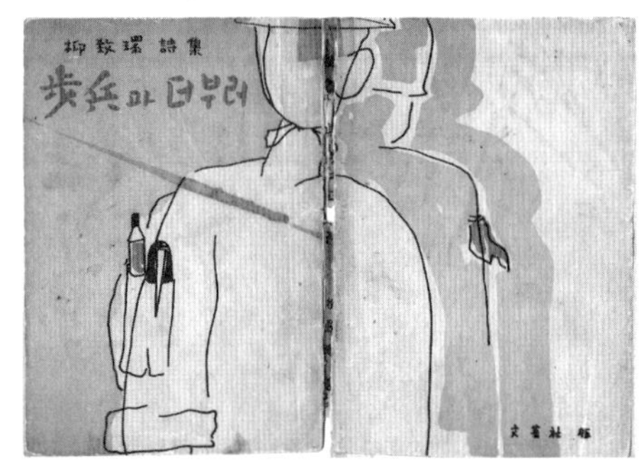

〈그림 8〉 유치환 시집 『步兵과 더부러』

문학인들은 부산에 머물면서 『문예』, 『신천지』 등을 발행하면서 다양한 문학활동을 하였다. 개인적으로 황순원의 『곡예사』, 김동리의 『밀다원시대』 등이 잘 알려져 있다. 피란온 주인공들이 피란지 부산에서 부딪히는 어려움들을 그려 놓은 작품들이다. 이들에게 피란지 부산은 그야말로 암흑의 시절이었다.[17] 문학인들에게 경제적인 어려움이야 감내할 수 있었겠지만, 그들에게 주어진 제한적인 작품세계는 이들의 문학세계를 더욱 어렵게 만들었다. 정운삼이 밀다원에서 수면제를 먹고 자살하였고, 스타다방에서 자살한 전봉래의 이야기는 이런 사정을 잘 말해준다.[18]

---

16) 최화수, 앞의 책, 1987, 61~62쪽.

17) 김병익, 『한국문단사』, 문학과 지성사, 2001, 263~267쪽.

18) 부산시사편찬위원회, 『부산시사』 4, 1991, 153쪽.

　한국전쟁기를 통해 외부에서 들어온 문화인들의 영향으로 부산의 문화 또한 많은 자극을 받았고, 이 때 들어왔던 문화인들이 전쟁 후 그대로 부산에 머물면서 부산 문화의 성장에 밑거름이 되었음은 분명하다. 하지만 당시 지역 문화인들은 서울로 향하는 자들도 많았고, 많은 사람들이 기회를 엿보고 있었다. 그리고 휴전 후 귀환했던 문화인들 가운데는 이 시절 부산의 생활이나 작품활동을 기억하고 싶지 않은 경우도 많았던 것으로 보인다.

VIII. 맺음말

　한국전쟁은 부산에서 살아가는 사람들에게 여러 가지 의미를 남겼다. 우선 서울 함락으로 부산이 국가의 모든 중심 기능을 한 '임시수도'로서의 의미를 강조하게 되는 계기를 만들었다. '임시수도기념관', '임시수도천일'과 같이 임시수도를 포함한 부산의 이미지를 만들기도 했다. 즉 국가의 중심 기능을 한 경험을 중요하게 여기는 발상이었다. 전쟁으로 행정의 중심지가 되었고, 이를 계기로 많은 공장과 회사가 설립되면서 경제의 중심지가 된 것은 말할 것도 없이, 많은 사람들이 모여들어 외형적으로 거대도시가 되었기 때문이다. 이런 점에서 부산이 한국의 제2도시가 된 계기를 한국전쟁과 임시수도에 두고 얼핏 전쟁의 수혜도시라는 점을 부각하려는 노력도 포함된 듯하다. 부산 변화의 외형만 중요시한 결과라 생각된다.

　천일 동안 국가의 수도역할을 한 부산에 작동했던 다양한 국가권력에 의한 국민들의 포섭 노력이 적지않았다. 용두산공원을 우남공원으로 만들고, 여기에 '애국'을 강조하는 여러 가지 조형물들은 용두산공원을 시민의 공원에서 국가이데올로기의 전시장으로 바꾸어놓았다. 시내 곳곳에는 군사시설이 점거해 시민들의 주거공간은 환경이 열악한 곳으로 쫓겨가야만 했다.

피란민들은 자신들의 의지와 상관없이 부모형제와 생이별을 하고, 낯선 부산으로 피란와서 정착하지 않으면 안되었다. 정착과정 또한 피란민들은 국가로부터 감시와 차별을 받지 않을 수 없었다. 그럼에도 피란민들은 스스로 생존문제를 해결하면서 부산 사람으로 살아가기 시작하였다.

이 과정에서 부산은 다양한 지역출신이나 문화소유자와 함께 만들어내는 혼종의 문화, 타인을 배제하기보다 인정하고 받아들여야 하는 포용의 문화, 그러면서 다름과 차이의 벽을 허물고 소통하는 다양성이 존재하는 공간으로 바뀌었다.

소설에 묘사된 부산과 의미

조 갑 상

소설집『부산을 쓴다』가 최근에 출간되었다. 비록 단편소설의 길이에 미치지 못하는 짧은 소설 28편이 모여 있지만 임진왜란 당시의 동래읍성에서부터 '부산갈매기'가 울려퍼지는 사직운동장까지 부산의 어제와 오늘을 읽을 수 있는 공간과 건축물들이 배경이나 소재로 등장한다. 이 책은 부산과 낙동강 하류 지역을 한국현대소설사의 한 공간으로 당당하게 들여놓은 요산 김정한(1908~1996)선생 탄생 100주년을 기리는 특별한 작업이지만, '부산'은 오늘도 소설의 무대로 '써' 지고 있다. 근대의 산물인 도시는 고정되지 않고 끊임없이 변화한다. 옛길은 사라지고 건축물은 새로 들어선다. 구체적 시간과 장소를 통해 그 시대를 사는 인물들을 이야기한다는 점에서 소설은 또 다른 역사 그 자체이기도 하다. 개항장에서 시작해 일본인 거류지를 확장하면서 중심시가지가 되고 한국전쟁과 1960·1970년대 농촌인구의 대거 유입을 거치면서 발전해 온 도시가 부산이다. 이 글에서는 부산을 3개의 권역으로 나누어 소설에 그려진 부산의 모습을 살핀다. 과거 부산부에 속했던 지금의 중구와 영도구, 동구, 서구를 하나로 묶은 다음 전통도시 동래와 낙동강 하류지역을 찾아가 보도록 하겠다.[1]

Ⅰ. 개항장에서 근대도시로 가는 길의 풍경들

개항장으로서 도시의 모습을 갖추기 시작하는 부산을 처음으로 소설에 등장시킨 작가는 이인직이다. '신소설'은 그가 신문에 연재한『혈의 누』(1907)가 단행본으로 출간될 때 붙여진 이름인데 이전의 소설에 비해 새로운 소설이라는 뜻일 테니 곧 고전소설과 구분된다는 의미로 볼 수 있다. 반봉건·반외세·문명개화라는 새로운 주제 외에도 신소설은 시간과 공간의

---

1) 부산의 역사와 지리에 관련된 자료는 다른 글과의 중복을 고려해 특별한 경우를 제외하고는 출전을 밝히지 않도록 한다. 낙동강 부분에서는 양산시와 밀양시에 속한 지역을 배경으로 하는 김정한의 소설을 포함시켰다.

측면에서 당대현실을 구체적으로 그린다는 점에서 근대소설에 근접해 있다.2) 부산이 신소설의 출현과 더불어 구체적 장소로 소설사에 등장함도 시공간의 구체성이라는 신소설의 특성에 기인하는데, 이는 증기기관선과 철도라는 교통제도와 우편 통신제도 등 근대적 제도의 도입에 힘입고 있다.

> 부산 절영도 밖에 하늘 밑까지 툭 터진 듯한 망망 대해에 시커먼 연기를 무럭무럭 일으키며 부산항을 향하고 살같이 들어닫는 것은 화륜선이다. 오륙도 절영도 두 틈으로 두 좁은 어구로 들어 오는데 반속력 배질을 하며 화통에는 소리가 하늘 당나귀가 내려와 우는지, 웅장한 그 소리 한 마디에 부산 초량이 들썩들썩 한다. 물건을 드리고 내는 운수회사도 그 화통소리에 귀를 기울이고 사람을 보내고 맞아드는 여인숙에서도 그 화통소리에 귀를 기우리는데, 화륜선 닻이 뚝 떨어지며 쌈판배가 벌떼같이 드러난다. 부산 객주에 첫째나 둘째 집에는 최주사집 서기 보는 소년이 큰 사랑 미닫이를 열며······.3)

오륙도를 지나 부산항으로 들어오는 증기관선과 그 배에 실린 화물을 운반하고 보관하는 운수회사와 객주의 부산한 모습을 그린 이 장면은 최주사라는 인물을 소개하기 위해서 이다. 청일전쟁(1894)을 배후에 깔고 신문명을 배워 부강한 나라를 이루겠다는 주제를 친일적 입장에서 전개한 이 작품에서 부산은 최주사의 사위와 딸, 그리고 그 자신이 미국으로 가는 관문으로 등장한다. 이들의 외국행을 가능케 하는 이가 평양 아전계급 출신으로 부산에 내려와 객주업으로 큰돈을 모은 최주사이다. 최주사가 청일전쟁

---

2) 신소설을 애국계몽기의 대표적 서사문학의 하나로 보는 의견은 이 시기에 역사전기소설이나 토론체 형식 소설 등이 혼재해 있었기 때문이다. 일반적으로 신소설을 근대소설로의 이행과정에 나타난 과도기적 소설형식으로 본다. 양문규, 「애국계몽기의 서사문학」, 『민족문학사강좌』 하권, 창작과비평사, 1995, 39쪽.

3) 『혈의 누-하편』, 동아출판사, 한국문학대계 1권, 1995~1996, 66쪽. 인용되는 소설작품의 출전은 길이가 어느 정도 긴 경우에만 밝히고 짧은 인용은 글의 흐름을 고려해 생략한다.

10여 년 전에 부산으로 왔다는 것으로 보아 그는 1884년 정도 부산으로 이주했다고 볼 수 있는데 그것은 1876년 개항으로부터 8년 정도 지난 시기이다. 평양사람이 부산 와서 장사로 크게 성공할 수 있었다는 것은 단순한 허구적 설정만이 아니라 개항에 따른 부산지역의 객주(客主)와 여각(旅閣) 등의 활발한 상업활동을 감안한다면 개연성이 있는 이야기가 된다. 이 무렵의 모습을 엿볼 수 있는 건축물이 부산역 건너편 명태고방길 49에 있는 '남선창고'이다. 1900년에 세워진 이 건물이 '명태고방'으로 불린 것은 함경도와 강원도의 물산 중에서도 명태를 주로 보관했기 때문이다.[4]

소설에서 부산은 초량이라는 지명과 동의어로 쓰이고 있는데, 경부철도를 소설 속에 처음으로 등장시킨 이인직의 『귀의 성』(1907)에서도 "부산 초량 같은 번화한 항구에서"라는 표현을 쓰고 있다. 『귀의 성』은 양반지배 계급에 대한 상층 평민의 이중적인 감정을 배경에 깔고 처첩간의 갈등을 그린 작품으로 부산은 살인범인 점순 내외의 도피처로 등장한다.[5]

> 점순이가 처음으로 부치던 편지는 잘 가고 회편에 돈 백 원이 왔으나 점순의 마음에는 이만 돈은 이후에 몇 번이든지 서울서 부쳐주려니 생각하고 부산 초량 같은 번화한 항구에서 최가와 돌아다니며 구경도 하고 무엇을 사기도 하다가 겨우 하루 동안에 돈이 반은 없어지는지라.[6]

이 대목은 두 가지 사실을 알려준다. 하나는 우편제도의 발달이다. 점순이 내외는 서울을 떠나기 전에 살인을 교사한 김승지 부인에게 큰 돈을 받았지만 오는 도중에 도둑을 맞아 빈 털털이가 되었다. 그들은 그런 사정을 김승지 부인에게 "나는 듯한 경부철도 직행차를 타고 하루 내에" 닿는 편지

---

4) 경원선(1914)이 놓이기 전 함경도와 강원도의 물산은 부산에 모여 중개되었다. '남선창고' 건물은 근대문화유산으로 보존되지 못하고 일부만 옛 모습으로 남아있다.

5) 이런 설정은 경부선 개통에 따른 인구 증가를 고려한 소설적 개연성으로 보아야 할 것이다.

6) 『귀의 성』, 동아출판사, 1995~1996, 225쪽.

를 보내고, 부인은 부산우편국으로 돈을 보낸 것이다. 두 번째는 그 돈을 하루 만에 반을 썼다는 사실이다. '초량같은 번화한 항구'라는 말은 번화한 개항도시, 항구도시라는 말일 테고 더 좁혀서는 왜관 일대의 일본인 상가 거리를 구경 다니면서 처음보는 신기한 물건들—이른바 박래품—을 마구잡이로 샀다는 뜻이 된다. 개항에 이어 경부선 개통(1905)으로 부산은 근대 도시로 발전할 수 있는 기틀을 마련했다. 한편 경부선 개통은 '관부연락선'이라고 부르는 한일 간의 뱃길과 더불어 조선과 일본을 하나로 묶는 교통 체제의 완성이라는 의미를 갖는데, 이런 제도를 처음 이용한 소설 속 인물은 『추월색』(최찬식, 1912)의 이정임이라는 15살 어린 처녀다.7) 그녀는 "인력거에서 급히 내려 동경(東京)까지 연락차표를 사 가지고" 부산 가는 이등 열차를 탄다. 철도운임이 더해진 연락선 표 한 장으로 일본을 오갈 수 있는 것은 관부연락선이 일본철도청 소속이기 때문이다. 그렇게 부산에 도착한 이정임은 부두 가는 길을 묻다가 인신 매매범에게 걸려든다. 이 장면은 역사적 사실과 소설적 개연성이 만나는 지점이기도 하다. 정임이 길을 물은 것은 경부선 개통 당시 최초의 역이 지금의 동구 초량에 세워져 바로 부두로 연결되지 않았기 때문인데8) 작가는 여기에다 소설로서의 흥미를 더한 것이다.

---

7) 신소설에서 작가들은 나이 어린 인물들을 주인공으로 자주 등장시켰다. 『혈의 누』의 중심인물은 김옥련인데 그녀는 이정임보다 훨씬 어린 나이 때 일본으로 건너가 미국유학까지 한다. 신교육 제도의 필요성과 조혼 타파라는 주제의 실현에 어울리는 인물이 필요했을 것이다. 이정임의 유학은 부모의 강제 혼인에 대한 반발 때문이다.

8) 소설 속의 이 장면은 1909년으로 추정할 수 있으며, 영주동과 동광동 사이에 영선산을 허물어 바다를 메운 뒤 새마당(중앙동)에 부산역을 신축한 것은 1910년이다. 초량에 세워진 초량역은 부산역이 지어진 뒤에도 존속했는데 초량과 수정동 일대에는 대규모 철도관사를 비롯해 철도병원 등 철도 관련 시설들이 몰려있었다. 1931년 초량의 고등관 관사에서 발생한 조선인 하녀 '마리아' 살인사건은 당시 세간의 관심을 모았는데, 이를 소재로 한 조갑상의 「누군들 잊히지 못하는 곳이 없으랴」(2009)에 당시의 초량 일대와 앞서 언급한 남선창고가 그려져 있다.

이정임은 관부연락선을 최초로 탄 소설적 인물이기도 하다. 색주가 서방의 손에서 벗어난 그녀가 탄 배는 '일기환'이다. 신소설이 사실적인 측면을 중요시했다는 것은 일기환이라는 선명을 정확히 사용했다는 점에서도 알 수 있다. 한일간 첫 정기선은 경부철도가 개통된 해 9월 25일인데 이때 취항한 배 이름을 시모노세키 앞의 섬인 일기(壹岐)를 빌려 일기환, 이끼마루라 불렀다.[9] 또 하나 이 작품에서 눈여겨 볼만한 대목은 정임이 배를 타기 전에 일본 옷을 입고 머리까지 일본식으로 바꾼다는 것이다. 색주가 서방에게 잡혀가 고생한 게 "의복을 잘못 차린 까닭"이며 일본에서는 "조선 의복 입은 사람은 하등 대우"를 한다는 이유에서다. 이정임은 시종 벼슬을 지낸 양반집 딸인데 그녀의 이러한 몰지각한 의식은 상하계층을 막론하고 신문명—일본화—에 대한 일방적 경사가 얼마나 심각한 수준인가를 말해주는 대목이기도 하다.

근대의 신호탄인 증기기관선과 철도 개통을 통해 개항장으로서 부산을 피상적으로 그린 신소설과 달리[10] 식민지 도시로서의 부산의 모습을 제대로 묘사된 첫 작품은 염상섭의 『만세전』(1923)이다. 아내가 위독하다는 전보를 받고 도쿄에서 시모노세키를 거쳐 연락선을 타고 부산과 김천에서 잠시 머물다 서울로 가는 여로형소설인 이 작품의 주인공은 동경유학생 이인화이다. 3·1운동이 폭발하기 한 해 전 겨울의 조선을 '무덤'으로 파악하는 이 소설에서 부산은 조선의 실상을 압축하고 상징하는 도시다. 이인화는

---

9) 일기환 다음으로 취항한 배는 쓰시마마루(대마환)이다. 관부연락선에 취항한 여객선의 선명은 일본에서 한국, 나아가 중국으로 뻗어가는 '제국'의 오만함을 과시한다. 신라와 고려, 경복궁과 창경궁, 금강산을 거쳐 11시간 걸리던 시간을 7시간으로 단축한 선박인 텐산마루(天山)와 콘론마루(崑崙)는 중국의 산맥이름이다. 패전 후 1945년 9월 17일 꼬오안마루(興安丸)가 일본인들을 싣고 떠나므로 해서 '관부연락선'의 역사가 끝났다.

10) 신소설 작가들은 문명개화라는 구호와 소설적 흥미에 빠져 부산의 실상을 제대로 그리지 못했다. 개항 전후 '왜색 도시'가 된 시가지 모습과 변두리의 '처참한' 조선인 동리의 모습 등은 H. N. 알렌과 I. B. 비숍 등 외국인들의 일기나 기행문에 묘사되어 있다.

걸으면서 거리를 보고 음식점에서 술을 마신 뒤 부산을 떠나기에 그의 목격과 생각은 구체적인 실감에 바탕을 둔다.

> 부두를 뒤에 두고 서(西)로 곱들어서 전차길 난 데로만 큰길로 걸어갔으나, 좌우 편에 모두 이층집이 죽 늘어섰을 뿐이요, 조선집 같은 것이라고는 하나도 눈에 띄는 것이 없다. 2, 3정(町)도 채 가지 못하여서 전차길은 북으로 곱드리게 되고, 맞은 편에는 색색의 극장인지 활동사진관인지 울그데불그데한 그림조각이며 깃발이 보일 뿐이다. 삼거리에서 한참 사면팔방을 돌아다 보다 못하여 지나가는 지게꾼더러 조선 사람의 동리를 물었다. 지게꾼은 한참 머뭇거리며 생각을 하더니 남편으로 뚫린 해변으로 나가는 길을 가르치면서 그리 들어가면 몇 집 있다 한다. 나는 가르치는 대로 발길을 돌렸다.[11]

지금의 제1부두에서 배를 내린 이인화는 중앙동 무역회관 부근의 부산역에 짐을 맡긴 뒤 부산우체국 뒤편 길을 따라 용두산 공원 아래쪽의 동광동 방향으로 걸어가고 있다. 그가 찾고 있는 것은 조선음식점이지만 거리에는 온통 일본인들의 가게와 집뿐이다. 앞서 살펴본 『귀의 성』의 점순이 내외가 박래품에 돈을 탕진한 번화가—일본인들이 본정통이라고 부른—를 이인화는 걷고 있는 것이다. 거리를 나다니는 사람의 반 수 이상은 조선사람들인데도 그들의 가옥을 발견할 수 없다는 것은 부산의 중심지가 일본인들에 의해 장악되었음을 말한다. 이 시기에 부산은 인구비율 또한 일본인이 44.5%를 차지했다.[12] 이인화가 "비로소 부산의 거리를 들어가 보고 새삼스럽게 놀랐고 조선의 현실을 본 듯 싶었다."는 근본적으로 식민지 경제수탈에 기인한다.

1917년 무렵의 부산 경제형편을 소개하는 이광수의 글이 있다.

---

11) 『만세전』, 창작과비평사, 1987, 52~53쪽.
12) 손정목, 『일제강점기 도시화과정연구』, 일지사, 1996, 271쪽.

> 부산 조선인의 상업은 극도로 피폐하였다. 관내의 급격한 발달에 따라 지력 자력이 결핍한 조선인 상업도 일패도지에 경쟁권 외에 침복하고 말았다. (중략) 이리하여 초량동, 영주동의 컴컴한 산 밑에만 침복하였던 조선 상인도 점차로 번화한 본정통에 거포(巨鋪)를 장만하고 나와 앉게 되었다는 것이다.[13]

중략된 부분에서 이광수는 조선인 상업의 소생 근거로 경남은행의 일본은행과의 직거래와 미곡무역상들의 오사카시장과의 직거래를 들고 있다. 일본인 관리의 말을 옮기고 있을 뿐이지만 당시에 백산상회와 고려상회가 부산을 대표하는 회사였다는 사실과 더불어, 본정통(현재의 동광동)에 조선인 회사가 자리한다는 게 얼마나 어려운 일이었는가를 역설적으로 말해주고는 있다.

연락선과 철도는 조선과 일본을 잇는 교통망이지만 식민지 백성의 자유로운 이동이 보장되는 것은 아니었다. 연락선에서 내리는『만세전』의 이인화를 사로잡는 검문에 대한 걱정은 공포 그 자체이다. 배 난간을 내려오는 승객들을 헌병 보조원과 순사보가 노려보고 지켜서있다. 이인화는 "일본사람으로 보아달라"고 속으로 빌며 "도수장에 들어가는 소의" 걸음처럼 내려온다. 사복을 입은 (물론 일본옷이지만) 형사가 그를 불렀을 때 "등에서는 식은땀이 쭈르륵" 흐르고 파출소에서는 "일종의 공포와 불안"에 말이 어눌해 질 정도다.[14] 그는 부산역에서 기차를 탈 때 다시 형사에게 질문을 받으니 귀국하는 유학생들에 감시가 얼마나 철저했는지를 알 수 있다.

이른바 토지조사업과 동양척식회사 설립, 일본인들의 집단 이주는 이 땅

---

13) 이광수, 「오도답파여행」, 『이광수전집』 9권, 우신사, 1979, 113~114쪽. 이 글은 1917년 『매일신보』에 연재한 기행문이다. 오도는 충남, 경상남북도, 전라남북도 다섯 지역이며, 내용은 각 지역의 정치 경제 교육 문화에 대한 안내와 소감이다. 이광수는 이 글에서 당시 부산이 인구 6만의 대도회이며 명승지나 고적으로 감상할 곳이 아니라 경제상, 상업상으로 연구해야 할 곳이라고 했다.

14) 이인화가 끌려간 곳은 제1 잔교(부두)순사파출소이다. 소설 속의 시간이 1918년인데 부산부의 수면 전부를 담당하는 수상경찰서는 1920년에 신설되었다.

의 농촌을 철저히 피폐화시켰다. 재중 조선족과 재일 동포들은 일제강점기 때 이주한 이들의 후손들이다. 중국과 달리 일본으로의 이주는 도항증명서라는 게 필요했다. 말뜻대로라면 배를 타는 데 필요한 증명서겠지만, 거주지 관할 경찰서장이나 수상경찰서에서 발행하는 것이니 그 속뜻은 일본 국내 치안유지와 경제 형편이 고려된 조선인 차별정책이었다.

관동대지진이 일어난 다음해인 1924년을 배경으로 일본으로 일자리를 찾아가는 농촌 젊은이들의 이야기를 다룬 소설이 「도항노동자」(이동구, 1933)이다. 일본으로 먼저 건너간 길억이라는 친구가 일본에만 가면 돈을 벌 수 있다고 잔뜩 바람을 잡고는 도항증명서를 편법으로 받는 방법까지 가르쳐 준다.

> 내가 먼저 일본을 가서 자네들한테 편지를 하네 그려. 에－또 즉 지금 여기 일자리가 있어서 꼭 다섯 사람이 소용있으니 어서 들어오게. 뒷일은 내가 다 보증함세 하고 편지를 하면 그것을 가지고 부산정거장 옆에 있는 수상경찰서라는 데를 가면 조그만 쪽지를 주면서 배를 타라고 그러네.[15]

일본서 보낸 편지가 일종의 신원보증서인 셈인데 일본 땅에만 건너가면 돈을 벌 수 있다는 유행병에 들뜬 '나'와 친구들은 길억이 자신들을 등쳐먹는 중개꾼이라는 사실은 알리가 없다. 어쨌든 편지를 받은 나와 친구들은 부산에 도착해서 처음 보는 도회지 부산에 현기증이 나는데다 "기선의 뻑뻑하는 소리에는 깜짝깜짝" 놀래며 수상경찰서를 찾는다. 거기에는 "이웃집이나 가는 모양"으로 허술하게 차려입은 조선사람들이 도항증명서를 내보이거나 받기 위해 두 줄로 늘어서 있다. 이런 모습은 일제말을 배경으로 한 이병주의 『관부연락선』(1970)에서 "비좁은 장소에 앞을 다투는 사람들이 한꺼번에 수백 명씩 들이닥친다. 몇 개 안되는 창구에다 고함고함 도항증을

---

15) 『1920－1930년대 민중소설선』 2부, 탑출판사, 1990, 165쪽. 원문을 현행 맞춤법으로 바꾸었다.

들이밀고 검인과 더불어 승선권을 받아야 한다."라고 묘사된다. 도항증 제도는 단순히 연락선을 타는 제1부두만을 정체 시키는 것으로 끝나지 않고 부산이라는 도시의 성격을 결정짓기도 한다.

실제로 관동대지진 직후 불안한 일본국내의 치안 형편으로 도일제한조치가 내려지자 앞에 소개한 「도항노동자」의 사정과는 달리 1924년 부산에는 전국에서 몰려든 약 1만여 명의 도항 대기자들이 노숙, 방황하는 상황이 벌어졌다. 이 문제는 대기자 4천여 명과 재부 조선인유지들의 집회, 부산유지 대표들의 총독부 방문과 진정, 대기자 수가 수만에 이른 후 도일 완화조치 발표라는 과정을 거치며 점차 해결되었지만,16) 도항문제가 부산이라는 도시에 얼마나 큰 사회경제적 파장을 일으키는 지를 보여주는 사례가 아닐 수 없다. 일본으로 건너가는 통로로서 부산은 도시 발전에 긍정적인 측면과 동시에 부정적인 측면을 동시에 껴안아야 했다. 「부산」(이남원, 1935)이라는 소설은 도항에 실패한 인물이 부산에서 겪는 여러 가지 부정적인 모습들을 제시하고 있다. 도항중 사기부터 음식 속여팔기, 바가지요금, 밀항 실패 등을 당한 주인공에게 부산은 "양심이 없는 마굴이며, 썩어져가는 인간지옥"으로 지탄받는다.

연락선을 귀국선이라 부르고 그 배에 탄 이들을 '전재(戰災)동포'라고 했던 때는 8·15 광복을 맞아서이다. 일본은 물론 중국에서도 배를 타고 부산부두로 모여들었다. 그러나 엄흥섭의 「발전」(1947) 정도만 남길 뿐 부두는 한국전쟁 발발 전 까지 아주 한가한 모습으로 남아있었다.17) 한편 부산은 남해안 해상교통중심지이기도 했다. 지금의 연안여객선 터미널 자리는 '여수뱃머리'로 불렸던 연안여객선 선창이었다. 거제도, 통영, 남해, 여수를 오가던 배가 닿던 이 부두는 통영 출신 박경리의 소설에 그려져 있다. 일제시

---

16) 손정목, 앞의 책, 1996, 519~520쪽.

17) 부산을 배경으로 귀환동포들을 다룬 소설이 귀한 것은 광복을 일본에서 맞은 작가들이 적었기 때문이다. 반면에 중국에서 귀국하는 이야기를 다룬 소설은 많다. 체류 작가도 많았을 뿐더러 3·8선이 중요한 소재가 되었기 때문이다.

대를 배경으로 한 집안의 몰락과정을 인간의 욕망과 사회변화사 문제로 그려내는 『김약국의 딸들』(1962)의 넷째 용옥은 남편을 만나러 부산에 왔다가 서로 길이 어긋나 당일 밤배로 돌아간다. 그녀의 눈에 비친 부둣가 풍경은 어지럽고 부산하다. "부둣가에 내려선 용옥은 부산항에 정박한 많은 상선을 보았다. 바나나 껍질, 배 껍질이 벌죽거리는 부둣가 길 위에 널려있고, 입을 벌린 창고 속에 많은 짐짝이 들어가고 (중략) 사람들이 몰려가는 건너편 길 위로 자동차, 전차가 으르렁 거리며"18) 달려간다. 부둣가에는 떡 장수, 죽장수, 국수장수가 몰려있고 그녀는 배를 타기 전에 국수 한 그릇을 사가지고 땅 바닥에 쭈그리고 앉아 먹는데 눈물 한 방울이 그릇에 떨어진다. 눈물 젖은 국수가 그녀의 불행한 운명을 예견하듯 그녀는 선박 침몰로 이 세상을 떠난다. 그녀가 탄 산강호는 가덕도 앞바다에서 침몰하는데 강물이 바다와 합쳐지는 이 지역은 사나운 물결로 해난사고가 잦았다. 소설에서 산강호 침몰 소식은 통영 해장국집을 찾은 사람들에게 "어, 이거 대구 어장도 하기 전에 사람 어장인가? 큰일 났어, 큰일 나아."라는 말로 전해지는데, 가덕도 대구의 유명세가 관용적 표현으로 쓰이고 있음을 보여주는 장면이다.

6·25전쟁 속에서 제각기 상처 받고 절망하는 젊은 청춘들을 그린 『파시』(1968)는 여수행 아침 배가 떠나는 여수뱃머리에서부터 시작된다.

> 손수레에 포장을 두른 거리 음식점이 기선회사 앞에 줄지어 늘어서 있다. 그 앞에 허리를 꾸부리고 서서 아침을 먹는 부두노동자들을 훑어보며 조만섭씨는 지나친다. 섬 사이에 해가 솟는다. 바다와 부둣가는 황금빛으로 물들고 발동기 소리, 고함소리, 파도소리가 부둣가에 메아리친다.19)

해가 솟는 섬 사이란 물론 영도와 아치섬을 가리킨다. 조씨는 노동자들

---

18) 『김약국의 딸들』, 삼중당, 1973, 150쪽.
19) 『파시』, 나남출판, 1988, 11쪽.

이 먹는 거리음식을 두고 "그놈의 뱃밥은 사내자식들이 만들어서 그런지 느글느글" 하다면서 간판이 제대로 붙은 음식점을 찾는다. 손수레에서 파는 밥을 남자들이 짓는다는 것, 그리고 그 밥을 '뱃밥'이라고 부르고 있다. 지금은 제주도와 거제도를 오가는 배만 다니지만, 여수뱃머리는 도로교통이 좋아지기 전까지 남해안의 여러 지역을 오가는 사람들과 물산이 넘쳐나는 역사의 한 현장이었다.[20] 한편 부산은 항만도시로서 조선업을 비롯해 어업, 정미업, 식료품 산업외에 조선방직과 조선경질도기 등 대규모 공장이 들어서면서 대도시의 발판을 마련했다. 1930년 초기, 영도에 모여선 여러 공장들의 모습을 묘사한 소설이 있다.

> 봄의 따뜻한 햇볕과 바람은 바다를 달래어 맑고 잔잔하게 하였다. 이 섬 안에 있는 석유회사. 사기회사, 그리고 여러 공장의 남녀 직공, 사원들이 점심시간에 해변으로 쏟아져 나왔다.

방인근은 『마도의 향불』(1932~1933)에서 주인공 애희가 영도에서 유치원 교사로 근무하는 친구를 만나게 하면서 공장지대가 된 영도를 소개한다. 여기서 언급되는 석유회사는 스탠다드와 라이징 선 석유회사의 저유소를 말하며 사기회사는 조선경질도자기회사를 가리킨다.[21] 영도대교가 세워진 다음 해인 1935년에 전차가 남항동까지 개설되었다는 것은 일본인들의 거주 비율이 그만큼 높았다는 것을 말해주는데, 영도는 일찍부터 어업과 조선업을 비롯한 각종 공장시설들이 모여 있었다.

---

20) 이 일대 바닷가는 부산에서 처음으로 어선 정박처로 사용되었다. 국내에서 처음으로 문을 열고 규모도 가장 컸던 근대식어시장(중앙도매어시장)도 이곳에 있었다.

21) 1917년에 세워진 조선경질은 지금의 봉래 1동, 미광 마린터워 아파트일대에 있었다. 한편 이 소설에서 애희는 용미산 끝자락인 옛 부산시청 뒤 바닷가에서 똑딱선을 탄다. 지금의 자갈치 노선을 일본인들이 내기 전에 우리나라 사람들은 이곳을 이용했다.

1950년 겨울, 평양에서 공산군에게 학살당한 12명의 목사와 살아남은 2명의 목사를 통해 인간의 실존문제를 다룬 김은국의 『순교자』(1964)는 영도에서 끝난다. 평양에서 내려온 교인들의 천막교회가 이곳에 세워졌기 때문이다. 부상을 입고 5육군병원[22]에 입원 중이던 주인공 이 대위는 퇴원을 며칠 앞두고 나룻배를 타고 이 섬으로 가서 "이글거리는 남한의 햇살 아래 먼지를 풀썩이며 뛰노는" 북한 피난민 아이들을 본다. 이 천막교회는 그 뒤 우리가 보는 영도 지역의 많은 교회 중 하나가 되었을 지도 모른다.

6·25전쟁 기간 동안 부산은 두 차례나 임시수도가 되었다. 임시수도, 피난수도는 부산이 곧 '땅끝'이라는 위기의식을 동반한다. 1951년 1·4후퇴 때 마지막 피난 열차를 타고 '자유의 수도 서울' 빠져나와 바다와 맞닿은 육지의 끝에 도착한 김동리의 「밀다원 시대」(1955)에 등장하는 소설가 이중구에게 땅끝의 의미는 '대한민국'의 끝이다. 피난지에 모인 문화예술가들의 내면 풍경을 그린 이 작품에 등장하는 "광복동 로타리에서 시청쪽으로 조금 내려가서 있는 이층 다방" 밀다원은 금강다방이나 스타다방과 같이 그 당시에 예술인들이 많이 모였던 실재했던 다방이다.[23]

전쟁기간 동안 부산을 배경으로 한 작품에 자주 등장하는 장소는 '남포동 뱃머리'라고 불린 지금의 자갈치시장 일대와 국제시장이다. 피난수도 부산을 아주 세밀하게 그린 이호철은 장편소설 『소시민』(1964~65)의 첫머리를 "질금질금 내리는 늦 봄비가 며칠이 계속되어 남포동 선창가 일대는 엉망으로 질퍽해져 있었다."라고 시작한다. "길 가생이의 가스불, 포장 달구지에서 와글와글 피어오르는 연기, 똑딱선이 그득히 정박한 올망졸망한 바다를

---

22) 5육군병원은 일제시대 마나카이라는 백화점건물이었는데 부산시 청사가 옮겨가면서 같이 철거되어 지금은 롯데백화점이 들어섰다.

23) 이곳이 문화 예술인들의 단골인 된 것은 건물 일층에 문화예술단체인 '문총'사무실이 있었기 때문이다. 밀다원이 있던 자리는 지금의 광복동 2가 38-2번지, 미화거리 71에 있는 건물터이다. 왕비다방, 파크랜드 대리점 등이 여기에 있었다. 밀다원은 이호철의 『소시민』에서 프랑스 작가 앙드레 지드 1주기 행사가 열린 곳으로 기억되기도 한다.

향해 쭈그리고 앉은 사람들, 불결하게 짠 바람, 짤막한 먼 뱃고동 소리"로 묘사되는 이곳은 어디서 무엇을 해먹었던 사람이건 '소시민'으로 타락하기 마련인 피난살이의 본질을 파악하는 공간이 되는 것이다.[24]

　해방 직후 일인거주지였던 부평동 시장 한켠 공터에서 귀국하는 일인들이 물건을 내놓고 판 데서 시작된 국제시장은 전쟁 기간 동안 한국 최대의 시장으로 발전하였다. 도떼기시장, 자유시장으로 불리기도 한 이곳은 '황순원곡예단'의 아내같이[25] "남의 옷가지를 갖고" 나가 파는 널빤지가게부터 "찬란한 일제, 미제 상품들이 그득 그득히" 쌓여있는 상점과 (『파시』) "불이 훤하고 물건이 산더미로" 쌓여있는 대형 포목상까지 (『소시민』) 그 규모도 천차만별이었다. 일본이나 마카오 등지의 밀수품이거나 미국의 군수물자와 잉여물자 등이 국제시장으로 몰려든 것이다. 이런 국제시장의 모습을 두고 이호철은 "부산 자유시장의 폭발적인 비대는 곧 우리 구조의 폭발적인 해체와 양면을 이루는 일면이었다."라고 진단한다. '구조'는 한국사회구조를 가리키기에 국제시장은 전쟁으로 인한 한국 사회구조 변화의 중심 현장이었다는 뜻이 된다.[26] 흔히 국제시장은 이북에서 월남한 피난민들이 남한 땅에 성공적으로 정착하는 대표적 장소로 이야기되기도 하는데 그 예를 이호철은 광석이 아저씨라는 인물을 통해 보여준다. 부두노동과 대청동 길에서 국화빵 장사를 하던 그는 국제시장 어귀에 조그마한 점포를 얻어 부두에서 불법으로 나오는 물건을 팔고부터 크게 성공하여 악대까지 동원된 거창한 결혼식까지 올리게 되는 것이다.[27] 한편 피난민들이 술 한 잔에 시름

---

24) 열 아홉에 혼자 피난 내려온 이호철은 부두노동을 하다 국수공장에서 일자리를 구한다. 소설의 무대가 된 국수공장은 토성초등학교 아래 토성1길 112에 있었는데 지금은 번듯한 4층 건물이 들어서 있다.

25) 황순원의 「곡예사」(1952)는 작가 자신과 그 가족들을 등장시키고 있다.

26) 농촌에 기반을 둔 구지주층의 몰락과 상공업으로 성공한 신흥 부자들의 출현은 민주당에서 자유당으로 정치권력이 이동하는 현상과 맞물려 있다.

27) 물론 그의 성공이 정치적 배경(우익 폭력단체)에 힘입고 있다는 점에서 국제시장은 단순한 시장 이상의, 앞에서 언급한 사회구조 변화의 현장이라는 의미를 더욱

을 풀었던 남포동바닷가에서 가까운 영도다리는 동광동 40계단과 같이 전쟁 중 피난민들에게 기약 없는 만남을 약속한 곳이다. 이 다리는 이산과 생존의 고통을 이기지 못한 이들이 택하는 자살 장소가 되기도 했다. 이주홍의 「늙은 체조교사」(1953)의 주인공은 부산 피난학교에서 체육 대신 국어를 가르치다 실력이 없어 쫓겨나 범일동 시장(부산진 시장의 다른 이름이다) 옆에서 미군 통조림 장사를 하게 된다. 어느날 전차를 타고 시청 앞에서 내린 그는 "영도다리에 사람이 우우 몰려있기로 가보니 사람 하나가 바닷물에 빠져" 있는 걸 목격하게 된다. 그러나 산 사람은 살아가게 마련이다. 임시수도 부산의 극장에서는 음악회가 열리고 댄스홀에서는 재즈가 울려 퍼진다. 김광주의 「나는 너를 싫어한다」(1952)는 이런 분위기 속에서 타락하는 상류사회의 모습을 담아내고 있다.

전쟁은 인간의 가치 지향성을 바꾸기도 한다. 그런 주제를 다룬 작품이 안수길의 「제삼인간형」(1953)이다. 시인이 사업가가 되고 부유한 서울 출신인 철없는 문학소녀는 판자집에 살면서 현실이 무엇인가를 깨닫는다. 이 작품에서 안수길은 영도 제이송도에 몰려있는 판자집들이 "겨울 해를 맞받아 벌집 같이" 보인다고 썼다. 나지막한 산들이 급하게 항만을 향해 밀려 내려온 중구와 동구지역의 비탈들은 피난민들이 한나절 만에 지은 판자집들이 즐비했다.[28] 이북에서 내려온 스무 살 전후의 젊은이들이 낯선 남한 땅에 살 수밖에 없음을 깨달아가는 이호철의 「탈향」(1955)은 언제 움직일지 모르는 기차의 화물칸이 그들의 잠자리다. 고향으로 돌아가는 길이 불가능하다는 것을 안 그들에게 당장의 꿈은 자신들을 거부하는 듯 싸늘한 불빛이 비치는 초량 제3부두[29]에서 주야로 일을 해서라도 "영주동 산 꼭대기에다 집

공고히 한다.

28) 이 당시에 지어진 집들을 일반적으로 판자집이라고 부르지만 이 말속에는 천막집이나 레이션박스로 지은 집, 바라크 집들이 모두 포함된다. 판자집은 '하꼬방'이라고도 불렸는데 하꼬는 일본말로 상자라는 뜻이다.

29) 전쟁 때 일반화물(주로 식료품 레이션)이 많이 부려졌던 이곳은 그 뒤 군용부두가

하나"를 장만하는 것이다. 이런 판자촌에서 발생한 화재 중의 하나가 이른 바 '부산역전 대화재'이다. 염상섭의 「귀향」(1954)은 이 장면을 담고 있다.

> 새벽 세 시쯤은 되었을 텐데 오줌이 마려워 일어난 김에 다시 나가보니 밤눈이라 그런지 불길은 더 세차지고 바로 요 아래 시장까지 타 온 것 같다. (중략) 비참한 〈하꼬방〉 지대가 싹 쓸은 방송국 뒤의 일대를 허덕허덕 한바퀴 휘돌고는 기가 막혔다.[30]

피난살이를 마치고 서울로 돌아가는 인물의 시선으로 간단하게 그려져 있지만, 환도가 시작되었던 1953년 11월 27일 밤 영주동 판자촌에서 시작되어 다음 날 아침에야 잡힌 불은 부산역은 물론 부산우편국과 부산방송국 등을 비롯해 중구 일대의 반을 태운 대형 화재였다.[31]

Ⅱ. 전통도시 동래, 온천과 바다

개항도시 부산부 이전에 전통도시 동래가 있었다. 동래사람들이 부산포를 두고 '배 닿는 자리'라고 부른데서 그들의 남다른 자존심까지 읽을 수 있다. 근대의 산물인 전차길과 동해남부선 철길이 놓이면서 동래는 근대에 편입되는데 아무래도 동래와 해운대 두 개의 온천이 일찍부터 외지 사람들의 발길을 붙잡는 명소였다. 앞서 소개한 이광수의 글에서도 부산부보다는 이 두 개의 온천이 먼저 소개되고 있다.

되어 1965년에 베트남파병이 시작되자 들고나는 군인들로 다시 분주해졌다.

30) 『염상섭전집』 11권, 민음사, 1987, 19쪽.

31) 전쟁 기간 전후로 부산에서 발생한 대형 화재로는 1953년 1월의 국제시장 화재와 54년 12월의 용두산 공원 일대의 판자촌 화재를 들 수 있다.

> 부산진서 전차를 갈아타고 동래 시가를 바라보는 사이에 金山 밑 신라
> 부터 金井으로 유명한 동래온천에 달하였다. 온천 시가 입구에는 녹문이
> 새로 서고 그 안에는 십 여인의 미인이 무슨 노래를 부르면서 춤을 춘다.[32]

이광수는 여관에서 노래 부르는 기생들의 이름까지 소개하고 있으니 1917년
경의 동래온천이 이미 일본식화된 온천유곽이었음을 말해준다.[33]

일제 때 동래를 배경으로 한 소설은 이곳 출신인 김정한이 썼다. 범어사
로 생각할 수 있는 큰 절 논을 부치는 소작농민들의 고단한 형편을 그린
「사하촌」(1938)에서는 범어사 계곡에 만들어진 근대식 수원지의 모습을 엿
볼 수 있다. 1936년에 완공된 범어사 수원지는 당시의 동래읍에 상수도로
공급되었는데, 가뭄인데도 수원지 물을 농사에 쓸 수 없는 소설 속의 상황
은 이런 형편 때문이었다. 「위치」(1975)는 『조선일보』·『동아일보』가 폐간
되던 1940년, 신문지국 일을 맡아보다 치안유지법 위반혐의로 구속되는 전
직교사의 이야기인데 조선조 때 동래읍내장에서 시작된 지금의 동래시장
일대가 그 배경이 되고 있다. 이곳을 배경으로 나무 부스러기 같이 보잘 것
없는 지게꾼들의 고달픈 삶을 담아낸 작품이 이주홍의 「지저깨비들」(1966)
이다. 동래시장 옆을 지나는 지금의 명륜로가 울산과 양산가는 국도였을
때의 이야기이다. 동래읍의 중심을 이루는 명륜동이나 복천동은 묵은 동리
이다 보니 고목들도 많다. 정영선은 『실로 만든 달』(2007)에서 그런 보호수
들 중 하나인 팽나무를 통해 3·1운동 때 희생된 처녀관옥을 불러낸다. 남
성중심 사회의 희생자이기도 한 그녀가 살던 동헌 아래의 초가집들이 모여
있던 좁은 골목길은 이제 시장으로 변하고 '영남 제일의 관문'이었던 동래부

---

32) 이광수, 「오도답파여행」, 앞의 책, 1979, 107쪽.

33) 이광수가 탄 전차는 1910년 부산진에서 동래읍까지 놓였다가 15년에 온천장까지
　　연장된 경편철도이다. 일본인들에게 '조선의 별부(벳부)'로 회자된 동래온천을 만
　　철(滿鐵)에서 대규모 유원지로 조성하려다 취소했다는 이야기가 『朝鮮鐵道夜話』
　　(江口寬治, 二水閣, 1936)에 나온다. 박천홍, 『매혹의 질주, 근대의 횡단』, 산처럼,
　　2003, 364~365쪽에서 재인용.

동헌은 그 시장통 속에 갇혀있다. 임진왜란과 동래민란 때 죽은 사람들이 '미련' 때문에 아직 저 세상으로 가지 못하고 오래된 나무속에 산다는 관옥의 말을 믿는다면, 동래읍성은 역사와 예술적 상상력이 만날 수 있는 귀중한 장소가 된다.[34]

동래와 양산의 경계는 이전부터 지경(地境)고개, 또는 사밧재로 불린 금정산 자락의 고개다. 김정한은 해수병으로 고생하는 누님을 위해 수수엿을 고우고 뱀술을 담가 병문안을 가는 송노인으로 하여금 한겨울에 이 고개를 넘게 한다. 「사밧재」(1971)가 바로 그 작품인데 일제말 민중들의 이심전심의 저항을 보여준다. "천성이니 부로니 하는 높은 봉수산들이 흰 눈을 떠인 채 아득히 바라보이는가 하면, T고을 쪽 봉수대가 있던 개명봉은 바로 송노인이 앉아있는 매바위 왼편에 하늘을 찌를 듯이 급하게 솟아"[35] 있고 그 너머에는 '큰 절'이 있다. 그 절은 역시 범어사이다. 송노인이 넘던 고개는 지금의 1077지방도로이다. 오르내리기가 20리, 골짜기가 어슥해서 대낮에도 도둑이 붙던 옛날 국도이자 목탄버스가 힘겹게 오르던 그때의 모습은 찾을 길도 없이 지금은 노포동에서 양산시 다방리와 금산, 호포가 지척이 되어 버렸다.

「위치」에는 주인공이 포승에 묶여 동래서에서 압송경찰과 같이 전차를 타고 검찰국으로 가는 장면이 나온다. 지금의 동래경찰서 길 건너편 수안동 4-3번지, 한전 변전소 자리가 동래 전차종점이었다. 휴전을 앞둔 1953년 여름, 이북에서 피난 내려온 젊은이 하나가 이곳 전차종점에 내린다. 사십여일이나 계속된 긴 장마가 시작된 어느 날이다. 그의 손에는 친구 남매가 사는 집의 약도가 그려진 쪽지가 들려있다. 친구가 사는 집은 호박 덩굴 우거진 철길을 한참 걸어 빗길이 미끄러운 언덕 위의 낡은 목조건물이다. 전

---

34) '또 하나의 등장인물'이라고 할 정도로 부산의 여러 장소들이 나오는 이 작품에서 작가는 부산이 '식민지적 혼종'을 통해 형성된 도시라는 점을 강조하고 있다. 『실로 만든 달』, 산지니, 2007, 261~264쪽, 한수영의 해설.

35) 『김정한전집』 4권, 작가마을, 2008, 165쪽.

후소설을 대표하는 손창섭의 「비오는 날」(1953)에서 장마 비는 자연현상이나 기후를 넘어 내일을 기약할 수 없는 젊은이들의 우울하고 황폐한 정신을 드러낸다. 수안동 로터리 부근에서 동래역으로 가는 길이 있으면 전쟁으로 인해 비의 장막 너머로 사라진 청춘들을 생각해 볼 일이다. 전차를 타고 동래와 온천장을 가던 1960년대만 해도 이 일대에서 미나리꽝과 연밭을 흔히 볼 수 있었다. 특히 낙민동 일대는 일제 때만 해도 농사를 지을 수 없는 늪지대였다. 1960년 4·19혁명 때 서면로터리에서 우연히 데모대를 뒤쫓아 가게 된 중학생은 어느덧 동래까지 걷게 된다. 밭에서 일 하는 사람들의 모습이 '학춤'을 추는 가 했더니 그들은 연뿌리를 캐고 있다. 진흙을 뒤질 때마다 통통하고 흰 살집을 가진 연뿌리들이 뽑혀 나온다. 소년은 그 하얀 연뿌리에서 서면로터리에서 총을 맞아 귓불에 붉은 피를 흘리던 장면을 오버랩 시킨다. 동래까지 온 게 그냥 우연이 아닌 것이다. 연뿌리를 제웅으로 보고 그 흰 살집에서 붉은 피를 연상했던 소년은 훗날 시인이 된다. 윤후명의 「동래시초」(1982)는 그렇게 쓰여졌다.

조선조때부터 동래에 속했던 해운대는 최서해의 「누이동생을 따라」(1930)와 김정한의 「그러한 남편」(1939), 이태준의 「석양」(1942)에서 자세히 묘사되고 있다. 먼저 최서해는 달이 뜬 바다와 산의 풍경을 "저녁 연기에 흐렸던 바다는 달빛에 잠겨서 전면에 은빛이 굼실거렸다. 그 위로 미끄러져 가는 두어 개의 돛도 달지않은 어선은 수묵을 찍은 것 같다."[36]라고 묘사하고 있다.

김정한의 소설은 해운대에서 해수욕 하는 청춘남녀의 모습을 그리는데 "수영이 나을까요, 해운대가 나을까요"라는 말로 보아 1930년대 말에 수영강이 바다로 빠지는 왼편 해안이 이미 해수욕장으로 개장되었다는 것을 알 수 있다. 경주와 해운대를 배경으로 한 「석양」은 신라의 사라진 신화와 역사를 경주에서, 뜨거운 온천과 차가운 바다라는 두 개의 배치되는 물의 속

---

36) 『최서해전집』 하권, 문학과지성사, 1987, 164쪽.

성을 통해 에로스와 자기정화, 이별의 상징 이미지를 해운대에서 그려낸다.

해운대에서 기차를 타고 바다를 옆에 두고 얼마 달리면 일광역이 나온다. 일광 바닷가 마을을 무대로 한 오영수의 「갯마을」(1953)도 소설적 배경 시간은 일제말이다. "서(西)로 멀리 기차소리를 바람결에 들으며, 어쩌면 동해 파도가 돌각담 밑을 찰싹대는 H라는 갯마을이 있다."로 시작되는 이 소설에서 H는 일광면 학리를 연상케 하지만 삼성리와 이천리 마을 세 곳을 섞어 사실감을 자아냈다고 봐야 할 것이다. 보재기(해녀)의 딸로 태어나 물질을 하며 자란 혜순이는 바다에 남편을 잃고 새서방을 따라 산골마을로 가지만 그마저 징용에 끌려간 뒤 바다가 그리워 다시 갯마을 친정으로 돌아온다.

> 가마솥에는 불이 활활 타고 물이 끓는다. 그물이 가까워올수록 이 데에야 데야는 박자가 빨라진다. ―데야 데야 데야 데야. 이때쯤은 벌써 멸치가 모래톱에 헤뜩헤뜩 뛰어오른다. 멸치가 많이 들면 수면이 부풀어 오르고 그물주머니가 터지는 때도 있다. 이날 밤도 멸치는 무던히 든 모양이다. 선두는 칸델라를 흔든다. 후리꾼들도 신이 났다.[37]

멸치후리하는 장면을 생생하게 묘사하고 있는 이 소설은 시대는 어둡고 생활은 고단해도 인간의 삶은 계속된다는 평범하면서도 소중한 주제를 담고 있다.

Ⅲ. 낙동강, 근대사의 축약과 문화지도의 모습

우리나라에서 두 번째 큰 강인 낙동강은 부산에서 바다와 합쳐진다. 우리 근대소설사에 이 강을 처음 등장시킨 조명희(「낙동강」, 1927)는 "팔백리

---

37) 『한국현대대표소설선』 7권, 창작과비평사, 1996, 401쪽.

길이길이 흐르는 물은 이곳에 이르러 곁가지 강물을 한 몸에 뭉쳐서 바다를 향하여 나간다."라고 소설의 첫 문장을 시작한다. 곁가지 강물이란 금호강, 남강, 밀양강 등일 것이고 '이곳'이란 낙동강 하류, 지금은 강서구로 편입된 당시의 김해지역이다. 이 작품은 1920년대 중반부터 시작된 이른바 프로문학의 대표작으로 당대 민족의 형편을 온 몸으로 이겨내다 스러진 박성운이란 한 혁명가를 그리고 있다. 낙동강 어부의 손자요 농민의 아들인 그는 3·1독립운동으로 옥고를 치른 후 중국과 소련 연해주 땅을 떠돌다 사회주의자가 되어 고향으로 돌아온다. 그 시절 사회주의는 봉건주의와 제국주의에 맞서는 가장 적극적인 방안이었다. 야학과 농민운동 등 합법적 투쟁을 하던 그는 국유지에서 일본인에게 불하된 강가 갈밭문제로 당국과 충돌하고 구속된다. 낙동강 하류의 수만평 갈밭은 누대로 농민들의 삶터였다. 병보석으로 풀려나 집으로 돌아가는 장면에 등장하는 마중 나온 사람들은 1920년대 중반 사회운동의 형편을 엿보게도 한다.

> 이른 겨울의 어두운 밤, 멀리 바다로 통한 낙동강 어귀에는 고기잡잇불이 근심스러이 졸고 있고 강기슭에는 찬 물결이 울리는 소리가 높아질 때다. 방금 차에서 내린 일행은 배를 기다리느라고 강 언덕 위에 옹기종기 등불에 얼비쳐 모여섰다. 그 가운데에는 청년회원, 형평사원, 여성동맹원, 소작인조합 사람, 사회운동단체 사람들이 대부분을 차지하였다. 동저고릿바람에 헌 모자 비스듬히 쓰고 보따리 든 촌사람······.[38]

작품에서 박성운은 구포 쪽에서 차를 내려 강서구 대저동 쪽으로 나룻배를 건넌 것으로 읽어야 한다. 이 작품에는 김해지역에서 발생했던 백정들이 차별타파를 주장하며 만든 형평사 사람들과 농민들의 충돌을 소개하면서 로사라는 여성을 등장시킨다.[39] 백정의 딸로 교사까지 된 로사는 박성

---

38) 「낙동강」, 『한국대표소설선』 2권, 창작과비평사, 1996, 226쪽.
39) 로사 룩셈부르크(1970~1919)는 폴란드 출생의 철학자, 혁명가이다.

운의 이념적 전수자이자 연인이다. 소설은 박성운이 죽은 뒤 그녀가 구포역에서 열차를 타는 것으로 끝난다.

> 구포역에서 차가 떠나서 북으로 움직이어 나갈 때이다. 기차가 들녘을 다 지나갈 때까지, 객차 안 들창으로 하염없이 바깥을 내어다보고 앉은 여성이 하나 있었다. 그는 로사이다. 아마 그는 돌아간 애인의 밟던 길을 자기도 한번 밟아보려는 뜻인가 보다.

로사가 북행열차를 타고 구포역을 떠나는 소설의 끝 장면은 매우 인상적이다. 소설에 등장하는 철도는 지금까지『만세전』을 제외하고는 줄곧 부산으로 내려오는 하행선이었다[부산이 나오지 않고 삼랑진에서 멈추고 마는『무정』(1917)까지]. 이제 로사는 연인이 못다 이룬 꿈을 이루기 위해 구포역를 떠나는 것이다. 역사(驛舍)의 모습은 바뀌었지만 이 역에 서면 자신들이 살던 어둡던 시대를 온몸으로 맞서 밝은 등불이 되려했던 두 사람을 기억할 일이다.

「모래톱 이야기」(1966)를 통해 낙동강을 다시 현대소설사에 들여온 이가 김정한이다. 작품의 거의 모든 무대를 부산지역으로 했던 그에게서 낙동강 하류는 해방 뒤에도 여전히 청산하지 못한 이 땅의 역사 사회적 모순을 고발하는 데 더 할 수 없이 적절한 공간이었다. "섬의 생김새가 길쭉한 주머니같다 해서 조마이섬이라고 불려" 오는 나릿배 통학생 건우네가 사는 한갓진 삼각주의 소유주가 동척에서 일본인으로, 해방 후에는 국회의원에서 유력자로 바뀌는 과정은 결코 사소한 이야기가 아닌 것이다. 조마이섬을 "낙동강물이 맨들어" 주었다는 것은 민족의 역사가 만든 땅과 강이라는 의미가 되기 때문이다. 김정한은 이 작품 외에도「수라도」(1969)와「산서동 뒷이야기」(1971),「뒷기미 나루」등을 통해 낙동강 하류지역을 민족과 민중의 삶의 터전으로 형상화하였다.「산서동 뒷이야기」가 물금역 부근의 산서동 마을(현재의 남부동)을 배경으로 소작쟁의와 마을 이전 등의 문제를 통해 한일 민중간의 인간적 유대를 그렸다면,「뒷기미 나루」는 밀양시 상동면, "삼랑진을 더 거슬러 올라간 낙동강 상류께, 지류인 밀양강이 본류에 굽어드는 짬"의 나루를 배경으로 반공이데올로기의 폭력 앞에 무너지는 나룻배사공 가족의 비극을 그린 소설이다.

「수라도」는 한말부터 해방 뒷모습까지, 민족의 수난과 저항의 모습을 반가(班家)의 종부 눈으로 그린다. 변화하는 시대에 맞춰 양반가의 권위와 허세를 벗고 현실적 가치의 삶을 실천하는 가야부인의 형상화가 돋보이는 이 작품에서 낙동강은 아수라 같은 근대사를 이겨 나가는 민족의 저력을 문화사회사적으로 포용하며 흘러간다. 옛날 가야국의 자리인 김해가 안태본이라 해서 가야부인이라 불리는 그녀는 명호(명지)란 소금곳이 친정이다. "미륵당 길목인 태고란 나루터에 그곳 소금배가 와 닿아 있는 걸" 보면 곧잘 달려가 친정 소식을 물었다는 대목에서는 내륙과 해안지방의 산물이 배로 옮겨지던 지난 세기의 모습을 엿보게 한다. 한편으로 가야부인이 신행 오는 과정은 장강으로서의 낙동강의 모습을 더욱 돋보이게 한다. 그녀는 강끝인 명지 지역에서 밀양 원동마을의 시가까지 오는 데 사흘이 걸렸다고 회고한다. 차도 발동선도 없던 옛날에, 낙동강은 "바다 같은 강"이었기 때문이다. 시위가 내리고 바람까지 사나운 그 강을 배가 건넌다. 덩그런 사인교에다, 상객, 몸종, 하님, 교꾼들까지 합쳐서 일행이 열다섯도 넘고, 청노새를 비롯해서 말까지 세 필이나 실은 배다. "나불이 디리닥칠 때마다 하님들은 상이 새파래 가지고 떨어대지, 말은 하늘을 쳐다보고 홍호야고 울어대지……." 한 세기 전의 낙동강이 생생하게 되살아나는 장면이다.

한편 소금배가 닿던 태고나루는 일제 말 종군위안부로 끌려가는 마을 처녀들이 배를 탔던 곳으로도 묘사되어 또 다른 역사의 현장이 되고도 있는데, 풍부한 실제 지명과 정확한 지리적 자료에 바탕을 둔 「수라도」는 한편의 낙동강 하류의 문화지도를 만들고 있다. 강의 흐름은 시간의 흐름을 닮기도 한다. 조명희와 김정한의 한참 뒤 세대인 이문열도 이 강의 하류를 소설에 담았다. 고등학교를 중퇴하고 떠돌던 그는 1960년 중반 무렵 이곳에서 지치고 병든 청춘을 다스리며 대입 검정고시 공부를 했다. 3부작으로 이루어진 『젊은 날의 초상』(1981)의 첫머리에 놓이는 「하구」는 그때의 체험을 바탕으로 했다.

낙동강이 다하여 남해바다와 합쳐지는 곳에 자리 잡은 강진(江津)에서 주인공 '나'가 처음 만난 것은 "이제 막 강 수면으로부터 피어오르 듯 포구를 자우룩히 덮어오는 저녁 안개"와 "한없이 펼쳐진 갈대밭"이다. 그리고 나는 선창가에 몰려있는 오십 여호의 마을, 초가집과 "갈대로 두텁게 이엉을 엮어 유난스레 낮고 음침해 보이는 세칸 내외의 한일자 집들"을 보며 가난을 떠올린다. 이곳 사람들은 손바닥만한 밭농사를 지으면서 강 하류에서 거룻배를 타고 고기를 잡거나, 여자들이 마을 앞 개펄에 무진장으로 깔려있는 재첩을 잡으면서 생활한다.[40] 본래 강진은 이보다 더 작은 어촌이었다가 "마치 상류에서 떠내려온 찌꺼기들이 조금씩 쌓여 하구에 커다란 삼각주를 만들듯, 이곳저곳에서 흘러든 사람들"로 점차 큰 마을이 되었다. 그리고 시내버스가 들어오고 모래 퍼는 배와 모래장이 붐빔과 동시에 이곳은 '유원지'로 바뀌어간다.[41]

'강진(江津)'은 강이 다하는 곳을 이르는 말이라는 점에서 실제지명인 사하구 하단(下端)과 동의어이다. 이곳이 동래군 사천면(沙川面)이었을 때 사상지역을 상단(上端)이라 부르고 그 아래쪽을 하단이라 불렀으니 하단은 아주 넓은 지역을 가리킨다. 맑은 강에서 소금과 김이 생산되던 이곳은 한때 부산시내의 귀찮고 더러운 것들을 버리는 곳으로 이용되었는데 을숙도 역시 예외가 아니었다.[42] 그런 을숙도지만 1960~1970년대에 젊은 시절을

---

40) 1970년대까지만 해도 부산 시내의 골목에서는 재첩국 팔러 다니는 아낙네들의 목소리를 들을 수 있었다. 1950년 여름 엄궁 마을을 배경으로 한 김정한의 「슬픈 해후」(1985)에는 이 무렵에도 이곳 아낙네들이 생재첩을 밤에 삶아 새벽에 시내로 팔러나갔다는 이야기가 나온다.

41) 1971년에 대티터널이 뚫리기 전에는 서대신동에서 하단으로 가는 버스는 1930년대에 차도가 생긴 대티고개로 다녔다. 작품에서 말하는 유원지는 구체적으로 에덴공원과 을숙도와 명지로 가는 나루터 부근일 것이다.

42) 1930년대부터 대티고개 너머에 저장소를 만들어 똥오줌을 버리기 시작하다 하단

보낸 부산사람들에게 그곳은 추억의 장소이다.

> 갈대밭 선창에 가면 똥을 실어나르는 똥배가 있다. 똥다리가 보이기 전에 구리하고 들큼한 똥냄새가 갈대 서걱이는 소리와 함께 건너왔다. 시각과 청각과 후각을 가장 민첩하게 자극시키는 곳. 그는 콧구멍을 한껏 벌리고 똥냄새를 밀치고 들어오는 갯내를 맡았다. 갯내에는 갈대와 습지의 철새들의 소리도 함께 묻어있었다.[43]

1970년대까지만 해도 을숙도는 젊은이들이 즐겨 찾는 데이트장소였다. 소설에 묘사된 것처럼 똥냄새가 갯내와 강바람을 타고 떠돌아도 청춘이기에 석양 아래 철새가 나는 그곳은 황홀했다. 미팅에서 장애인 여자가 파트너가 되었다. 남자는 하루만 잘 지내보자고 마음먹었지만 흰목덜미가 고니같이 긴 여자는 밝고 당당하다. 남자는 "칠백리를 달려온 낙동강과 바다가 몸을 섞어" 만들어진 "을숙도 물결보다 더 새파란 세모고랭이 같은 아이"를 낳자며 여자에게 청혼을 한다. 박향의 「연인」(2008)은 남편을 먼저 보낸 여자의 회상을 통해 1970년대의 을숙도를 복원한다. 푸르고 풍성하며 너그러운 낙동강과 을숙도가 그 자체로 축복 받은 생명의 터전임을 말해 주는 작품이다.

도시는 살아있는 거대한 생물체이다. 변화야 말로 현대 도시를 설명하는 유일한 단어일 지도 모른다. 그렇지만 모든 도시는 과거를 기억하며 발전해야 한다. 그런 면에서 부산은 아쉬움이 많은 도시다. 일세기가 조금 지난 도시임에도 역사를 말해주는 건축물과 장소들이 거의 남아있지 않다. 낙동강 하류도 '사대강 사업'이라는 이름의 폭력으로 지금과는 전혀 다른 모습

에 9만 섬을 처리할 수 있는 대형 처리장을 만들었다. 을숙도에다 부산시내에서 나오는 분뇨를 버리기 시작한 것은 6·25전쟁으로 시내 인구가 팽창한 후부터이다. 을숙도는 1990년대에도 두 차례나 쓰레기 매립장이 조성되었다. 을숙도를 비롯한 낙동강 하류에 대해서는 부산매일신문사, 『낙동강 살아나는가』(지평, 1992)와 박창희, 『을숙도, 거대한 상실』(페이퍼로드, 2009)에서 상세히 다루고 있다.

43) 박향, 「연인」, 『부산을 쓴다』, 산지니, 2008, 97쪽.

으로 바뀔 것이다. 그래도 장소를 떠나 글을 쓸 수 없는 작가들은 오늘도 부산의 여러 장소들을 심상지도로 그려내기 위해 걷고 있다.

■ 참고문헌

강대민, 『부산역사의 산책』, 경성대출판부, 1997.
강만길, 『일제시대 빈민생활사 연구』, 창작사, 1987.
권영민, 『한국현대문학사』, 민음사, 1993.
김윤식 외, 『한국소설사』, 예하, 1993.
박원표, 『부산의 고금』, 현대출판사, 1965.
박원표, 『부산변천기』, 태화출판사, 1970.
박창희, 『을숙도, 거대한 상실』, 페이퍼로드, 2009.
박천홍, 『매혹의 질주, 근대의 횡단』, 산처럼, 2003.
부산매일신문사, 『낙동강 살아나는가』, 지평, 1992.
손정목, 『한국개항기 도시변화과정연구』, 일지사, 1982.
손정목, 『일제강점기 도시화과정연구』, 일지사, 1986.
윤선 외, 『부산의 역사와 자연』, 부산라이프신문사, 1992.
이종률, 『테마로 보는 부산항이야기』, 해성, 1997.
이재선, 『현대한국소설사』, 민음사, 1991.
조갑상, 『소설로 읽는 부산』, 경성대출판부, 1998.
조갑상, 『이야기를 걷다』, 산지니, 2006.
조동일, 『한국문학통사』 5권, 지식산업사, 1989.
최해군, 『부산의 맥』, 지평, 1990.
『개항 백년』, 부산일보사, 1976.
『개항 백년 연표 자료집』, 신동아 1976년 1월호 부록.
『부산시사』 1~3권, 부산직할시, 1989~1991.
『임시수도 천일』, 부산일보사, 1983.
『중구지』, 부산직할시 중구청, 1990.
『한국의 발견－부산』, 뿌리깊은 나무, 1983.